Wilhelm Topsch

# Einführung in die Grundschulpädagogik

WILHELM TOPSCH

# Einführung in die
# Grundschulpädagogik

**Cornelsen**
*SCRIPTOR*

Die in diesem Werk angegebenen Internetadressen haben wir überprüft (Redaktionsschluss 31. 03. 2004). Dennoch können wir nicht ausschließen, dass unter einer solchen Adresse inzwischen ein ganz anderer Inhalt angeboten wird.

 http://www.cornelsen.de

**Bibliografische Information**
Die Deutsche Bibliothek verzeichnet diese Publikation in der Deutschen Nationalbibliografie; detaillierte bibliografische Daten sind im Internet über http://dnb.ddb.de abrufbar.

Dieses Werk berücksichtigt die Regeln der reformierten Rechtschreibung und Zeichensetzung.

| 5. | 4. | 3. | 2. | 1. | Die letzten Ziffern bezeichnen |
|----|----|----|----|----|--------------------------------|
| 08 | 07 | 06 | 05 | 04 | Zahl und Jahr der Auflage. |

© 2004 Cornelsen Verlag Scriptor GmbH & Co. KG, Berlin
Das Werk und seine Teile sind urheberrechtlich geschützt. Jede Nutzung in anderen als den gesetzlich zugelassenen Fällen bedarf deshalb der vorherigen schriftlichen Einwilligung des Verlags.
Hinweis zu § 52a UrhG: Weder das Werk noch seine Teile dürfen ohne eine solche Einwilligung eingescannt und in ein Netzwerk eingestellt werden. Dies gilt auch für Intranets von Schulen und sonstigen Bildungseinrichtungen.
Redaktion: lüra – Klemt & Mues GbR, Wuppertal
Umschlaggestaltung: Bauer + Möhring, Berlin
Satz: stallmeister publishing, Wuppertal
Druck und Bindearbeiten: Clausen & Bosse, Leck
Printed in Germany
ISBN 3-589-21877-0
Bestellnummer 218770

 Gedruckt auf chlorfrei gebleichtem Papier ohne Dioxinbelastung der Gewässer.

# Vorwort:
# Pädagogisches Handeln in der Grundschule

*Der Grundschule kommt in doppelter Hinsicht eine herausragende Bedeutung zu: Sie bildet das Fundament unseres Bildungssystems und stellt zugleich den zentralen Lern- und Lebensraum für einen wichtigen Entwicklungsabschnitt der Kindheit bereit. Lernkultur, Lebenskultur und Beziehungskultur – diese Grundstrukturen personaler Entwicklung und sozialen Zusammenlebens – entfalten sich erst in der Gemeinschaft mit anderen. Daher muss die Grundschule mehr als andere Schulformen der Verpflichtung gerecht werden, Leben und Lernen miteinander zu verbinden. Nur so kann sie gegenwartsbezogen und zukunftsorientierend zugleich sein. Ihre Aktivitäten stehen unter dem Anspruch, gemäß der UN-Kinderrechtskonvention (1989) bei allen Maßnahmen das Wohl des Kindes an die erste Stelle zu setzen.[1]*

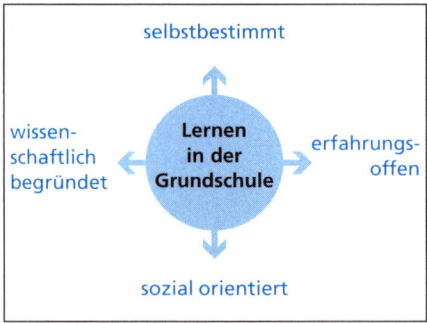

Die Grundschule übernimmt Verantwortung für die grundlegende Bildung, für eine in physischer und psychischer Gesundheit verlaufende Persönlichkeitsentwicklung und für eine an demokratischen Grundsätzen orientierte Gemeinschaftsbildung von Kindern. Ihre Arbeit steht im Spannungsfeld zwischen vier teils konträren Positionen, sie muss gleichermaßen

- wissenschaftlich begründet *und* erfahrungsoffen,
- selbstbestimmt *und* sozial orientiert

---

[1] „In all actions concerning children, whether undertaken by public or private social welfare institutions, courts of law, administrative authorities or legislative bodies, the best interests of the child shall be a primary consideration" (UN 1989, Art. 3, 1). In der Bundesrepublik ist die Konvention 1992 in Kraft getreten.

sein. Dabei sieht sie sich mit den Herausforderungen eines permanenten Wandels konfrontiert, der die Gesellschaft als Ganzes, insbesondere aber ihre Kultur und ihre Bildungsvorstellungen fortlaufend modifiziert: Veränderungen der Familienstrukturen, die Zunahme kultureller Vielfalt, der Wandel im Umgang mit behinderten Menschen oder einfach nur die Folgen eines exzessiven Mediengebrauchs – die Auswirkungen dieser Entwicklungen auf das Schulsystem werden in der Grundschule wie unter einem Vergrößerungsglas früher als in anderen Schulstufen erkennbar. Als grundlegende Institution ist es die Grundschule, die als Erste versuchen muss, ihren pädagogischen Standort neu zu bestimmen, um den Veränderungen mit einer Neuorientierung entsprechen zu können. Die Grundschulpädagogik dient ihr dabei als Kompass.

*Grundschulpädagogik* ist eine vergleichsweise junge Wissenschaft. Sie hat sich erst in der zweiten Hälfte des zwanzigsten Jahrhunderts im Zuge einer Ausdifferenzierung der Schulpädagogik entwickelt und hebt sich durch eine Ausrichtung auf grundlegende Prozesse des Bildungserwerbs, einen klaren Adressatenbezug und durch eine bewusste Hinwendung zur gesellschaftlichen Integrationsaufgabe von anderen Stufen- oder Schulformpädagogiken ab.

Diese *Einführung in die Grundschulpädagogik* wendet sich an alle, die den Fokus ihrer pädagogischen Arbeit auf die Grundschule ausrichten: Lehramtsstudierende mit dem Schwerpunkt Grundschule, Anwärterinnen und Anwärter im Referendariat, aber auch praktizierende Lehrkräfte sollen angesprochen werden. Für sie alle reicht es nicht aus, sich auf Fachinhalte zu spezialisieren. Sie müssen stets Bildung, Erziehung und Integration als Gesamtzusammenhang im Blick behalten. Das setzt Wissen und einen hohen Reflexionsgrad voraus. Guter Grundschulunterricht realisiert sich im engen Verbund von Theorie und Praxis. Ob es um die geistige und körperliche Entwicklung des Kindes geht, um die Struktur des Schulanfangs, um Motivation, traditionelle und offene Unterrichtskonzeptionen oder um den Umgang mit Störungen – immer wird die Grundschulpädagogik zum zentralen Bezugspunkt didaktischen Handelns.

Dieser Band breitet den erforderlichen Wissensfundus aus. Die Themenbereiche *Grundschule und Kindheit im Wandel, Schulanfang und Schuleingangsdiagnostik, didaktische Orientierung, Unterricht arrangieren, Leistung bewerten, Störungen und Krisen in der Grundschule* stehen im Zentrum. Angeregt durch reformpädagogische Ansätze und schulische Alternativformen wie Montessori- oder Freinetpädagogik haben sich in der Grundschule neue methodische Großformen etabliert: *Wochenplan, Stationenlernen, Freiarbeit* und anderes prägen die Arbeit in der Grundschule in erheblichem Maße. Sie – aber auch die traditionellen *Formen didaktischen Handelns* – werden in diesem Band gleichermaßen theoriegeleitet und praxisorientiert aufgearbeitet. Die einzelnen Kapitel können fortlaufend oder unabhängig voneinander erarbeitet werden.

# 1 Grundschule im Wandel

*Die Grundschule erfüllt die im Grundgesetz, in den Landesverfassungen und in den Schulgesetzen der Länder festgelegten Bildungs- und Erziehungsaufgaben. Ihre Ziele sind die Vermittlung grundlegender Bildung und die Realisierung eines gemeinsamen Bildungsganges für alle Kinder.*

## 1.1 Ziele und Aufgaben der Grundschule

Grundschulen vermitteln Grundkenntnisse und Grundfertigkeiten in einem gemeinsamen Bildungsgang. Danach erfolgt der Übergang auf eine Orientierungsstufe bzw. auf eine weiterführende Schule. In den Bundesländern Berlin und Brandenburg umfasst die Grundschule die Klassen 1 bis 6. In der bundeseinheitlichen Statistik werden die 5. und 6. Klassenstufen an den Grundschulen in Berlin und Brandenburg der „Schulartunabhängigen Orientierungsstufe" zugeordnet.

(Bundesministerium für Bildung und Forschung 2002, S. 46).

Die Idee eines „gemeinsamen Bildungsgangs" für alle reicht weit in die Geschichte der Pädagogik zurück. In Deutschland wurde sie erst nach dem Ersten Weltkrieg (1914–1918) schrittweise umgesetzt. Auch heute wird die gemeinsame Unterrichtung aller Kinder in den ersten vier Schuljahren nur mit Einschränkungen realisiert. So setzte und setzt sich die Einbeziehung von behinderten Kindern in die Grundschule als „Regeleinrichtung" nur allmählich und nur ansatzweise durch. Durch die Kompetenzverteilung zwischen Bund und Ländern fällt die Zuständigkeit für das Schulwesen in den Verantwortungsbereich der Länder. Diese regeln im Rahmen von Landesverfassungen und Schulgesetzen die Umsetzung der Schulpflicht sowie die Organisation von Schule und Unterricht. Trotz unterschiedlicher schul- und bildungspolitischer Traditionen in den einzelnen Bundesländern ergeben sich dabei wesentliche Übereinstimmungen. Dies gilt insbesondere für den Bereich der Grundschule, der in allen Bundesländern vergleichbare Aufgaben übernimmt. So heißt es beispielsweise im Schulgesetz des Landes Schleswig-Holstein (1990, § 11): „Die Grundschule vermittelt Schülerinnen und Schülern Grundlagen der Bildung und des Lernens, Kenntnisse, Fähigkeiten und Fertigkeiten in einem für alle Schülerinnen und Schüler gemeinsamen Bildungsgang." Vergleichbare Formulierungen lassen sich in allen einschlägigen Schulgesetzen finden.

## 1.2 Grundlegende Bildung

Die Aufgabe der Grundschule, Grundlagen der Bildung zu vermitteln, ist in der Vergangenheit unterschiedlich interpretiert worden:

- Eine erste Position sieht die Aufgabe der Grundschule darin, die eigentliche Bildung vorzubereiten. Sie weist der Grundschule in den „ersten drei oder vier Jahren den Charakter einer ‚Vermittlungsschule'" zu, die einen „überwiegend pflegerischen und gesamterzieherischen Charakter" hat und deren Ziel es ist, „die eigentliche Schulfähigkeit" anzubahnen (FLITNER 1966, S. 133 f.).
- Die zweite Position unterscheidet sich deutlich. Sie akzeptiert zwar didaktische Reduktionen bei Inhalten und Fragestellungen. Im Übrigen versteht sie grundlegende Bildung aber als die altersspezifische Ausformung von Bildung. In diesem Verständnis wird diese als allgemeine Aufgabe der Grundschule beschrieben (vgl. SCHORCH 1994; GLÖCKEL 1996; EINSIEDLER 2001; SPECK-HAMDAN 2002).

Nach dem Zweiten Weltkrieg (1939–1945) wurde die pädagogische Diskussion in der Bundesrepublik Deutschland zunächst stark von der „bildungstheoretischen Didaktik" bestimmt. Dabei kristallisierte sich in den Beiträgen von Wolfgang Klafki eine begriffliche Neubestimmung von Bildung als Allgemeinbildung heraus. Klafki umreißt Allgemeinbildung als *Bildung für alle*, als *Bildung im Medium des Allgemeinen* und *Bildung in allen Grunddimensionen menschlicher Interessen und Fähigkeiten* (KLAFKI 1996, S. 53 f.).

Als Grundelemente von Bildung werden die „Fähigkeit zur Selbstbestimmung", „Mitbestimmungsfähigkeit" und „Solidaritätsfähigkeit" benannt (1996, S. 52). Diesen Elementen ist die Dimension der *sozialen Verantwortung* hinzuzufügen. Ohne sie kann sich *Selbstbestimmung* als Egoismus, *Mitbestimmung* als Dominanz über Minderheiten und *Solidarität* als Mitläufertum mit der Masse erweisen.

Die Agenzien von Bildung sind Neugier, Offenheit und allgemeine Lernbereitschaft. Zugleich ist Bildung aber immer an eine Wissensbasis gebunden. Im Blick auf „grundlegende Bildung" lassen sich gegensätzliche Perspektiven des Wissensbegriffes aufzeigen:

- *Deklaratives Wissen* vs.[2] *prozedurales Wissen*:
  Deklaratives Wissen ist mit den Fragen „wer, wann, wo, was" verknüpft. Prozeduralem Wissen ist die Frage „wie" zuzuordnen (EINSIEDLER 2001, S. 188 f.). Zur grundlegenden Bildung gehören beide Formen. Für eine lebenslang lernende Gesellschaft ist aber auch das Wissen darüber, wie man Wissen erlangt, als Teil des prozeduralen Wissens von besonderer Bedeutung.
- *Faktenwissen* vs. *Erfahrungswissen*:
  Faktenwissen stellt einen Bestand von klar umschriebenen Wissenselementen dar. Erfahrungswissen ist als Bestand analoger Wissenssets organisiert, die im Gegensatz zu Faktenwissen meist weniger scharf umrissen sind: Man „weiß", wie man eine Schleife bindet, einen Koffer packt oder wie man sich bei Tisch benimmt, ohne die Fakten im Einzelnen zu bestimmen. Grundlegende Bildung ist sowohl auf Faktenwissen als auch auf Erfahrungswissen angewiesen.
- *Präsentes Wissen* vs. *verfügbares Wissen*:
  Angesichts wachsender Wissensbestände ist es sinnvoll, zwischen präsentem Wissen und verfügbarem Wissen zu unterscheiden. Es ist zweifellos ein Kompetenzgewinn zu wissen, „wo etwas steht". Wenn der Sachverhalt aber zur grundlegenden Bildung beitragen soll, dann hat präsentes Wissen eindeutig den Vorrang.
- *Inselwissen* vs. *vernetztes Wissen:*
  Wissen reduziert sich oft auf unvernetztes „Inselwissen", das über viele Details und Elemente verfügt, aber nur wenige Zusammenhänge vermittelt. Grundlegende Bildung setzt vernetzte Wissensbestände voraus.

Die vorliegende Einführung in die Grundschulpädagogik geht hinsichtlich des Begriffes grundlegende Bildung von folgenden Positionen aus:

❶ Bildung basiert auf *Wissen* und *Verstehen*. Sie realisiert sich in *Verantwortung* für sich und andere sowie für die soziale, kulturelle und natürliche Umwelt.

❷ Grundlegende Bildung ist die alters- und entwicklungsgemäße Ausformulierung von Bildung. Jeder Bildungsstand schafft die Grundlage für Erweiterungen, Korrekturen oder Umstrukturierungen und hat damit grundlegenden Charakter.

❸ Grundlegende Bildung ist alters- und entwicklungsgemäße Allgemeinbildung.

---

[2] versus

❹ Schule und Unterricht können grundlegende Bildung nicht vermitteln, sondern nur initiieren oder zu ihrer Initiierung beitragen.

❺ Inhalte grundlegender Bildung sind jene Inhalte, die den Kindern Zugang zu weiterer Bildung ermöglichen.

## 1.3 Von der Schule des niederen Volkes zur Volksschule

Die unterschiedlichen Schulformen[3], die das Schulsystem der Bundesrepublik Deutschland bilden, haben sich – teils über Jahrhunderte hinweg – organisch entwickelt. Die Grundschule ist im Vergleich zu anderen Schulformen eine relativ junge Schulform. Sie geht auf die am 11.08.1919 vom Reichstag angenommene Verfassung der Weimarer Republik zurück. Eine gemeinsame Grundschule hatte es bis dahin in Deutschland nicht gegeben, weil jede Schulform ihre eigene Unterstufe hatte. Die Klassen 1 bis 4 der Volksschule bildeten in diesem System lediglich die Unterstufe für die Schule des „einfachen Volkes". Die Kinder höherer Schichten wurden dagegen in öffentlichen und privaten „Vorschulen" oder durch einen Hauslehrer auf den Eintritt in eine mittlere oder höhere Schule vorbereitet. Vereinfacht kann man sagen: Wer in eine Volksschule eingeschult wurde, der blieb auch in der Volksschule. Wer eine höhere Schule besuchen sollte, besuchte zuvor eine öffentliche oder private Vorschule oder erhielt Hausunterricht.

### Ideengeschichte der Volksschule

Die Idee einer Volksschule als Einheitsschule für alle Kinder des *gesamten Volkes* lässt sich in der Geschichte der Pädagogik weit zurückverfolgen. Idealtypisch wurden vier Motive als Begründung der gemeinsamen Volksschule (nicht als Schule des *niederen Volkes*) aufgezeigt (vgl. NAVE 1960; SCHWARTZ 1982).

Einen ersten großen Entwurf für ein einheitliches Schulsystem legte Johann Amos Comenius (1592–1670) mit seiner „Didactica magna" (lateinische Fassung 1657) vor. Er entwickelte ein vollständig horizontal gegliedertes Schulsystem von vier Stufen, das sechs Lebensjahre umfassen und jedes Kind mindestens bis zum zwölften Lebensjahr fördern sollte. Dabei folgte er seiner Zeit entsprechend einem *religiösen Motiv*: Grundlage war der Gedanke, dass alle Menschen vor Gott gleich seien und dass das irdische Leben die Aufgabe habe, das „ewige Leben" durch Wissenschaft, Sittlichkeit und Religion vorzubereiten.

---

3  Der Sprachgebrauch ist in den Schulgesetzen der einzelnen Länder nicht einheitlich. Einige Länder verwenden den Begriff Schulart, andere den Begriff Schulform.

> „ I. Die Schule der Kindheit sei: der Mutterschoß [Mutterschule; W.T.].
>
> II. Die des Knabenalters: die Grund- (ludus literarius) oder öffentliche Muttersprachschule.
>
> III. Die der Jünglingszeit: die Lateinschule oder das Gymnasium.
>
> IV. Die des beginnenden Mannesalters: Universität und Reisen.
>
> Und zwar soll eine Mutterschule in jedem Hause, eine Grundschule in jeder Gemeinde, jedem Dorf und jedem Flecken, ein Gymnasium in jeder Stadt und eine Universität in jedem Staat oder auch in jeder größeren Provinz zu treffen sein" (COMENIUS/FLITNER 1992, 190 f.).

Im Zusammenhang mit der heutigen Grundschule ist vor allem die Schulstufe für die Sechs- bis Zwölfjährigen von Interesse, die in unterschiedlichen Übersetzungen auch als „Elementarschule" (AHRBECK 1957, S. 259), „Lehrerschule" (Böhmische Didaktik; SCHALLER 1970, S. 195), „deutsche Schule" (LION 1883, S. 222) oder „Muttersprachschule" (FLITNER 1992, S. 198) bezeichnet wird. Sie war als die eigentliche *Volksschule* geplant, in der alle Kinder gemeinsam in ihrer Muttersprache (nicht in Latein) unterrichtet werden sollten.

> „Nicht nur die Kinder der Reichen und Vornehmen sollen zum Schulbesuch angehalten werden, sondern alle in gleicher Weise, Adlige und Nichtadlige, Reiche und Arme, Knaben und Mädchen [...] Auch ließe sich keine ausreichende Begründung dafür geben [...], das schwächere Geschlecht von den Studien der Weisheit [...] auszuschließen" (Kapitel 9; FLITNER 1992, S. 51–53).
>
> Alle sollen „zu allen Tugenden, auch zu Bescheidenheit, Eintracht, gegenseitiger Dienstbereitschaft erzogen werden. Deshalb darf man sie nicht so früh voneinander trennen und einigen wenigen Gelegenheit geben, sich mehr zu dünken als die anderen [... Es erscheint] voreilig, schon im sechsten Lebensjahr bestimmen zu wollen, zu welchem Beruf sich ein Kind eignen wird [...] Weder die Kräfte des Geistes noch die Neigungen sind in diesem Alter genügend zu erkennen [...] Der Geist weht, wo er will, und er lässt sich die Zeit nicht setzen" (Kapitel 27; FLITNER 1992, S. 199).

Im Zusammenhang mit der Französischen Revolution – verbunden mit den Forderungen nach Freiheit, Gleichheit, Brüderlichkeit – entwickelte sich im Frankreich des 18. Jahrhunderts der Gedanke an eine einheitliche Volksschule. Ihr *politisches Motiv* trat am deutlichsten in einem Programm zur „Nationalerziehung" hervor, das der Mathematiker, Politiker und Philosoph Antoine Caritat Condorcet (1743–1794) in seiner Eigenschaft als Präsident der Gesetzgebenden Nationalversammlung (1792) erarbeitet hatte.

Mit einer gewissen zeitlichen Verzögerung wurde auch in Deutschland die Idee einer allgemeinen Volksschule aufgegriffen: „Als das Deutsche Reich Römi-

scher Nation in den Kriegen Napoleons zusammenbrach, erhofften viele bedeutende Denker eine Erneuerung der Nation [...] durch die Erweckung eines
nationalen Gemeinschaftsgefühles" (NAVE 1961, S. 17). Verbunden mit den Na-
men Johann Gottlieb Fichte (1762–1814), Johann Wilhelm Süvern (1775–1829)
und Friedrich Daniel Ernst Schleiermacher (1768–1834) entwickelte sich in
Deutschland ein *nationales Motiv* für die Errichtung einer für alle verbindlichen Schule (Schulstufe). Insgesamt handelte es sich allerdings durchgängig
um Entwürfe und Programme, die zwar die akademische Diskussion belebten,
aber nicht einmal ansatzweise realisiert werden konnten.

Am Ende des 19. und am Beginn des 20. Jahrhunderts führten die Ausbreitung
der Volksschullehrerbewegung und das Erstarken der Sozialdemokratie erneut
zur Forderung nach einer für alle verbindlichen Volksschule (Einheitsschule),
die nun verstärkt auf ein *soziales Motiv* rekurrierte. Ihr Besuch sollte die Möglichkeit zum Besuch weiterführender Schulen eröffnen. Dies war in einer Zeit,
in der Bildungs- und Lebenschancen nicht nach der individuellen Leistungsfähigkeit des Kindes, sondern nach seiner sozialen Herkunft verteilt wurden, eine weit reichende Forderung. Zugleich sollte die Trennung der Bevölkerungsschichten durch eine gemeinsame schulische Förderung aller Kinder
überwunden werden. „Die Einheitsschule im sozialen Sinn bedeutet eine Schule, die Kinder der verschiedensten Stände in sich vereinigt. In ihr sitzen Kinder
von reich und arm, von vornehm und gering, von gebildeten und ungebildeten
Eltern [...]". Ihr Ziel ist die „sorgfältige Berücksichtigung der individuellen Be-
gabungen [...], die sich nicht nach dem Stand und nicht nach dem Vermögen
richten" (REIN 1919, S. 17 f.).

## Die Grundschule in der Weimarer Verfassung

Nach dem verlorenen Weltkrieg (1914–1918) und dem Zusammenbruch des
Kaiserreichs ergab sich erstmals die Chance, die Idee *einer gemeinsamen Schule des gesamten Volkes* umzusetzen. In der Weimarer Verfassung hieß es:

> **Artikel 145:** Es besteht allgemeine Schulpflicht. Ihrer Erfüllung dient grund-
> sätzlich die Volksschule mit mindestens acht Schuljahren [...] Der Unterricht
> und die Lernmittel in den Volksschulen und Fortbildungsschulen sind unent-
> geltlich.

> **Artikel 146:** Das öffentliche Schulwesen ist organisch auszugestalten. Auf ei-
> ner für alle gemeinsamen Grundschule baut sich das mittlere und höhere
> Schulwesen auf [...] (zit. nach NAVE 1961, S. 165–167).

Die Frage, wie viele Jahre die gemeinsame Grundschule umfassen sollte, hatte
die Verfassung offen gelassen. Auf der Reichsschulkonferenz, einer Experten-
runde zur Politikberatung, die 1920 tagte, wurden unterschiedliche Varianten –

von der achtjährigen über die sechsjährige zur vierjährigen Grundschule – diskutiert. Der Vorschlag, „die Grundschule auf sechs Jahre auszudehnen, also bis zum Abschluss des zwölften Lebensjahres, hat weite Verbreitung gefunden und wird von vielen namhaften Schulmännern befürwortet" (REINHARDT o. J., S. 20). Interessant ist aus heutiger Sicht, dass die Reichsschulkonferenz auch eine Organisationsform diskutierte, die später in einzelnen Ländern der Bundesrepublik Deutschland als *Orientierungsstufe* oder *Förderstufe* eingeführt (und wieder abgeschafft) wurde: So war „der Vorschlag gemacht worden, auf die vierjährige Grundschule zunächst einen zweijährigen gemeinsamen Unterbau für die höheren Schulen und die Mittelschule herzustellen, sodass die Entscheidung über die endgültige Aufnahme in eine höhere Schule erst nach Vollendung des sechsten Schuljahrs [...] erfolgen würde" (REINHARDT o. J., S. 21 f.). Die Durchführung der Schulreformen der Weimarer Republik fiel in eine politisch turbulente Zeit. Wechselnde Mehrheits- und Machtverhältnisse zwangen zu Kompromissen, durch die die ursprüngliche Idee einer gemeinsamen Grundschule in wesentlichen Bereichen eingeschränkt wurde. Schließlich wurde die Frage nach der Dauer der Grundschulzeit durch „Das Gesetz betr. die Grundschulen [...]" vom 28. März 1920 verbindlich, aber auf dem niedrigsten Niveau geregelt:

> § 1: Die Volksschule ist in den vier untersten Jahrgängen als die für alle gemeinsame Grundschule, auf der sich auch das mittlere und höhere Schulwesen aufbaut, einzurichten [...] Die Grundschulklassen (-stufen) sollen unter voller Wahrung ihrer wesentlichen Aufgabe als Teile der Volksschule zugleich die ausreichende Vorbildung für den unmittelbaren Eintritt in eine mittlere und höhere Lehranstalt gewährleisten.

Eine kritische Würdigung macht deutlich, dass die so genannten Weimarer Kompromisse die Grundschule von ihrer Gründung an vor nahezu unlösbare Aufgaben stellten:

● Wurde vor 1920 noch kritisiert, „dass die allgemeine Verbindlichkeit der Volksschule nur sechs Jahre dauern soll" (SALLWÜRK 1919, S. 10), so fand nun eine Begrenzung der gemeinsamen Unterrichtung auf nur *vier Jahre* statt. Die Last dieses Kompromisses lag (und liegt) nicht darin, dass die Grundschule auf eine ihr nachfolgende Schulstufe vorbereiten soll – dies ist ein Teil ihrer Aufgabe im Bildungssystem. Die Problematik ergibt sich vielmehr daraus, dass der Grundschule keine einheitliche Schulstufe folgt und sie daher *auf unterschiedliche Schulformen vorbereiten* muss. Das bedeutet, dass die unterschiedlichen Anforderungen der nachfolgenden Schulformen von Anfang an in der Grundschule präsent sind.

- Die Forderung nach einer gemeinsamen Unterrichtung aller Kinder wurde auch dadurch abgeschwächt, dass das Schulgesetz den privaten Vorschulen und Vorschulklassen lange Übergangsfristen einräumte. Sofern eine frühere Schließung „erhebliche wirtschaftliche Härten […] mit sich bringen würde, oder aus örtlichen Gründen untunlich ist", konnte die Auflösung rund zehn Jahre lang (bis zum Schuljahr 1929/30) aufgeschoben werden.
- Schließlich wurde die Idee der Gleichheit durch die konfessionelle Ausrichtung der Grundschulen maßgeblich geschwächt. Statt der angestrebten Einheitlichkeit im Grundschulbereich entwickelten sich bildungspolitische „Parallelwelten", die sich über die konfessionellen Schulen hinaus in konfessionellen Richtlinien, Schulbüchern und in einer konfessionell gespaltenen Lehrerausbildung etablierten – was sich in der Bundesrepublik bis in die Sechzigerjahre des 20. Jahrhunderts fortsetzte.

Diese Kompromisse haben die Wirkung der Reform geschmälert. Allerdings sollte man nicht übersehen, welche enorme gesellschaftliche Veränderung die Einführung einer allgemeinen Grundschule bewirkte. Bevölkerungsschichten, die es gewohnt waren, ihre Kinder privat unterrichten zu lassen oder über eine Vorschule direkt dem Gymnasium zuzuleiten, empörten sich bei dem Gedanken, dass es nunmehr zu einem „Nebeneinandersitzen auf denselben Bänken von Fürstenkindern an bis zu den Proletarierkindern hinab" kommen sollte (APEL 1919, S. 9). Diese Zuspitzung auf die Frage, ob „Prinzen" und „Pöbel" (seinerzeit offensichtlich ein Widerspruch) gemeinsam die Schulbank drücken sollten, erscheint rückwirkend betrachtet vielleicht lächerlich. Tatsächlich unternahmen jedoch viele Eltern erhebliche Anstrengungen, um die „durch das Reichsgesetz festgelegte Grundschulpflicht […] zu umgehen" (WOLFF 1925, S. 15). Die Einführung der Grundschule bedeutete gleichwohl einen großen Schritt zur Demokratisierung des Schulsystems. Sie beruhte mit den Prinzipien *Staatlichkeit*, *Gleichheit* und *Unentgeltlichkeit* auf Ansprüchen, die für unser heutiges Schulsystem weiterhin gelten.

Die Machtübernahme durch die Nationalsozialisten änderte die Situation der Grundschule strukturell nicht. Zwar wurde das Wort „Grundschule" bei einer Modifikation des

*Das Titelbild einer Fibel aus dem Jahr 1936 verdeutlicht das Ausmaß der politischen Einflussnahme.*

Schulgesetzes wieder gestrichen. Es blieb aber beim Pflichtbesuch der ersten vier Jahrgänge der Volksschule für alle Kinder (vgl. NAVE 1961, S. 151). Die massive Einflussnahme während der nationalsozialistischen Diktatur richtete sich weniger auf die Schulstruktur als vielmehr auf die Bildungs- und Erziehungsinhalte. Alle Schulbücher – auch die der Grundschule – wurden für die Darstellungen nationalsozialistischer Themen instrumentalisiert. Das Beispiel der Fibel „Hand in Hand fürs Vaterland" (Nachfolgefibel der weit verbreiteten „Zimmermann-Fibel"; vgl. TOPSCH 2000, S. 63 ff.) vermittelt eine Vorstellung des politischen Drucks, der bereits auf Schulanfänger ausgeübt wurde.

Eine breite Bewegung zur Verlängerung der Grundschulzeit auf sechs Jahre, wie es sie nach dem Ersten Weltkrieg gab, ist in der Bundesrepublik nicht wieder zustande gekommen. Dabei gab es nach dem Zweiten Weltkrieg in einzelnen Bundesländern zeitweilig eine Ausweitung der Grundschulzeit auf sechs Jahre oder Bestrebungen, den Übergang auf eine weiterführende Schule durch die Errichtung einer Förderstufe oder Orientierungsstufe zeitlich aufzuschieben. Sie hatten jedoch keinen Bestand. Gegenwärtig umfasst die Grundschule nur in Berlin und Brandenburg sechs Klassenstufen.

| Länder der Bundesrepublik vor der Wiedervereinigung | | | | Gegenwärtige Situation |
|---|---|---|---|---|
| ohne Ansätze zur sechsjährigen Grundschule | mit Ansätzen zu verlängertem gemeinsamen Lernen | zeitweilig mit sechsjähriger Grundschule | dauerhaft mit sechsjähriger Grundschule | Länder mit sechsjähriger Grundschule |
| Bayern Nordrhein-Westfalen Rheinland-Pfalz Saarland | Niedersachsen Baden-Württemberg Hessen | Schleswig-Holstein Hamburg Bremen | Berlin | Berlin Brandenburg |

*Tabelle 1: Grundschuldauer in der Bundesrepublik vor und nach der Wiedervereinigung (nach RIEGE 1995, S. 197 ff.)*

## 1.4 Die Grundschule als integrative Schule

### Koedukation und soziale Gemeinschaft

Eine gemeinsame Unterrichtung von Mädchen und Jungen fand „aus praktischen Bedürfnissen, nicht aus theoretischen Erwägungen, in den Landschulen, auch in Realschulen kleinerer Städte, wie zum Beispiel im Großherzogtum Oldenburg" seit langem statt (REIN 1919, S. 18 f.). Auch in der Reformpädagogik hatte sich eine koedukative Praxis überwiegend durchgesetzt. Mit der Grundschule der Weimarer Republik etablierte sich die *gemeinsame Unterrichtung von Mädchen und Jungen* endgültig. Koedukation in der Grundschule wurde nach dem Zweiten Weltkrieg nicht mehr ernsthaft infrage gestellt. Heute gilt die positive Wirkung der Koedukation als eine „der wichtigsten Maßnahmen zur Umsetzung des im Grundgesetz festgelegten Gleichheitsgebots" als unbestritten (Bildungskommission NRW 1995, S. 126). In dieser Hinsicht ist die Grundschule dem Integrationsanspruch nachgekommen. Gleichwohl bleibt festzuhalten, dass durch eine gemeinsame Unterrichtung von Mädchen und Jungen die Gefahren der Diskriminierung nicht gebannt sind. Geschlechterstereotypien in Schulbüchern und Lernmaterialien werden zwar seit Jahrzehnten bewusst vermieden, sind aber in der Gesellschaft weiterhin virulent. Daher bleibt es das Ziel der „reflexiven Koedukation", eine Veränderung des Geschlechterverhältnisses zugunsten eines gleichberechtigten Zusammenlebens und Zusammenlernens innerhalb und außerhalb der Grundschule zu erreichen (vgl. Bildungskommission NRW 1995, S. 130).

## Integration behinderter Kinder

Die Integrationsaufgabe der Grundschule ist im letzten Drittel des 20. Jahrhunderts neu definiert und erheblich ausgeweitet worden. Integration im umfassenden Sinn ist zur zentralen Aufgabe der Grundschule geworden. Seit der Empfehlung des Deutschen Bildungsrates „Zur pädagogischen Förderung von behinderten und von Behinderung bedrohten Kindern und Jugendlichen" (1973) konnte sich dieser Gedanke allmählich ausbreiten (vgl. MUTH 1986, 2002). Besonders in der Grundschule hat die Integration von behinderten Kindern an Boden gewonnen. Die Schulgesetze haben diesen Trend aufgegriffen und bewusst verstärkt. So sieht zum Beispiel das Niedersächsische Schulgesetz seit 1993 eine verstärkte Integration von Kindern mit sonderpädagogischem Förderbedarf und eine Veränderung der Zusammenarbeit von allgemeinen Schulen und Sonderschulen für alle Schulstufen und alle Behinderungsarten vor. Damit trägt es den veränderten gesellschaftlichen Einstellungen gegenüber behinderten Menschen Rechnung. Allgemein wird die Absicht formuliert, behinderte Kinder und Jugendliche so lange in der Regelschule zu belassen, wie ihrem individuellen Förderbedarf dort entsprochen werden kann – „und soweit es die organisatorischen, personellen und sächlichen Gegebenheiten erlauben" (Niedersächsisches Schulgesetz 2003, § 4).

| Schüler mit sonderpädagogischer Förderung | | | |
|---|---|---|---|
| Förderschwerpunkt | in allgemeinen Schulen | in Sonderschulen | Förderschwerpunkte insgesamt |
| Lernen | 30.382 | 231.092 | 261.474 |
| Sonstige | 32.879 | 193.591 | 226.470 |
| Summe | 63.261 | 424.683 | 487.944 |

*Tabelle 2: Schüler mit sonderpädagogischer Förderung an allgemein bildenden Schulen (nach: Konferenz der Kultusminister 2003, S. 138).*

Die Zahl von Kindern mit sonderpädagogischem Förderbedarf, die an allgemeinen Schulen gefördert werden, ist in den letzten Jahren kontinuierlich angestiegen. Im Schuljahr 2001/2002 belief sie sich auf über 63.000. Der überwiegende Anteil der *integrativen Förderung*, 72,8 Prozent, findet derzeit in der Grundschule statt (Konferenz der Kultusminister 2002; Dok. 159, S. IX). Obwohl insgesamt noch ein erheblicher Nachholbedarf vorliegt, zeigt diese Zahl, dass die Grundschule derzeit offensichtlich am ehesten in der Lage ist, dem Integrationsanspruch gerecht zu werden.

## Aspekte des interkulturellen Lernens

Im Blick auf das verstärkte Zusammenwachsen der Nationen in Europa, insbesondere aber im Zusammenhang mit Migrations- und Fluchtbewegungen gehört es zu den Integrationsaufgaben der Grundschule, *multikulturelle Lernsituationen* wahrzunehmen und pädagogisch zu gestalten. Im Jahr 2000 besuchten etwa 400.000 Kinder mit 27 unterschiedlichen Nationalitäten die Grundschulen in der Bundesrepublik (vgl. Bundesministerium für Bildung und Forschung 2002, S. 82). Das ist ein Anteil von etwa 12 Prozent (jedes achte bis neunte Grundschulkind hat demnach einen Migrationshintergrund). Kinder von Arbeitsmigranten, Asylbewerbern und Flüchtlingen aus den verschiedensten Kriegs- und Krisengebieten tragen – mit regional unterschiedlicher Gewichtung – neue Herausforderungen an die Grundschule heran.
Die pädagogische Förderung dieser Kinder wurde bis in die Achtzigerjahre hinein unter dem Begriff *Ausländerpädagogik* zusammengefasst. Sie hatte im Kern zwei Anliegen:

- Ausländerpädagogik wollte Rückstände aufholen und Defizite ausgleichen, um den Kindern ein geregeltes Fortschreiten im Unterricht zu ermöglichen.
- Gleichzeitig sollte die sprachliche und kulturelle Identität der Kinder erhalten bleiben, um ihnen eine Wiedereingliederung in ihrer Heimat zu erleichtern.

| | absolut | relativ[4] |
|---|---|---|
| Vorklassen | 5.342 | 19,9 % |
| Schulkindergärten | 9.783 | 25,8 % |
| Grundschulen | 396.581 | 11,8 % |
| Sonderschulen | 62.800 | 14,9 % |
| Hauptschulen | 223.165 | 14,8 % |
| Realschulen | 81.202 | 6,4 % |
| Gymnasien | 88.146 | 3,9 % |

*Tabelle 3: „Ausländische Schüler an allgemein bildenden Schulen in Deutschland 2000" (nach: Bundesministerium für Bildung und Forschung 2002, S. 82)*

Das Konzept der Ausländerpädagogik war vom Gedanken der Rückkehr, nicht von der Integration geprägt. Inzwischen ist der Begriff *Ausländer* im pädagogischen Kontext obsolet geworden: Im Jahr 1989 waren 65,8 Prozent der in Deutschland lebenden nichtdeutschen Kinder und Jugendlichen (unter 18 Jahre) hier geboren. Allerdings bedeutet dies nicht, dass Integration und Chancengleichheit für sie bereits erreicht wären. Die Statistik zeigt, dass Kinder mit nicht deutschen Eltern in Haupt- und Sonderschulen überrepräsentiert, in Realschulen und Gymnasien unterrepräsentiert sind: Während ihr Anteil in der Grundschule 11,8 Prozent beträgt, beläuft er sich in der Hauptschule auf 14,8 Prozent, im Gymnasium aber nur auf 3,9 Prozent.

Mit der Wandlung des Begriffes Ausländerpädagogik zur *Interkulturellen Pädagogik* (etwa Mitte der Achtzigerjahre) versuchte die Erziehungswissenschaft der veränderten Situation Rechnung zu tragen. Anders als die Ausländerpädagogik zielt die Interkulturelle Pädagogik nicht mehr auf eine bestimmte Gruppe von Kindern (die „Ausländer"), sondern versteht sich als eine Konkretisierung allgemein anerkannter Erziehungsprinzipien in einem spezifischen Anwendungsfeld (vgl. auch POMMERIN 2001, S. 77 ff.). Ihr Leitsatz lautet: „Die deutsche Schule wird auf Dauer multikulturell zusammengesetzt sein und bleiben" (Bildungskommission NRW 1995, S. 121). Die Grundschule muss daher einer Internationalisierung der Lebensbedingungen ihrer Schülerschaft Rechnung tragen. In diesem Zusammenhang kann auch die Einführung einer Fremdsprache in der Grundschule als Teil eines interkulturellen Konzepts gesehen werden.

---

[4]  In Prozent aller Schülerinnen und Schüler der jeweiligen Schulart.

### Resümee

Leben und Lernen in der Schule stellen sich oft als ein Handeln in Widersprüchen dar. So ist es Aufgabe der Grundschule, die Individualität von Kindern zu fördern und zu stärken und *zugleich* ihren Gemeinsinn zu entwickeln.

Integration verlangt, auf die Belange der unterschiedlichen Geschlechter einzugehen, soziale, kulturelle, religiöse und ethnische Differenzen zu akzeptieren, körperliche, geistige und habituelle Unterschiede der Kinder zu berücksichtigen, individuelle Leistungsunterschiede in den Unterricht einzubeziehen und *zugleich* Erziehung und Bildung dieser Kinder durch gemeinsames Lernen aneinander anzunähern.

„Nur eine im umfassenden Sinn integrative ... Grundschule wird eine im eigentlichen Sinne bildende Grundschule sein. Bildung, die Verständigung über Welt sein will, ist auf die unterschiedlichen Weltsichten der Schülerinnen und Schüler angewiesen. Gleichzeitig kann sie Kinder nicht in der Enge und Geschlossenheit ihrer Eigenwelten belassen. Universalistische Orientierungen werden erst im Austausch und in der Begegnung mit dem fremden anderen erworben" (Faust-Siehl u. a.1996, S. 31).

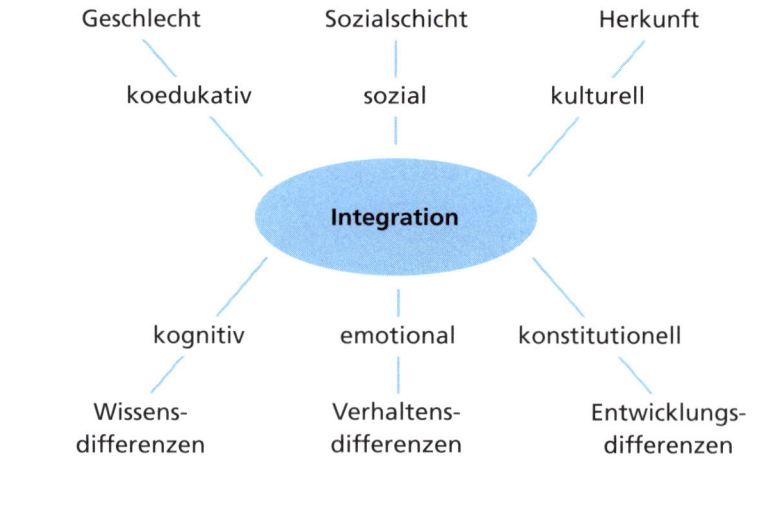

# 2 Kind und Kindheit

*Lehrerinnen und Lehrer müssen fortlaufend entscheiden, ob Unterrichtsinhalte „kindgemäß" sind, ob einzelne Lernschritte oder Lernhilfen dem Entwicklungsstand der Kinder entsprechen usw. Diese Entscheidungen stützen sich überwiegend auf Intuition und spontane Situationsanalysen, in die jedoch auch Vorwissen und Vorurteile darüber einfließen, wie Kinder sind – oder „sein sollten".*

## 2.1 Aspekte der kindlichen Entwicklung

| Dollase | | Baacke |
|---|---|---|
| | bis Geburt | |
| Frühe Kindheit | 0;0 bis 6;0 | Frühe Kindheit |
| Neugeborener | 0;0 bis 0;2 | |
| Säugling | 0;2 bis 0;6 | |
| Krabbelkind | 0;6 bis 1;0 | |
| Kleinstkind | 1;0 bis 3;0 | |
| Kleinkind | 3;0 bis 6;0 | |
| Mittlere Kindheit | 6;0 bis 12;0 | Kindheit |
| Jugendalter | 12 bis 18 Jahre | Jugend |
| Frühes Erwachsenenalter | 18 bis 35 Jahre | |
| Mittleres Erwachsenenalter | 35 bis 60 Jahre | |
| Spätes Erwachsenenalter | 60 und älter | |

*Tabelle 4: Einteilung der Lebensspannen (nach: DOLLASE 1985, S. 18 und BAACKE 2001, S. 56 ff.)*

Im Fokus der Grundschularbeit steht die Lebensphase der „Mittleren Kindheit" bzw. die „Kindheit" (s. Tabelle 4). Diese Phase (6- bis 12-Jährige) kann auf Wahrnehmungsleistungen, motorische Leistungen, Sprachvermögen etc. aufbauen, die in der frühen Kindheit (0- bis 5-Jährige) ihre Grundlegung gefunden haben.

Zugleich ist die Kindheit aber noch weitgehend frei von den komplexen Prozessen der Adoleszenz (13- bis 18-Jährige). Baacke (1934–1999) weist zudem darauf hin, dass die zeitliche Abgrenzung der Entwicklungsstadien, wie sie Piaget vorgenommen hat, mit dieser Einteilung kompatibel ist (vgl. BAACKE 2001, S. 60). Bei allen zeitlichen Einschnitten und Einteilungen muss man sich einschränkend aber einer doppelten Problematik bewusst sein:

- Die genannten Lebensspannen sind nur als allgemeine Verweise auf bestimmte Entwicklungsvorgänge zu verstehen, von denen Kinder in ihrem *individuellen körperlichen, geistigen* und *sozialen Wachstum* deutlich abweichen können: So kann es beispielsweise sein, dass somatisch akzelerierte, also körperlich sehr weit entwickelte Achtjährige durchschnittlich entwickelten Zehnjährigen gleichen, während somatisch dezelerierte Achtjährige unter Umständen im körperlichen und geistigen Entwicklungsstand kaum von durchschnittlich entwickelten Sechsjährigen zu unterscheiden sind.
- Individuelle Entwicklungsvorgänge werden durch *gesellschaftliche Verhältnisse* moduliert: Zehnjährige Großstadtkinder haben heute andere Vorstellungen, Wünsche, Ängste, Sorgen und in der Regel auch einen anderen körperlichen Entwicklungsstand als zehnjährige Dorfkinder in der Nachkriegszeit – oder als zehnjährige Kinder im Zeitalter der Industrialisierung, für die es „normal" war, in Bergwerken und Fabriken Schwerstarbeit zu leisten.

### Die körperliche Entwicklung (physiologische Perspektive)

Die körperliche Entwicklung stellt sich dem Betrachter in erster Linie als Prozess des Körperwachstums dar (Längen- oder Breitenwachstum, Verhältnis Kopf/Rumpf, Verhältnis Gliedmaßen/Rumpf). Abbildung 1 (S. 25) zeigt (bei einer Standardisierung der Gesamthöhe) sehr anschaulich, wie unterschiedlich die Körperformen und die Körperproportionen in den Entwicklungsstadien ausfallen[5]. Der Schularzt Wilfried Zeller hat im Jahre 1936 erstmals ausführlich den Übergang zwischen der „Kleinkindform" und der „Schulkindform" beschrieben und den Begriff vom *ersten Gestaltwandel* geprägt (ZELLER 1936, S. 33 ff.). Die Ergebnisse seiner Untersuchungen fasste er wie folgt zusammen: „Im Verlauf des sechsten Lebensjahres, meist um die Mitte, zuweilen etwas früher, setzt nun der große Entwicklungsprozess ein, den wir als den ersten

---

[5] Aufgabenstellung und Abbildung aus HECKHAUSEN 1974, S. 72: Abgebildet sind das Körperschema eines Neugeborenen, eines Zweijährigen, eines Sechsjährigen, eines Zwölfjährigen und eines Erwachsenen. Versuchen Sie zunächst, die Abbildung des Sechsjährigen und des Zwölfjährigen zu identifizieren. Ordnen Sie dann die anderen Lebensalter zu. (Die Auflösung finden Sie auf Seite 26).

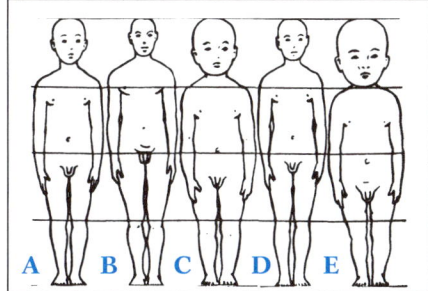

*Abbildung 1: Körperform und Körperproportionen in verschiedenen Lebensaltern (Nach C. M. JACKSON et al.)*

Gestaltwandel des Kindes bezeichnen [...] Arme und Beine wachsen beschleunigt [...] Der Rumpf scheint im Wachstum stehen zu bleiben [...] Die große, dominierende Stirn wächst wie die Unterpartie des Gesichts, insbesondere der Unterkiefer [...] Dabei beginnt auch jetzt die Dentition, die Milchzähne werden abgestoßen, die bleibenden Zähne stellen sich ein [...] Diese Veränderungen spielen sich im Laufe eines Jahres ab und sind mit etwa sechseinhalb Jahren vollendet" (ZELLER 1964, S. 55–57). Zeller und andere haben eine Verknüpfung zwischen dem Gestaltwandel und der *Schulreife* hergestellt.[6]

Insgesamt kommt es beim *Übergang von der frühen zur mittleren Kindheit* zu erheblichen Veränderungen in der körperlichen Entwicklung:

- Der *Zahnwechsel* setzt im Alter von fünf bis sieben Jahren ein. Bis etwa zum zwölften Lebensjahr sind die bleibenden Zähne (mit Ausnahme der Weisheitszähne) ausgebildet (MARKOSJAN 1978, S. 260; ZELLER 1964, S. 57).
- Der erste Gestaltwandel, als Ende eines Kontinuums, nicht als abrupter Wechsel, wird abgeschlossen (ZELLER 1936; 1964). Danach erfolgt ein kontinuierliches Wachstum bis zum Wachstumsschub am Anfang des Jugendalters („zweiter Gestaltwandel").
- Das Gehirn des Fünfjährigen erreicht etwa 90 Prozent seines endgültigen Gewichtes, sodass das *Gehirnwachstum* bereits relativ abgeschlossen ist (BRIERLEY 1987, S. 27).
- Die *Sinnesorgane* sind praktisch vollständig ausgebildet, und die *innere Drüsensekretion* verändert sich (MARKOSJAN 1978, S. 251 ff.).

Gegen Ende der Grundschulzeit können einige Kinder bereits mit der *Pubertät* konfrontiert sein. Schon vor Jahrzehnten (1982) hatten Goldman/Goldman darauf verwiesen, dass 2,2 Prozent der englischen Mädchen bereits mit zehn Jahren und 15,2 Prozent mit elf Jahren die erste Menstruation hatten (GOLDMAN/GOLDMAN 1982, S. 25 f.). „Jungen haben heute meist schon mit elf Jahren ihre erste Pollution" (BAACKE 2001, S. 58). Der Eintritt in die Pubertät im enge-

---

6  Heute herrscht Einigkeit darüber, dass die körperliche Entwicklung allein nicht als verlässlicher Hinweis für das Erreichen bestimmter psychischer Entwicklungen verstanden werden darf (s. Kapitel 4).

ren Sinne vollzieht sich bei einem Teil der Kinder offensichtlich bereits in der mittleren Kindheit. Diese Annahme bestätigt Kluge (1998). Er zeigt, dass 2,0 Prozent der Mädchen die erste Menarche und 3,5 Prozent der Jungen die erste Ejakularche bis zu einem Alter von zehn Jahren hatten (KLUGE 1998, S. 31 u. 42; vgl. auch OERTER/DREHER 2002, S. 279). Baacke stellt dazu zusammenfassend fest, dass man „neuerdings die Pubertät auch schon bei 10-Jährigen" annehmen kann (2001, S. 58).

Eine Bewertung muss hier allerdings mit Vorsicht erfolgen:

● Fragen der Pubertät im Grundschulalter haben in den Bezugswissenschaften (Medizin, Psychologie, Soziologie, Sexualwissenschaften) keinen zentralen Stellenwert. Daher liegen nur wenige Studien vor.

● Hinzu kommt, dass der Begriff Pubertät von einzelnen Fachwissenschaften und einzelnen Fachwissenschaftlern unterschiedlich definiert wird.

● Übereinstimmung besteht jedoch hinsichtlich der Annahme eines Trends zur zeitlichen Vorverlegung der Geschlechtsreife bei gleichzeitig stark variierendem Eintrittsalter.

Insgesamt sind Pubertätserscheinungen (im weiteren Sinne) bereits bei einer größeren Anzahl von Kindern im Grundschulalter zu erwarten. Bei einem geringen Prozentsatz der Kinder ist die Geschlechtsreife am Ende der Grundschulzeit bereits eingetreten.[7]

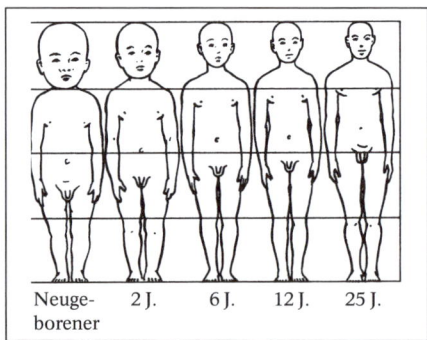

| Neuge-borener | 2 J. | 6 J. | 12 J. | 25 J. |

*Umorganisation der Abbildung S. 25
nach tatsächlichen Größenverhältnissen*

[7] Lösung zur Aufgabe Seite 25: E – Neugeborener; C – Zweijähriger; A – Sechsjähriger; D – Zwölfjähriger; B – Erwachsener.

## Die geistige Entwicklung (psychologische Perspektive)

Bedeutende Pädagogen, Psychologen und Soziologen haben zum besseren Verständnis der geistigen Entwicklung von Kindern beigetragen. Die Kette reicht von Jean-Jacques Rousseau (1712–1778), der erstmals die kindliche Natur in den Mittelpunkt der Überlegungen zur Erziehung stellte, über Johann Heinrich Pestalozzi (1746–1827), der intuitiv Elemente der moralischen Erziehung beschrieb, bis zu Jean Piaget (1896–1980) und Lawrence Kohlberg (1927–1987), die die kognitive bzw. die moralische Entwicklung des Kindes erforschten.

Viele Alltagstheorien von Lehrerinnen und Lehrern befassen sich implizit mit der Anlage-Umwelt-Problematik. Einsichtig ist, dass der Mensch (wie alle anderen Lebewesen) mit spezifischen genetischen Anlagen ausgestattet ist. Was jedoch aus diesen Anlagen wird, wie weit und auf welche Weise sie sich entfalten, das hängt entscheidend von den Wechselwirkungen mit der „Umwelt" ab. Durch Einwirkung der Umwelt können bestimmte genetische Anlagen realisiert oder unterdrückt werden. Diese *Wechselwirkung von Anlage und Umwelt* ist so vielschichtig, dass letztlich „eine strenge Unterscheidung zwischen Angeborenem und Erworbenem unmöglich ist" (SINGER 2002, S. 47). Einseitige Positionen sind also endgültig ad acta gelegt. Vielmehr gilt als sicher, dass es „fast keine Eins-zu-Eins-Beziehung zwischen genetischen Instruktionen und bestimmten Eigenschaften [gibt], schon gar nicht im Bereich von Begabungsspektren und Persönlichkeitsmerkmalen" (SINGER 2002, S. 44).[8]

Der Schweizer Psychologe Jean Piaget ging in seinem *interaktionstheoretischen Ansatz* davon aus, dass sich Menschen – und nicht nur sie – ununterbrochen mit der Umwelt auseinander setzen. Unser physischer und sozialer Lebensraum fordert mit Störungen, Hemmungen, Hinderungen, Zwängen und Unvermeidlichkeiten unablässig unsere Reaktion heraus. Die Einordnung neuer Erfahrungen in vorhandene geistige Strukturen bezeichnet Piaget als *Assimilation*. Gelingt diese nicht, so muss die kognitive Struktur verändert werden. Piaget spricht dann von *Akkomodation*. Die kognitive Entwicklung erfolgt also durch das Wechselspiel von Assimilation und Akkomodation. Auf welche Weise kognitive Strukturen im Wechsel von Assimilation und Akkomodation allmählich ausdifferenziert werden, kann man an der Entwicklung der Schriftsprache bei „Spontanschreibern"[9] nachvollziehen:

**BEISPIEL ▶** Ein Kind will das Wort „Peter" lautorientiert aufschreiben. Da sich der Endlaut [ər] in [Petər]/„Peter" ähnlich wie der Endlaut des Wortes „Mama"

---

8  Lesen Sie diesen Satz von Wolf Singer, er ist Direktor am Max-Planck-Institut für Hirnforschung in Frankfurt a. M., ruhig noch einmal. Viele Lehrerinnen und Lehrer werden ihre Alltagstheorie über Anlage und Umwelt ändern müssen!

9  Kinder, die nach eigenen Strategien Schriftsprache im Umgang erwerben.

anhört, nutzt es das von „MAMA" bekannte Lösungsschema und schreibt „PETA". Es löst sein Problem auf dem Wege der Assimilation. Wird es später in der Umwelt mit dem Schriftwort „Peter" konfrontiert, dann muss es sein Lösungs-Schema zu „PETER" korrigieren. Diesmal löst es sein Problem durch Akkomodation. Durch die unablässige Interaktion mit der sozialen Umwelt erwirbt es allmählich die Erkenntnis, dass ähnlich klingende Endlaute nicht immer den gleichen Schreibmustern zugeordnet werden. Es passt seine Schemata auf dem Wege der Adaptation an die Umweltanforderungen an. Am Ende kann es Wörter wie „Peter", „Fenster" und „Mama Papa" usw. sicher unterscheiden und konventionsgerecht schreiben. Die Anpassung und Ausdifferenzierung der Schemata haben seine kognitive Struktur verändert. Ein neues Gleichgewicht wird hergestellt. ◀

Zusammenfassend kann man festhalten:

- *„Assimilation* bedeutet [...] die Anwendung gewohnter Denk- und Handlungsweisen auf ein vertrautes oder neues Problem.
- *Akkomodation* bedeutet die Veränderung der bisherigen Handlungs- und Denkweisen, um dem neuen Problem gerecht zu werden [...].
- Sie machen gemeinsam [...] [einen] Annäherungsprozess aus, den Piaget als *Adaptation* (Anpassung) beschreibt" (RAUH 1974, S. 233).
- Der „Zustand des Gleichgewichts (Widerspruchsfreiheit) wird *Äquilibrium*, der Vorgang seiner Anstrebung *Äquilibration*" genannt[10] (DOLLASE 1985, S. 35; Gliederungspunkt eingefügt).

Piaget hat seine Beobachtungen zu einem Gesamtkonzept der kognitiven Entwicklung zusammengefasst. Je nachdem, wie differenziert sein System dargestellt wird, kann man drei (vgl. RAUH 1974), vier (vgl. THOMAS/FELDMANN 2002; KNAUF 2001; DOLLASE 1985) oder fünf Stufen (vgl. BAACKE 2001) unterscheiden. In der Literatur ist eine Darstellung der *Entwicklungsstadien in vier Stufen* am häufigsten (vgl. u. a. THOMAS/FELDMANN 2002, S. 191).[11] Hinsichtlich der korrekten Bezeichnung bzw. der korrekten Schreibweise im Deutschen, aber auch hinsichtlich der Alterszuordnung besteht eine gewisse Unsicherheit.[12] Alle nachfolgenden Altersangaben haben daher nur orientierenden Wert.

---

[10] Dieser Ablauf findet bei allen Denkakten fortlaufend statt. Beobachten Sie einmal, wie Sie an ein neues Computerprogramm, ein neues Auto, eine neue Partnerin/einen neuen Partner „herangehen": Immer sind Assimilation, Akkomodation und Adaptation im Spiel – so lange, bis Sie das Äquilibrium erreichen.

[11] Ich folge bei dieser überblicksartigen Zusammenfassung i. W. der Darstellung von Thomas/Feldmann, die eine sachkundige und zugleich gut lesbare Arbeit vorgelegt haben. (Das Buch ist als einführende Lektüre sehr empfehlenswert. Als Originalquelle empfiehlt sich der Band von Piaget/Inhelder, auf den in diesem Abschnitt ebenfalls mehrfach verwiesen wird.)

## Sensomotorische Periode (0 bis 2 Jahre)

Das neugeborene Kind ist mit einer Reihe von *Reflexen* ausgestattet: Es muss nicht erst lernen, wie man saugt, hustet, strampelt oder weint. Diese angeborenen Reflexe baut es in der Folgezeit allmählich aus und es fängt an, Handlungen zu koordinieren und zielgerichtet auszuführen. Bereits der Säugling beginnt, zwischen sich und den Gegenständen zu differenzieren. Er entwickelt *Objektpräsenz*, das heißt, Objekte bleiben für ihn auch dann präsent, wenn sie nicht mehr zu sehen sind. Wir „können mit großer Sicherheit davon ausgehen, dass das Neugeborene noch nicht denken kann, wenn man unter Denken Kombinieren und Schlussfolgern versteht [...] Bei einem 1-Jährigen kann man denkähnliche Vorgänge nicht so eindeutig abstreiten [...] Bei ihm ist das Denken sicher noch nicht sprachlich gestützt; es zeigt sich im ganz konkreten Handeln und ist mit diesem Handeln gleichzusetzen. Piaget bezeichnet es daher als *sensumotorische Intelligenz*" (RAUH 1974, S. 234 f.; Hervorh. im Orig.). Gegen Ende dieser Periode gewinnt die Sprache zunehmend an Bedeutung. Sie bietet die Möglichkeit, „dass man etwas (irgend etwas ‚Bezeichnetes‘: Gegenstand, Ereignis, Begriffsschema usw.) mit Hilfe eines differenzierten ‚Zeichens‘, das nur gerade dieser Vorstellung dient, abbilden kann: Sprache, inneres Bild, symbolische Geste usw." (PIAGET/INHELDER 2000, S. 61).

## Präoperationale Periode (2 bis 7 Jahre)

Zunehmendes sprachliches Vermögen verbessert die Kommunikation mit der sozialen Umwelt erheblich. Sprache hilft dem Kind, seine Handlungen zu verinnerlichen. Sein Denken ist anfangs jedoch noch stark an die Wahrnehmung gebunden. Auch ist der *Sprachgebrauch* zunächst noch egozentriert: Das Kind spricht zu sich selbst und für sich selbst. Im zweiten Teil dieser Phase, etwa vom vierten bis zum sechsten Lebensjahr, tritt der egozentrische zugunsten des sozial-kommunikativen Sprachgebrauchs zurück. Es entwickelt sich das *intuitive Denken*, das sich dem logischen Denken allmählich annähert. „Intuitiv hat das Kind eine Ahnung, versteht aber noch nicht das Prinzip" (THOMAS/FELDMANN 2002, S. 185).

Gibt man dem Kind jedoch Gelegenheit, selbst zu experimentieren, dann wird sich möglicherweise intuitiv die richtige Einsicht einstellen. Thomas/Feldmann geben unter Bezugnahme auf Piaget für diesen Übergang ein anschauliches Beispiel:

---

12 Piaget/Inhelder benutzen die Schreibweise „senso-motorische Periode" (1980, S. 61). In der Literatur finden sich aber auch folgende Bezeichnungen: Periode der sensumotorischen Intelligenz (Rauh), sensumotorisches Stadium (Dollase), sensu-motorische Stufe (Knauf), sensomotorische Periode (Thomas/Feldmann). Die Zeitangaben sind von Piaget nicht scharf umgrenzt.

**BEISPIEL ▶** „Sechs rote Perlen werden in einer Reihe auf den Tisch gelegt. Das Kind soll gleich viele blaue Perlen daneben legen. Das vier- bis fünfjährige Kind wird normalerweise eine etwa gleich lange Reihe mit Perlen bilden, ohne jedoch die gleiche Anzahl von Perlen zu benutzen. Ein etwa ein Jahr älteres Kind wird demgegenüber genau sechs blaue Perlen verwenden […] Werden dann aber die roten Perlen auseinander gezogen, um eine längere Reihe zu formen, glaubt der Sechsjährige, dass die Menge der roten Perlen nicht mehr gleich der Menge blauer Perlen ist" (THOMAS/FELDMANN 2002, S. 184 f.).

In meiner Lehrerzeit habe ich (nachdem ich Piagets Beispiel zum ersten Mal gelesen hatte), eine Reihe Pappkärtchen auf eine feste Schnur und gleich viele auf eine Gummischnur aufgezogen und beide Bänder in zwei Reihen an der Tafel befestigt. Wurde die Gummischnur aber auseinander gezogen, dann behauptete ein Mädchen sinngemäß: „Jetzt sind es mehr" bzw. nach dem Entspannen der Gummischnur: „Jetzt sind es wieder gleich viele."[13] Während die anderen – einige von ihnen vielleicht nur intuitiv – das Prinzip der Invarianz erfasst hatten (die Menge der Elemente wird durch die Verteilung nicht verändert), blieb das Mädchen bei seiner Meinung. „Die Unfähigkeit zu ‚dezentrieren‘, das heißt, mehr als eine Aufgabendimension gleichzeitig zu beachten, ist ein über die verschiedensten Bereiche hinweg beobachtbares, stadientypisches Merkmal des präoperationalen Denkens: Es limitiert das moralische Denken des Kindes ebenso wie seine Fähigkeit, die Perspektive einer anderen Person einzunehmen" (SODIAN 1998, S. 153). ◀

### Konkret-operationale Periode (7 bis 11 Jahre)

Obwohl alle Zeitangaben nur einen orientierenden Wert haben, kann man pauschalierend sagen, dass die konkret-operationale Periode im Wesentlichen dem Grundschulalter entspricht. „‚Konkret‘ heißt nicht, das Kind müsse Objekte anfassen oder sehen, um Probleme lösen zu können. Der Begriff meint vielmehr, dass das Kind sich mit identifizierbaren – entweder direkt wahrnehmbaren oder vorstellbaren – Objekten beschäftigt" (THOMAS/FELDMANN 2002, S. 186).

**BEISPIEL ▶** Vergleichen Sie folgende Aufgaben:
- „Verteile vier Kekse auf zwei Kinder so, dass jedes Kind gleich viele Kekse bekommt."
- „Multipliziere 4 mit ½."

Die erste Aufgabe bezieht sich unabhängig davon, ob reale Kekse auf dem Tisch liegen oder nicht, auf eine konkrete Operation (aufteilen) mit wahrnehmbaren oder vorstellbaren Objekten (Kekse). Die Operation kann in der Vorstellung durchgeführt werden (sie ist internalisiert) und kann rückgängig gemacht werden (sie ist reversi-

---

[13] Das war Ende der Sechzigerjahre. Probieren Sie einfach einmal aus, ob auch heute Kinder eingeschult werden, die sich noch in der präoperationalen Periode befinden.

bel). Bei der zweiten Aufgabenstellung handelt es sich im Kern um das gleiche Problem.[14] Dennoch ist die Situation ganz anders. Die Aufgabenstellung ist völlig abstrakt: Ein Kind in der konkret-operationalen Periode wird wohl kaum in der Lage sein, sich das „Multiplizieren mit ½" als konkrete Operation vorzustellen und die mathematische Umkehrung nachzuvollziehen. ◄

## Formal-operationale Periode (11 bis 15 Jahre)

In dieser Periode vollzieht sich das allmähliche Hineinwachsen in das hypo-thetisch-deduktive oder formale Denken. Der junge Mensch wird fähig, „folge-richtig über Aussagen nachzudenken, an die er nicht oder noch nicht glaubt, die er also als reine Hypothese betrachtet: Er wird somit fähig, aus bloß möglichen Wahrheiten die notwendigen Folgerungen zu ziehen" (PIAGET/INHELDER 2000, S. 132).

Piaget hat mit seinen Arbeiten wesentlich zu einem Paradigmenwechsel beige-tragen: Das Kind wird nicht länger als *passiver Empfänger*, sondern als *aktiver Erkunder* gesehen. Da sich Piaget vorwiegend mit der frühen und der mittleren Kindheit befasst, ist die didaktische Relevanz seiner Arbeiten – trotz vereinzel-ter Kritikpunkte – gerade für den Grundschulbereich unbestritten. Obwohl die konkret-operationale Phase den Fokus des Grundschulalters bildet, muss zu-mindest in der Schuleintrittsphase auch mit Kindern gerechnet werden, die sich noch in der präoperationalen Periode oder in einem Übergangsstadium befin-den. Am Ende der Grundschulzeit ist zu erwarten, dass manche Kinder bereits in die formal-operationale Periode eingetreten sind. Mit anderen Worten: Grundschullehrerinnen und -lehrer müssen damit rechnen, mit drei der vier be-schriebenen Entwicklungsstadien (Stufen/Perioden) konfrontiert zu werden.

Piagets Theorieansatz hat eine Vielzahl von Folgearbeiten nach sich gezogen. Schon wenige Jahre nach ihrer Veröffentlichung gab es aber auch grundsätzli-che Kritik (vgl. zusammenfassend RAUH 1972, S. 75 ff.). Die Entwicklungspha-sen Piagets wurden in der Folge weniger linear, sondern vielmehr als konzen-trischer Aufbau interpretiert. Aus pädagogischer Perspektive ist vor allem auf den Unterschied zwischen der *forschenden Perspektive der Psychologie* und der *fördernden Aufgabe der Pädagogik* zu verweisen: Die Psychologie will die vorhandenen kognitiven Strukturen in der kindlichen Entwicklung aufdecken. – Die Schule hat eine andere Aufgabe. Sie muss gegebene Voraussetzungen weiterentwickeln. Der Lehrer kann sich am Ende eines Mini-Experimentes zur ‚Mengeninvarianz' nicht damit zufrieden geben, dass er präoperationale Struk-turen festgestellt hat. Seine Aufgabe liegt vielmehr darin, diese Fixierung durch Fördermaßnahmen zu überwinden.

---

[14] Mathematisch kann die Division als Multiplikation mit einem Bruch aufgefasst werden.

| Alter | Ausprägung | Stufe/Phase |
|---|---|---|
| ab Geburt | Reflexe | Sensomotorische Entwicklungsstufe |
| ab 1. Monat | erste Anpassungshandlungen | |
| ab 4. Monat | scheinbar absichtsvolle Handlungen | |
| ab 8. Monat | Beginn der praktischen Intelligenz; zielorientierte Handlungen | |
| ab 12. Monat | erste Differenzierungen zwischen „Ich" und Gegenständen | |
| ab 18. Monat | Vorstellungsvermögen | |
| ab 2 Jahre | egozentrischer Sprachgebrauch; perzeptives Denken | Präoperationale Entwicklungsstufe |
| ab 4–5 Jahre | sozial-kommunikativer Sprachgebrauch, intuitives Denken | |
| ab 7 Jahre | Operationen (Internalisierung, Reversibilität, Koordinierung); Kausalität | Konkret-operationale Entwicklungsstufe |
| ab 11–15 Jahre | Hypothesenbildung; Faktorenkombinationen; logisches Denken | Formal-operationale Entwicklungsstufe |

*Tabelle 5: Überblick über die Entwicklungsstufen bei Piaget
(nach* THOMAS/FELDMANN *2002, S. 191; gekürzt)*

## 2.2 „Veränderte Kindheit" (soziologische Perspektive)

Hinsichtlich des gesellschaftlichen Phänomens ‚Kindheit' sind widersprüchliche Positionen vertreten worden:

● Philippe Ariès (1914–1986) hat die Geschichte der Kindheit als Ausgrenzung und Einschränkung beschrieben. Kindheit im heutigen Sinne hat es nicht immer gegeben. Im Mittelalter wurde das Kind „kaum, dass es sich physisch zurechtfinden konnte, übergangslos zu den Erwachsenen gezählt, es teilte ihre Arbeit und ihre Spiele" (ARIÈS 1978, S. 46). Die Kernfamilie, so wie wir sie heute kennen, entwickelte sich erst im 15. und 16. Jahrhundert. In ihrer Folge entstand Kindheit im heutigen Sinn.

> Die Darstellung „der Familienerziehung und Schulbildung als Fortschritt zu mehr Freiheit und sozialer Offenheit ist falsch. Die Geschichte [...] zeigt im Gegenteil eine Zunahme von Unfreiheit, sozialer Abschließung und Repression durch die Erwachsenen" (VON HENTIG 1978, S. 11).

Die Kinder fanden sich, wie Rolff/Zimmermann (2001, S. 11) polemisch formulieren, in den pädagogischen Anstalten und Veranstaltungen wieder.

- Lloyd deMause und andere haben aus psychoanalytischer Sicht eine ganz andere Perspektive gezeichnet. deMause beschreibt Geschichte der Kindheit als die Geschichte einer allmählichen Besserung der Verhältnisse.

  > „Je weiter wir in der Geschichte zurückgehen, desto unzureichender wird die Pflege der Kinder, die Fürsorge für sie, und desto größer die Wahrscheinlichkeit, dass Kinder getötet, ausgesetzt, geschlagen, gequält und sexuell missbraucht wurden" (DEMAUSE 1979, S. 7).

Bis zum Beginn der Neuzeit reicht die Leidensgeschichte der Kinder. Erst dann setzt eine Evolution der *gestalteten Eltern-Kind-Beziehungen* ein. Nach deMauses Interpretation werden psychische Strukturen infolge historisch gegebener familiärer Erziehungsformen ausgebildet und von Generation zu Generation weitergegeben (DEMAUSE 1979, S. 10 ff.).

- Neil Postman (1931–2003) hat mit seiner These vom Verschwinden der Kindheit (1983) die öffentliche Diskussion in eine andere Richtung gelenkt: Seit der Erfindung des Drucks mit beweglichen Lettern und der Ausbreitung der Schriftsprache verfügten die Erwachsenen über ein Medium, das sich Kindern nicht durch Beobachtung und Nachahmung, sondern nur durch Erziehung erschloss. Dagegen stehen heute aufgrund der Dominanz visueller Medien die meisten Informationen auch Kindern unmittelbar zur Verfügung. Dies führt zu einem Prozess gesellschaftlicher Veränderungen, an dessen Ende sich Kindheit – zumindest partiell – wieder auflöst. Ähnlich argumentiert auch Hurrelmann:

  > „Kindheit ist oft kein sozialer Schonraum mehr, das Jugendalter unterscheidet sich in seinen sozialen und psychischen Anforderungen teilweise nur noch wenig vom Erwachsenenalter. Kinder, schon in der Altersspanne zwischen 6 und 12 Jahren, spüren heute die Vorteile und die Nachteile einer offenen, kommerziellen Gesellschaft. Nicht erst mit 13, 14 oder 15 Jahren können sie sich im Medienbereich und im Konsumbereich völlig frei bewegen, sondern schon beim Eintritt in die Grundschule. Immer mehr von ihnen leben in gestörten und zerbröselnden Familien und fühlen sich unter Leistungsdruck an ihrem ‚Arbeitsplatz' Schule" (1997, S. 76).

## Pluralität der familialen Lebensformen

In vielen Beiträgen zur veränderten Kindheit wird der spürbare Rückgang der Geburtenzahlen in der Bundesrepublik Deutschland thematisiert. Dieser Aspekt wird von einer zunehmenden Pluralität der Lebensformen und Familienkonstellationen begleitet und überlagert. Unter systematischen Gesichtspunkten erscheint es sinnvoll, die Aspekte Geburtenrückgang und Familienkonstellationen zu trennen:

### Geburtenrückgang

| Geburtenentwicklung (in 1000) | | | | Vergleich |
|---|---|---|---|---|
| 1992 | 1998 | 1999 | 2000 | 1960 ABL |
| 809 | 785 | 771 | 767 | 969 |

*Tabelle 6: Anzahl der Lebendgeborenen in Deutschland (nach: Bundesministerium für Bildung und Forschung 2002, S. 18 f.; ABL = alte Bundesländer)*

Die Geburtenzahlen sinken in Deutschland seit etwa 1960. Bei einer Wohnbevölkerung von knapp 56 Millionen (55.958.000) erreichte die Geburtenzahl in den alten Bundesländern 1960 eine Zahl von 969.000. Im Jahr 2000 betrug die Wohnbevölkerung der Bundesrepublik knapp 81 Millionen (80.974.000). Die Geburtenrate fiel mit 767.000 aber um 200.000 niedriger aus. Rechnet man die Geburtenrate von 1960 (ABL) auf 2000 (BRD) hoch, so wären etwa 1, 4 Millionen Geburten, also das 1,8fache des Jahres 2000 zu erwarten. Mit anderen Worten: Die Geburtenrate hat sich im Vergleich zu 1960 nahezu halbiert.

### Familienformen

Die klassische Kernfamilie galt lange Zeit als der „Normalitätsentwurf"[15] von Familie. Folgende Vorstellungen waren dabei bestimmend:

❶ „Die Eltern des Kindes sind verheiratet.
❷ Das Kind wird ehelich geboren.
❸ Beide Eltern sind die leiblichen Eltern des Kindes.
❹ Diese leben in einer Haushaltsgemeinschaft zusammen.
❺ In dieser Haushaltsgemeinschaft lebt auch das Kind" (Normalitätsentwurf nach NAUCK 1991; zit. nach ALT 2003, S. 226).

Neben der Kernfamilie mit Kindern haben sich weitere Familienformen etabliert. Zu nennen sind vor allem nichteheliche Lebensgemeinschaften mit Kindern und Alleinerziehende mit Kindern. Aber auch Trennung, Scheidung und

---

[15] Der Begriff steht für die Lebensform der größten Gruppe. Er soll keine Wertung im Hinblick auf Normabweichungen enthalten (vgl. ALT 2003, S. 225, Fußnote 1).

Verwitwung spielen eine bedeutende Rolle. Insgesamt entsteht eine vielfältige Familientypologie (vgl. NAVE-HERZ 1997, S. 7). Dennoch kommt der überwiegende Teil der Kinder im Grundschulalter aus der traditionellen Kernfamilie. Gestützt auf Daten von Nauck (1991) stellt Nave-Herz fest,

> „daß von allen Kindern unter 18 Jahren 87,5 % mit ihren beiden leiblichen Eltern zusammenleben [...] Etwas anders sieht die Situation in den neuen Bundesländern aus. Aufgrund der höheren Zahlen von nichtehelichen Geburten und von Ehescheidungen wächst hier ein höherer Anteil von Kindern nicht mit beiden leiblichen Eltern auf. Dennoch bilden auch in den neuen Bundesländern fast 82 % aller Kinder unter 18 Jahren mit ihren leiblichen Eltern eine Haushaltsgemeinschaft" (NAVE-HERZ 1997, S. 13 f.).

Die Ergebnisse des Mikrozensus 2003 zeigen jedoch bereits deutliche Veränderungen: Danach lebten in den alten Bundesländern 82 %, in den neuen Bundesländern nur noch 64 % der unter Achtzehnjährigen bei ihren leiblichen, verheirateten Eltern (Statistisches Bundesamt 2004, 27). Etwas günstiger sehen die Werte für jüngere Kinder aus. So lebten im Jahr 2000 von den Sechs- bis Neunjährigen 84 % in den alten Bundesländern und 66 % in den neuen Bundesländern mit ihren verheirateten, leiblichen Eltern zusammen. Der Rest lebte in differenzierteren Familienverhältnissen.[16]

| Kinder zwischen 6–9 Jahren | Kinder insg. | Eltern sind verheiratet | andere Familien-konstellation |
|---|---|---|---|
| Deutschland | 3.317.000 | 81,7 % | 18,2 % |
| alte Bundesländer | 2.901.000 | 84,0 % | 16,0 % |
| neue Bundesländer | 415.000 | 66,0 % | 34,0 % |

*Tabelle 7: Kinder zwischen 6 und 9 Jahren nach Familientyp im Jahr 2000 (nach: ENGSTLER/MENNING 2003, S. 213)*

Von größerer Bedeutung als der eheliche Status der Eltern sind aus grundschulpädagogischer Sicht aber andere Fragen, zum Beispiel, ob das Kind in stabilen Verhältnissen aufwächst; ob und in welcher Form ihm Trennungen zugemutet werden; ob es intellektuell, emotional und sozial verantwortlich gefördert und gefordert wird; ob es ökonomisch gesichert lebt; ob es sich körperlich und seelisch unversehrt entwickeln kann und gesundheitlich vorausschauend betreut wird. Kurz: Letztlich kommt es darauf an, ob das Kind in einer *unterstützenden erzieherischen Familienkonstellation* aufwächst.

---

[16] In der Sprache der Familienstatistik ausgedrückt, leben sie bei „Unverheirateten oder verheiratet Getrenntlebenden ohne oder mit Lebenspartner im Haushalt, der auch der andere Elternteil des Kindes sein kann" (ENGSTLER/MENNING 2003, S. 213, Fußnote 1).

## Geschwisterkonstellation

Die Bildungskommission NRW schreibt, dass „jede zweite Familie mit Kindern lediglich ein Kind" hat (1995, S. 35). Diese Zahl bedeutet nicht, dass die Hälfte der Schulkinder Einzelkinder sind. Angaben dieser Art wurden in der Vergangenheit gern kolportiert (zur Kritik vgl. ENGSTLER/MENNING 2003, S. 38). Sie waren und sind jedoch falsch, weil vor allem die jüngeren ‚Einzelkinder' noch Geschwister bekommen können. Betrachtet man *Familien mit Kindern* und darin nur die Altersgruppe der *Kinder von 6 bis 9 Jahren*, dann erhält man mit Blick auf

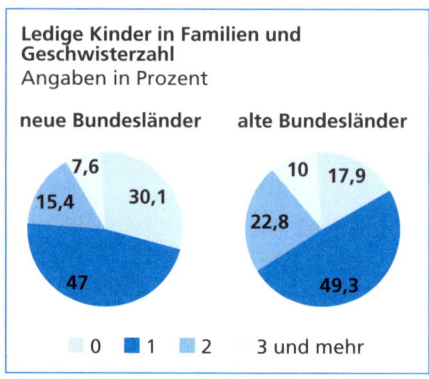

Abbildung 2: *Kinder im Alter von 6 bis 9 Jahren nach Zahl der Geschwister im Haushalt (aus:* ENGSTLER/MENNING *2003, S. 215)*

die gegenwärtige Grundschule ein korrektes Bild. Auch hier sind Unterschiede zwischen Ost und West erheblich (vgl. Abbildung 2).[17] Zusammenfassend kann man feststellen, dass in den alten Bundesländern acht von zehn Grundschulkindern mit Geschwistern aufwachsen (82,1 %). In den neuen Bundesländern sind Einzelkinder deutlich stärker vertreten. Aber auch hier wachsen sieben von zehn Grundschulkindern (69,9 %) mit Geschwistern auf.

Anders sieht es bei der Gruppe der allein erziehenden Eltern aus. Hier ist die Zahl der Einzelkinder erwartungsgemäß deutlich größer. Allerdings umfasst die Gruppe der Alleinerziehenden insgesamt nur 3,5% der Bevölkerung im Alter von 18 und mehr Jahren (66.247.000). Auch hier gibt es in der Literatur missverständliche Angaben.[18] Insgesamt lassen diese Zahlen erkennen, dass derzeit nicht von einem Trend zur Ein-Kind-Familie gesprochen werden kann. Vielmehr findet eine Aufteilung zwischen Paaren bzw. Alleinstehenden *mit Kindern* und solchen *ohne Kinder* statt (ENGSTLER/MENNING 2003, S. 73). Richtig ist aber: Kinder sind seltener geworden (s. Tabelle 6). Sie treten in der Öffentlichkeit weniger auf, finden sich weniger spontan zusammen und verbringen weniger Zeit miteinander. Diese Ausdünnung von Kindern in der Gesellschaft verändert die Lebensformen und wirkt sich auf viele Bereiche des schulischen Alltags und die Lebensqualität von Grundschulkindern insgesamt aus.

---

[17] Die Angaben beziehen sich auf ledige Voll- und Halbgeschwister ohne Altersbegrenzung.

[18] Die hohen Angaben in älteren Werken (bis 1995) erklären sich z.T. daraus, dass die Statistik die „nichtehelichen Familientypen" lange Zeit nicht getrennt ausgewiesen, sondern in der Sammelkategorie „Alleinerziehend" ausgewiesen hat (vgl. ENGSTLER/MENNING 2003, S. 39f.).

## Umwelt und Medien

Für die Diskussion des Themas ‚Veränderte Kindheit' hatte vor allem die Darstellung von Rolff/Zimmermann, die erstmals 1985 unter dem Titel „Kindheit im Wandel" erschien (6. Aufl. 2001), eine große Bedeutung. Rolff/Zimmermann haben ihre Analyse pädagogisch in mehreren Punkten akzentuiert, von denen ich drei besonders heraushebe (vgl. zum Folgenden: ROLFF/ZIMMERMANN 1985, S. 135 ff.; ROLFF/ZIMMERMANN 2001, S. 148 ff.):

### Reduktion der Eigentätigkeit

Vorgefertigte Spielzeuge und Spielzeugwelten, deren Einzelelemente nur noch gesammelt und aufgebaut, aber nicht mehr selbst entworfen und ausgestaltet werden können, schränken die Eigentätigkeit des Kindes ein. Aus Spielhandlungen, die Planungs- und Konstruktionsschritte einschließen, werden Konsumhandlungen, die sich auf Bedienung, Anwendung und Pflege beschränken. Chancen und Entwicklungsmöglichkeiten, die im selbst gestalteten Spiel liegen, bleiben zumindest in Teilen ungenutzt. „In Konsumhandlungen entfällt die Erkenntnistätigkeit weitgehend" (ebd., S. 120).

**BEISPIEL ▶** Ein Kind kann für ein Indianerspiel einen fertigen Kopfschmuck verwenden, der aus Plastikfedern besteht. Wenn die ‚Federn' abbrechen oder das Band kaputtgeht, kann es den Kopfschmuck sortengerecht im gelben Sack entsorgen und sich einen neuen kaufen oder wünschen. – Ein Kind kann aber auch einige Federn finden und mit der Idee ‚Indianerspiel' verbinden. Bei der Herstellung eines Kopfschmuckes muss es sich mit der Frage auseinander setzen, wie man mehrere Federn so am Kopf anbringen kann, dass sie beim Spielen nicht verrutschen oder verloren gehen. Schließlich ist die Frage der Färbung zu bedenken und alles in Handlungen – gegen den Widerstand der Dinge – umzusetzen. **◀**

### Mediatisierung der Erfahrung

Kindern im Grundschulalter stehen im Prinzip alle Medien zur Verfügung. Die „KIM-Studie 2003 – Kinder und Medien" des Medienpädagogischen Forschungsverbundes Südwest weist für die 6- bis 13-Jährigen folgenden „Gerätebesitz von Kindern" aus: Kassettenrekorder 54 %, CD-Player 39 %, Fernseher 38 %, Handy 24 %, Computer 15 % (Auswahl aus: KIM 2003). Für viele Bereiche ist das Fernsehen zum Mittler zwischen Kind und Realität geworden. Dies bringt eine Verminderung von Eigenerfahrungen mit sich – zum Teil auch dort, wo Realerfahrungen möglich sind.

**BEISPIEL ▶** Kinder sehen sich im Fernsehen an, wie andere Kinder eine Blumenzwiebel setzen. Sie beobachten im Zeitraffer, wie eine Hyazinthe im Blumentopf aus der Erde kommt. Am Ende ‚wissen' sie, wie diese wächst und blüht.

Was sie nicht wissen ist, wie feucht die Pflanzenerde sein muss. Wie viele Tage vergehen, bis sich die Triebe entfalten. Wie lange es dauert, bis die Hyazinthe aufblüht. Wie die Blüte riecht. Wie lange sie blüht. Was man mit der Zwiebel macht, wenn die Hyazinthe abgeblüht ist usw. Es kommt hinzu, dass die Kinder nur eine bestimmte mediale Repräsentation, die einen Ausschnitt aus den möglichen Repräsentationsformen des Themas und erst recht nur einen Ausschnitt aus der Realität darstellt, gesehen haben. ◀

Beim Fernsehen dominiert die ikonische Aneignung. Die mühevolle verbal-argumentative Zugangsweise, die für viele anspruchsvolle Inhalte im Unterricht unerlässlich ist, wird wenig gefördert. Im Gegenteil – sie wird partiell überflüssig: „Die Deutungsmuster für das Verstehen von Welt sind immer schon da. Die Verarbeitung von Umwelt, was ‚Erfahrung‘ im eigentlichen Sinne vorstellt, ist somit durch Mediatisierungserscheinungen vorstrukturiert und gleichsam konsumierbar" (FEIERABEND/KLINGLER 2003b, S. 123).

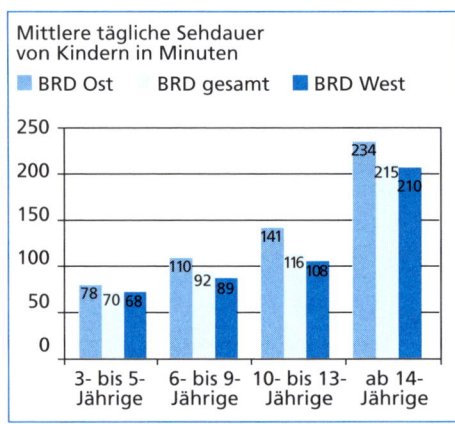

*Abbildung 3: Tägliche Sehdauer von Kindern in Deutschland 2002 (nach FEIERABEND/KLINGLER 2003a, S. 169)*

Ein weiteres bedeutsames Problem stellt die hohe Zeitbindung durch das Fernsehen dar. In der Bundesrepublik sahen im Jahr 2002 die Drei- bis Fünfjährigen im Durchschnitt täglich 70 Minuten und die Sechs- bis Neunjährigen 92 Minuten (rund 1,5 Stunden) fern. Für die Zehn- bis Dreizehnjährigen beläuft sich die durchschnittliche tägliche Fernsehdauer auf fast 2 Stunden (116 Minuten), und ab dem 14. Lebensjahr (einschließlich Erwachsene) steigt die tägliche Sehdauer auf 215 Minuten, also auf mehr als 3,5 Stunden an. Bemerkenswert sind die Differenzen zwischen den alten und den neuen Bundesländern (vgl. Abbildung 3). Alle Angaben zur Sehdauer [19] beziehen sich auf Durchschnittswerte. „Wenigseher" und „Vielseher" werden hierbei nicht getrennt berücksichtigt. Geschlechtsspezifische Unter-

---

[19] „Die Sehdauer gibt an, wie lange die jeweils befragten/erfassten Personen während eines bestimmten Zeitintervalls im Durchschnitt ferngesehen haben, und bezieht wohlgemerkt als Durchschnittswert auch jene Personen ein, die zur fraglichen Zeit ihren Empfänger gar nicht eingeschaltet hatten." (http://db.ard.de/abc/main.index_abc).

schiede hinsichtlich der Fernsehdauer sind relativ gering. Jungen sehen täglich im Durchschnitt vier Minuten mehr fern als Mädchen (FEIERABEND/KLINGLER 2003a, S. 167). Dagegen gibt es einen deutlichen Zusammenhang zwischen dem täglichen Fernsehkonsum und der sozialen Lage von Kindern in Deutschland. Danach sehen Kinder, die in einem „intellektuellen Milieu" aufwachsen, deutlich weniger fern als Kinder, die in einem „traditionellen Arbeitermilieu"[20] aufwachsen. Für die Gruppe der Drei- bis Dreizehnjährigen wurde ein Verhältnis von 71 Minuten zu 140 Minuten nachgewiesen (vgl. KUCHENBUCH 2003, S. 5). Neben dem Fernsehen haben Computerprogramme und die Nutzung des Internets inzwischen auch für Grundschulkinder an Bedeutung gewonnen (vgl. u. a. FEIL 2001, S. 189 ff.). Auch hierbei wird der ikonische Zugang zu Inhalten favorisiert. Bei *Lernsoftware* handelt es sich wie beim Fernsehen um weitgehend vorentschiedene Inhalte, die wenig Möglichkeiten zur aktiven, mehrperspektivischen Auseinandersetzung bieten. Formen des selbstbestimmten, erfahrungsoffenen Lernens im handelnden Umgang sowie soziales Lernen insgesamt spielen im Umgang mit diesem Medium zumindest keine eigenständige Rolle. Die KIM-Studie 2003 weist sowohl für die Computernutzung wie auch für die Nutzung des Internets auch im Grundschulbereich erhebliche Zuwächse aus (s. o.). Erkennbar ist, dass sich der Umgang mit *Computer* und *Internet* als eine neue Kulturtechnik etabliert hat, die Erfahrungen in einem bestimmten Ausschnitt von Welt ermöglicht. Wie groß dieser spezielle Ausschnitt sein soll und welche Bedeutung ihm zukommt, ist in der Grundschulpädagogik derzeit eher noch offen. Die Faustregel, dass der *Computer in der Grundschule* dann zum Einsatz kommen soll, wenn er einen Sachverhalt besser als andere Medien präsentiert, erscheint nach wie vor richtig, ist aber in der Praxis längst überholt. Zum Einsatz an Grundschulen kommen derzeit eher relativ einfache Drill-and-Practice-Programme, die wegen ihrer geringeren technischen Anforderungen und ihrer oft primitiven, aber überschaubaren Nutzerführung wenig Probleme bereiten. Sie sind nach dem Schema „Aufgabenstellung → Eingabe → Kontrolle → Rückmeldung" konstruiert und imitieren häufig reale Handlungen (Verteilen, Zusammenfügen, Einsetzen, Buntmalen etc.). Dabei erscheint es unter einer grundschulpädagogischen Perspektive höchst zweifelhaft, wenn Kinder „Puzzle-Teile" mit der Maus zusammenfügen und eine Computerrückmeldung erhalten, statt die Rückmeldung im handelnden Umgang mit dem Material, in Form einer Sachkontrolle, Selbstkontrolle oder Partnerkontrolle direkt zu erfahren. Josef Weizenbaum kritisierte schon vor dem Einzug des Computers in die Grundschule: „Dem Kind wird nun eingeprägt, dass das, was der Computer

---

[20] Die Milieueinteilung erfolgte auf der Grundlage des Sinus-Milieu-Modells; N = 1.771; Zeitraum: November 2000.

sagt, stimme, dass aus dem Computer die Realität, die Wahrheit komme." Zum Fernsehen „als Darstellung der Wirklichkeit" tritt der Computer „als Quelle der Wahrheit" hinzu (WEIZENBAUM 1989, S. 10). Insgesamt steht der Einsatz von Computern in der Grundschule – trotz seines unbestreitbaren Anregungspotenzials – noch vor einer Reihe von Legitimationsproblemen (vgl. TOPSCH 1993; SCHOLZ 2001, S. 37 ff.; TOPSCH 2002, S. 127 ff.).

**Expertisierung von Erziehung**

Eine wichtige Dimension des Wandels von Kindheit ist in einer Zunahme der Expertisierung von Wissen und Kontrolle zu sehen. Rolff/Zimmermann beschreiben die Entwicklung der letzten fünf Jahrzehnte als einen Weg vom so genannten Kontrollloch (in der unmittelbaren Nachkriegszeit) über eine Kontrolle durch Autorität (in den Fünfzigerjahren) zu einer *Kontrolle durch Erziehungsexperten* (2001, S. 158). Hausaufgabenkreise, Sportvereine, Musikgruppen etc. widmen sich nicht nur der Förderung von Fähigkeiten und Fertigkeiten – sie übernehmen für bestimmte Zeiten auch die Aufsicht über die Kinder. Im weiteren Sinn gilt dies auch für das Fernsehen: Sicherlich ist die Kontrolle hier weniger bewusst, aber implizit ist sie hochwirksam. Ein Kind, das fernsieht, ist beschäftigt. Es wird in dieser Zeit keine Fensterscheiben einwerfen, nicht am Gasherd experimentieren, nicht zwischen parkenden Autos Versteck spielen usw. Aber auch die Erziehungstätigkeiten selbst sind spezialisiert worden: „Es gibt nun Spezialisten für Rollenspiele und Kreativitätsförderung, um nur einige Spielarten der neuen Erziehungsexperten zu nennen" (ROLFF/ZIMMERMANN 2001, S. 159).

## Resümee

Rolff und Zimmermann haben den Wandel der Kindheit in drei zentralen Tendenzen beschrieben: „die Reduktion von Eigentätigkeit, die Mediatisierung der Erfahrung, die Expertisierung der Erziehung" (2001, S. 148 ff.). Ihre Auffassung haben sie mit vielen Argumenten und Beispielen untermauert und belegt.

Vor ihnen hatte schon Hartmut von Hentig seine Sichtweise der Veränderung von Kindheit zu Protokoll gegeben. In seiner Einleitung zum Werk von Phillippe Ariès bezeichnet er Kindheit heute als *Fernsehkindheit*, *pädagogische Kindheit*, *Zukunftskindheit* und *Stadtkindheit*. Was 1978 teilweise noch wie eine düstere Vision wirkte, hat sich inzwischen als Faktum erwiesen (vgl. HENTIG 1978, S. 41 ff.).

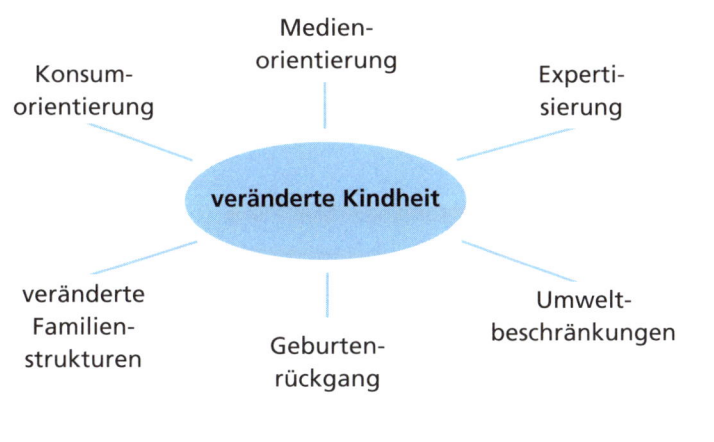

# 3 Vom Kindergarten zur Grundschule

*Mit dem Schuleintritt werden Bildung und Erziehung eines Kindes teilweise unter öffentliche Verantwortung gestellt. Lagen die Zuständigkeiten zuvor fast ausschließlich bei den Eltern, so definiert die Gesellschaft durch Schulgesetze, Richtlinien, Verordnungen etc. nun, welche Bildungs- und Erziehungsziele sie verfolgt, welche Zeiten sie dafür beansprucht und in welchen organisatorischen Bezügen die Schulpflicht erfüllt werden soll. Für Kinder und Eltern kann der Schulanfang gleichermaßen problematisch sein, weil sie sich in neue Beziehungsgefüge begeben müssen und der bisherige Erziehungsstand, die körperliche, emotionale und intellektuelle Entwicklung des Kindes, aber auch die soziale und ökonomische Situation der Familie – zumindest ein Stück weit – der öffentlichen Bewertung zugänglich werden.*

## 3.1 Von der Schulreife zur Schulfähigkeit

Die traditionelle Einschulungsdiagnostik sollte drei Bereiche abdecken, und zwar

- die körperliche Entwicklung und den aktuellen Gesundheitszustand (schulärztliche Untersuchung),
- die kognitive Entwicklung (Schulreifetest),
- die sozial-emotionale Entwicklung (Beobachtung beim Test, Einschulungsgespräch).

Bei der Schulaufnahme findet eine *Untersuchung der körperlichen Entwicklung* statt.[21] Dabei werden unter anderem Hör- und Sehfähigkeit (Sehschärfe, Farbensehen), die Sprachfähigkeit sowie die Grobmotorik und die Feinmotorik überprüft. Ferner werden individuelle Abweichungen wie Allergien, chronische Krankheiten oder Behinderungen erfasst. Es leuchtet ein, dass sich aus diesen Werten nicht nur Hinweise für die medizinische Versorgung, sondern auch

---

[21] Sie ist in den einzelnen Bundesländern unterschiedlich geregelt und kann teilweise durch den Nachweis der Vorsorgeuntersuchung U9 und durch ergänzende Untersuchungen ersetzt oder ergänzt werden.

für die pädagogische Förderung der Kinder ergeben. Das Ausmaß der Entwicklungsabweichungen und -verzögerungen zeigt eine Untersuchung der Stadt Köln (vgl. ausgewählte Ergebnisse 1996, S. 4), die folgende Ergebnisse erbrachte:

- Sprachentwicklungsverzögerungen etwa 13 bis 20 Prozent,
- Störungen der auditiven Wahrnehmung sowie der Fein- und Visuomotorik etwa 8 bis 15 Prozent,
- Störungen der grobmotorischen Koordination ca. 15 Prozent der Schulanfänger.

Hinsichtlich der *kognitiven Entwicklung* stand jahrzehntelang die Frage der *Schulreife* im Zentrum der Einschulungsdiagnostik. Dabei kam es bereits in den Sechzigerjahren zu einer deutlichen Kritik des Schulreifekonzeptes. In Verbindung damit fand ein begrifflicher Wandel von der *Schulreife* zur *Schulfähigkeit* statt. Die Organisationsformen und die inhaltlichen Schwerpunkte der pädagogischen Eingangsdiagnostik haben sich seither deutlich verändert. So finden derzeit der sprachliche und der soziale Entwicklungsstand eine größere Beachtung. In bestimmten Fällen werden aber auch gegenwärtig weiterhin Schulreifetests durchgeführt.

## Das Schulreifekonzept

Das Schulreifekonzept geht wesentlich auf Artur Kern (1902–1988) zurück. In seinem Werk „Sitzenbleiberelend und Schulreife" (1951/⁵1966) stellte er zum ersten Mal eine Verbindung zwischen Schulversagen und Schulreife her. Kern glaubte, klare Hinweise dafür gefunden zu haben, dass das „Sitzenbleiben" auf eine Diskrepanz zwischen dem Entwicklungsstand des Kindes und den Anforderungen der Schule zurückzuführen ist:

> „Der Ausdruck ‚Reife' ist ein dem biologischen Seinsgebiet entnommener Begriff. Er will andeuten, dass eine Entfaltung, ein Wachstum zu einem gewissen Abschluss gekommen ist. Schulreife will besagen, dass das Kind in einem bestimmten Stadium des Wachstums fähig ist, den Forderungen einer Schule, in unserem speziellen Fall der Volksschule, zu entsprechen" (KERN 1966, S. 22).

Kerns Überlegungen lassen sich in drei Sätzen zusammenfassen:
1. Es gibt einen ursächlichen Zusammenhang zwischen Schulreife und Schulversagen.
2. Die meisten Sitzenbleiber sind bei der Einschulung noch nicht schulreif.
3. Durch eine Rückstellung vom Schulbesuch und durch das Abwarten der Schulreife kann das Scheitern dieser Kinder verhindert werden.

Gestützt auf die reifungstheoretische Entwicklungspsychologie seiner Zeit fordert er die Nichteinschulung der nicht schulreifen Kinder:

> *„Jedes Kind, extrem schwache Begabung (Idiotie und Imbezillität) ausgenommen, erreicht im Laufe seiner Entwicklung einmal die Entwicklungsphase, der jenes Leistungsgefüge zugeordnet ist, das als Voraussetzung für ein erfolgreiches Durchlaufen der Schule angesetzt werden muss [...] Insofern ist die schulische Leistung primär von der Entwicklung abhängig.* Wenn wir mit der Einschulung eines Kindes warteten, bis es den geforderten Entwicklungspunkt erreicht hätte, dann wäre jedem Kind ein relativ leichtes und erfolgreiches Beschreiten und Durchschreiten der Schulbahn möglich" (Kern 1966, S. 67, Hervorh. im Orig.).

Bis in die Sechzigerjahre des 20. Jahrhunderts hielt zumindest ein Teil der Entwicklungspsychologen an einem kausalen Zusammenhang zwischen dem körperlichen Entwicklungsstand und der „Schulreife" fest. So vertrat Heinz Remplein zum Beispiel die Auffassung, dass *„die volle Schulreife [...] erst nach durchlaufenem Gestaltwandel zu erwarten"* ist (1967, S. 302).[22]
Um Aussagen über die Schulreife bei Kindern machen zu können, entwickelte Kern einen Schulreifetest, den „Grundleistungstest". Ihm folgten viele weitere Schulreifetests. So gab es beispielsweise einen Kettwiger, Weilburger, Marburger, Göppinger, Münchener und Frankfurter Schulreifetest. Im Zentrum dieser Tests stand die visuelle Gliederungsfähigkeit. Die Mehrzahl der Aufgabenstellungen klassischer Schulreifetests bezieht sich darauf, vorgegebene Zeichen gegliedert wahrzunehmen und gegliedert wiederzugeben. Meist geht es darum, Zeichen abzumalen, Muster fortzusetzen, Unterschiede zu kennzeichnen etc. Die Ergebnisse werden im Hinblick auf die Richtigkeit von Mengen, Proportionen, Winkeln und Gestalteigenschaften mit Punkten bewertet.[23]

Zweierlei kann festgehalten werden: Einerseits basieren die elementaren Lehrgänge in weiten Teilen tatsächlich auf der visuellen Gliederungsfähigkeit. Andererseits bleiben wichtige Bereiche für eine erfolgreiche Mitarbeit im Anfangsunterricht unberücksichtigt, zum Beispiel die auditive Wahrnehmung, das Sprachvermögen, die Gedächtnisleistung, die soziale Kompetenz usw. Kerns Thesen wurde bereits früh widersprochen. Dennoch blieben sie über Jahrzehnte hinweg wirksam. Die Kritik lässt sich in drei Punkten bündeln.

---

[22] Rempleins Werk konnte in seiner Zeit als Standardwerk gelten. 1967 erschien es in der 15. überarbeiteten und verbesserten Auflage (111.–124. Tausend).
[23] Die Abbildungen verstehen sich als grafische Zitate. Sie sind dem Frankfurter Schulreifetest und dem Kettwiger Schulreifetest entnommen. Sie haben nur Beispielcharakter.

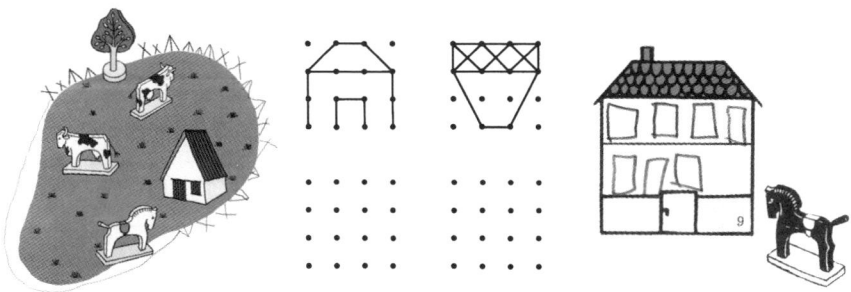

*Abbildung 4: Aufgabenbeispiele aus Schulreifetests*

**Konzeptkritik: Ist Schulreife reifungstheoretisch begründbar?**
Die reifungstheoretisch orientierte Entwicklungspsychologie ging davon aus, dass reifungsabhängige Leistungen durch vorzeitige Übung *nicht* wesentlich beschleunigt werden können. Dieser Annahme sind die Schulreifetheoretiker uneingeschränkt gefolgt. Als Indikator für das Erreichen der notwendigen Reife galt ihnen die visuelle Gliederungsfähigkeit. Wenn Gliederungsfähigkeit jedoch reifungsabhängig ist, dann kann sie durch Übung nicht verfrüht (hervorgeholt) werden. Die Problematik des Schulreifekonzepts lag darin, dass unter seinen Prämissen ein Abwarten (Nachreifung durch Rückstellung) sinnvoll, eine verstärkte Förderung der nicht schulreifen Kinder aber sinnlos erschien.
An dieser Argumentation setzte die Kritik an: Kemmler und Heckhausen gingen der Frage nach, ob die visuelle Gliederungsfähigkeit das Ergebnis eines Reifungsprozesses oder das Ergebnis eines Lernprozesses sei. Kinder ihrer Versuchsgruppe, die sich aufgrund des Kern'schen Grundleistungstests als nicht schulreif erwiesen, wurden von ihnen *nicht zurückgestellt,* sondern gemeinsam mit den Schulreifen in erste Klassen eingeschult. Als nach sechs Wochen eine Nachuntersuchung erfolgte, waren bis auf einen sehr kleinen Rest (3 %) alle „schulreif". Kemmler und Heckhausen folgerten daraus: „Wandlungen von diesem Ausmaß lassen sich durch ein umweltunabhängiges Reifungsgeschehen innerhalb von 6 Wochen nicht erklären" (KEMMLER/HECKHAUSEN 1962, S. 70 f.).[24] Der normale Unterricht der ersten sechs Wochen (die Kinder erhielten keinen speziellen Förderunterricht) wies offensichtlich ein so starkes Anregungspotenzial auf, dass sich ein starker Zuwachs im Bereich der Gliederungsfähigkeit einstellte. Die Autoren hatten damit nachgewiesen, dass

---

[24] Im Fortgang wiesen sie zudem nach, dass Sitzenbleiben nicht – wie Kern es zu belegen glaubte – durch mangelnde Schulreife erklärt werden kann.

Förderung

⬆

wenn übbar, dann nicht
reifungsabhängig

⬆

**Gliederungs-
fähigkeit**

⬇

wenn Reifung, dann nicht
übbar

⬇

Rückstellung

„Gliederungsfähigkeit […] in hohem Maße übungsfähig" ist (S. 86).

Wenn die visuelle Gliederungsfähigkeit aber übbar ist, dann kann sie nicht reifungsabhängig sein: Folglich beruhen die mit dem Schulreifetest festgestellten Differenzen zwischen den Kindern nicht auf Reifungs-, sondern auf Lernvorgängen. Es setzte sich die Auffassung durch, dass das, „was wir Schulreife nennen […] zumindest in gleichem Maße von Umwelteinflüssen abhängig" ist (MEIS 1968, S. 2 u. 15). Deutlicher kann das Ende des reifungstheoretischen Ansatzes kaum beschrieben werden. In den Richtlinien des Landes NRW hieß es daraufhin:

> „Schulreife ist in dieser Sicht nichts anderes als die Summe dessen, was das Kind in seiner vorschulischen Umwelt zu erwerben Gelegenheit hatte. Ein Zurückstellen vom Schulbesuch wäre von hier her gerade nicht als Chance zum ‚Nachreifen' zu verstehen, sondern als ein Zurückverweisen auf eben die Lernumwelt, deren Mängel in der Schulreifebeurteilung offenbar geworden sind" (Richtlinien NRW 1973, S. 10).

Lilly Kemmler konnte die Unwirksamkeit der Zurückstellung auch im Rahmen einer Langzeitstudie belegen: Nahezu jedes dritte zurückgestellte Kind (31,7 %) blieb bereits in den ersten drei Schuljahren sitzen. Das entsprach dem vierfachen Wert des üblichen Sitzenbleibens in jenen Jahren (KEMMLER 1967, S. 147). Die Rückstellung zeigte also keineswegs den ihr unterstellten Erfolg.

### 2. Testkritik: Wie hoch ist der prognostische Wert der Schulreifetests?

Da Schulreifetests vereinzelt weiterhin durchgeführt werden, ist es sinnvoll, sich auch mit der *Testkritik*, die an ihnen geübt wurde, auseinander zu setzen: Alle Messinstrumente haben einen spezifischen *Messfehler*. Das gilt auch für die Schulreifetests. Da es sich dabei in der Regel um Gruppentests handelt(e), ist ihr Messfehler sogar relativ hoch. Ohne auf die statistische Ableitung eingehen zu können, kann die Problematik der Aussagesicherheit anhand des Kettwiger Schulreifetestes (KST) aufgezeigt werden:[25]

---

[25] Dieser Test unterschied sich insofern positiv von vielen anderen Tests, als seine Aussagen statistisch abgesichert waren und die daraus resultierende Problematik vom Autor, Rudolf Meis, publiziert wurde. Achtung: Die im nachfolgenden Beispiel genannten Werte gelten nur für den KST. Sie können nicht auf andere Schulreifetests übertragen werden. Allerdings ist mit ähnlichen oder höheren Messfehlern zu rechnen.

| Messergebnis zum Beispiel | Aussagesicherheit | Messfehler | Vertrauensintervall |
|---|---|---|---|
| 9 Punkte | 66,7 % | ± 2 Pkt. | 7–11 Pkt. |
| | 95 % | ± 4 Pkt. | 5–13 Pkt. |
| | 99 % | ± 5 Pkt. | 4–14 Pkt. |

*Tabelle 8: Aussagesicherheit und Vertrauensintervalle für ein Schulreifetestergebnis (nach* MEIS, *KST 1968)*

**BEISPIEL ▶** Bei einem Ergebnis von 9 Punkten kann man mit 95 % Sicherheit sagen, dass der ‚wahre Wert' zwischen 5 und 13 Punkten liegt (± 4 Punkte für den Messfehler). Mit 99 % Sicherheit kann man bei einem Ergebnis von 9 Punkten sagen, dass der ‚wahre Wert' zwischen 4 und 14 Punkten liegt (± 5 Punkte für den Messfehler). Der Messwert von 9 Punkten ist also unter Berücksichtigung des Messfehlers und des Vertrauensintervalls praktisch nicht mehr verwertbar: Im konkreten Fall sagt das Ergebnis aus, dass das Kind entweder *nicht schulreif* (4 Punkte) oder *schulreif* (14 Punkte) ist. ◀

Schenk-Danzinger hat in einem Gutachten für den Deutschen Bildungsrat den Prognosewert eines Schulreifetests überprüft. Danach stimmte die Prognose für den untersten Punktbereich (also für den Bereich der Kinder, die als nicht schulreif getestet worden waren) „nur in 47 % der Fälle und war in 53 % falsch, das heißt, die Mehrzahl der Kinder leistet mehr als man erwartet hatte" (1969a, S. 32; N = 14). Daher muss festgehalten werden, dass der prognostische Wert solcher Tests im unteren Leistungsbereich (und auf den kommt es an) für eine Individualentscheidung nicht ausreicht.

 *Zur Verdeutlichung:* Hätte man damals eine Münze in die Luft geworfen und nach ‚Kopf oder Zahl' entschieden, wäre eine ähnliche Trefferquote erreicht worden.

**Praxiskritik: Welche Probleme ergaben sich in der Praxis?**
Auch unter dem Gesichtspunkt der praktischen Durchführung gab es erhebliche Kritik an Schulreifetests (vgl. EWERT 1972; HAARMANN 1975). Zunächst kann festgehalten werden, dass nicht alle Schulen Schulreifetests durchführten. Kinder hatten also auch in der Blütezeit des Schulreifegedankens durchaus Chancen, ohne den Nachweis ihrer „Schulreife" in die Grundschule aufgenommen zu werden. Auffällig war zudem, dass manche Schulen die Kinder schon Monate vor dem eigentlichen Schulbeginn testeten, während andere dies erst direkt zum Schulbeginn taten. Die *mittlere Zeitdifferenz* betrug 20 Wo-

chen. Diese zeitliche Differenz bedeutete für einige Kinder einen Gewinn, für andere einen Verlust an vorschulischer Lernzeit.

Gravierend waren auch die Rückstellungsdifferenzen zwischen einzelnen Schulen: Sie betrugen 0 bis 25 Prozent: Während einige Schulen überhaupt kein Kind zurückstellten, traf es in anderen Schulen jedes vierte Kind. Man darf annehmen, dass „Schulreifeuntersuchungen zumindest gelegentlich zur Begründung und Durchsetzung eines schulinternen ‚Numerus clausus' benutzt" wurden (EWERT 1972, S. 32). Haarmann resümierte in einem Gutachten für den Deutschen Bildungsrat: „Die Schulreifeuntersuchung wird so zu einem Instrument schulisch willkürlich gehandhabter und individuell zufällig verteilter Benachteiligungen oder Bevorzugungen" (HAARMANN 1975, S. 123).

## Das Schulfähigkeitskonzept

Das Schulfähigkeitskonzept greift über Anlage und Reifung hinaus und erkennt an, dass Umwelteinflüsse und die spezielle Lerngeschichte eines Kindes von erheblicher Bedeutung sind. Zu dieser konzeptionellen Weiterentwicklung haben viele beigetragen. In besonderer Weise hervorzuheben sind aber die Beiträge von Lotte Schenk-Danzinger (1905–1992) und Horst Nickel. Sie überwinden das traditionelle Schulreifekonzept: Schenk-Danzinger, indem sie *Schulfähigkeit* und *Schulbereitschaft* in den Mittelpunkt stellt, und Nickel, indem er die Schulreife in ein *ökologisches Gesamtkonzept* einbettet.

**Schulfähigkeit/Schulbereitschaft** (LOTTE SCHENK-DANZINGER)
Schulfähigkeit und Schulbereitschaft fassen die Voraussetzungen für den Schuleintritt

- im kognitiven Bereich,
- im Bereich der Motivation und emotionalen Entwicklung sowie
- im Bereich des Sozialverhaltens zusammen.

Wie sich diese Faktoren entwickeln, hängt entscheidend von den Anregungen, Lernmöglichkeiten, Steuerungen etc. aus der Umwelt ab (SCHENK-DANZINGER 1969b, S. 109 ff.). Besondere Bedeutung kommt in ihrem Konzept der *Selbststeuerung* zu. Damit bezeichnet sie ein Faktorenbündel, das Lehrerinnen und Lehrer meist unter dem Begriff ‚Arbeitshaltung' zusammenfassen, zum Beispiel Konzentration, Ausdauer, willkürliche Aufmerksamkeit, Aufgabenwilligkeit sowie Anstrengungs- und Einordnungsbereitschaft. Die Entwicklung dieser Haltungen ist *„in hohem Maße milieuabhängig"*. In der vorschulischen Zeit müssen „nicht nur *Lernangebote, konsequente Wertsetzungen* und *Gelegenheit zu schöpferischem Gestalten*, sondern auch entsprechende *emotionale Verstärkungen* vorhanden gewesen sein" (SCHENK-DANZINGER 1987, S. 170, Hervorh. im Orig.). Damit kommt den ‚Umweltfaktoren' Familie, vorschulische

Institution, aber auch dem Anfangsunterricht selbst eine wesentliche Bedeutung zu. Zusammenfassend heißt es:

> „Schulfähigkeit lässt sich nicht eindeutig definieren, denn der Erfolg während der ersten Schuljahre hängt vom Zusammenspiel mehrerer Bedingungen ab. Zum Teil sind dies bestimmte Voraussetzungen, die das Kind mitbringen muss, zum anderen sind es Gegebenheiten, die die Schule an das Kind heranträgt (Gestaltung des Unterrichts, der Lehrer-Kind-Beziehung usf.)" (SCHENK-DANZINGER 1988, S. 29).

Mit anderen Worten: Ob die Schulfähigkeit und Schulbereitschaft im konkreten Fall ausreichen, hängt nicht allein vom Kind ab (individualistische Erklärung), sondern vom Geflecht des gesamten Kind-Umfeld-Systems (ökosystemischer Ansatz).

### Ökosystemischer Ansatz (Horst Nickel)[26]

Auch Horst Nickel beschreibt ‚Schulreife' als Wechselwirkung zwischen „schulischen Anforderungen einerseits und individuellen Lernvoraussetzungen andererseits" (NICKEL/SCHMIDT-DENTER 1995, S. 227). Was bei Schenk-Danzinger als Milieu bezeichnet wurde, erhält bei Nickel eine nähere inhaltliche Bestimmung. Nickel erfasst vier Teilkomponenten des Systems, und zwar *Schule*, *Schüler*, *Ökologie* (häusliche, vorschulische, schulische Lernumwelt) und die *gesamtgesellschaftliche Situation* (vgl. 1990, S. 217 ff.; 1995, S. 225 ff.).

❶ Die *Teilkomponente Schule* soll die Aspekte der Schulreife[27] in den Blick bringen, die auf das Schulsystem, die allgemeinen schulischen Anforderungen und die Unterrichtsbedingungen zurückgeführt werden können.

❷ Die *Teilkomponente Schüler* bezieht sich auf körperliche und psychische Voraussetzungen des Kindes. Hinzu treten ferner geistige, motivationale und soziale Voraussetzungen. Erwähnt wird auch die Bedeutung einer schulgerechten Arbeitshaltung (1995, S. 231 ff.).

❸ Die *Teilkomponente Ökologie* vermittelt, welche Beiträge die Umwelt zum Zustandekommen des Schulreifekonstrukts leistet. Die familiale Ökologie fasst die familienspezifischen Faktoren zusammen. Entsprechendes gilt für

---

[26] Nickel hat unterschiedliche Begriffe verwendet. Er spricht vom interaktionistischen, ökopsychologischen oder ökologisch-systemischen Modell. Im Bereich der Förderdiagnostik wird allgemein von einem ökosystemischen Ansatz gesprochen (vgl. HILDESCHMIDT/SANDER 2002, S. 304). Da die Schuleingangsdiagnostik sich letztlich auch als Förderdiagnostik versteht, wähle ich diese Bezeichnung.

[27] Nickel verwendet weiterhin den Begriff Schulreife. Er benutzt diesen Begriff teils mit, teils ohne Redezeichen. Dabei ist jedoch immer klar, dass er sich nicht auf das traditionelle Schulreifekonzept bezieht, sondern dieses kritisiert und zu überwinden sucht.

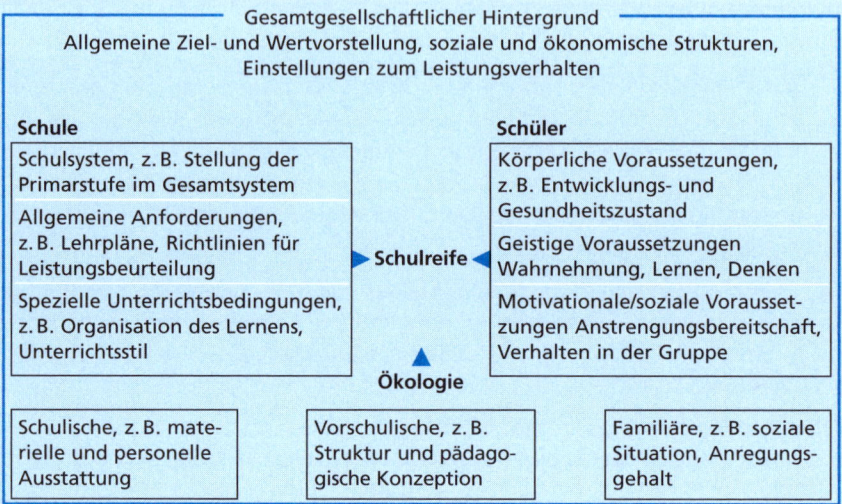

*Abbildung 5: Das ökologisch-systemische Schulreifemodell (nach:* NICKEL/SCHMIDT-DENTER *1995, S. 227)*

die vorschulische und die schulische Ökologie, wobei Randunschärfen zwischen den speziellen Unterrichtsbedingungen (Teilkomponente Schule) und der materiellen und personellen Ausstattung (Teilkomponente Ökologie) bestehen.

❹ Die *Teilkomponente gesamtgesellschaftliche Situation* benennt Hintergrundfaktoren, wie die allgemeinen Wert- und Normvorstellungen der Gesellschaft und die ökonomische Rahmung von Schule und Unterricht.

Lotte Schenk-Danzinger und Horst Nickel haben in eigenständigen Beiträgen die Schulfähigkeit von einem individualistischen Konzept gelöst, das sein Augenmerk allein auf das Kind richtete. Ihr Schulfähigkeitskonzept berücksichtigt, dass der Umwelt für die Ermöglichung oder die Verhinderung einer positiven Entwicklung des Kindes eine entscheidende Rolle zukommt. Als Folge dieses Paradigmenwechsels entstanden vermehrt Einrichtungen zur Förderung jener Kinder, die aufgrund der mangelnden Voraussetzungen nicht in die erste Klasse aufgenommen wurden. In den einzelnen Bundesländern wurden unterschiedliche Bezeichnungen gewählt: Einige sprachen vom ,Schulkindergarten' (Niedersachsen), andere wählten die Bezeichnung ,Vorklasse' (Hessen) oder ,Grundschulförderklasse' (Baden-Württemberg).

## 3.2 Zusammenarbeit zwischen Kindergarten und Grundschule

Kinder werden nicht von einem Tag auf den anderen zu „Schulkindern", sondern in einem langen Prozess, der schon im vorschulischen Alter beginnt und erst im Laufe der Grundschulzeit abgeschlossen wird (vgl. GRIEBEL/NIESEL 2002, S. 105 ff.). Familie, Kindergarten und Grundschule fällt die Aufgabe zu, Kinder auf diesen Statuswandel vorzubereiten und sie in seinem Verlauf zu unterstützen. Allerdings kann es dabei zu Ziel-, Inhalts- und Statusdifferenzen kommen, die eine Zusammenarbeit erschweren, zum Beispiel:

- *Eltern und öffentliche Bildungsinstitutionen haben unterschiedliche Ziele*: Während die Eltern die individuell bestmögliche Platzierung ihres Kindes in der Gesellschaft anstreben, wird vom öffentlichen Bildungssystem eine Platzierung aufgrund von Leistung erwartet.
- *Kindergarten und Grundschule haben unterschiedliche Konzeptionen*: Während der Kindergarten prinzipiell eher sozial integrativ angelegt ist, kommt der Schule auch eine Selektionsfunktion zu (vgl. GRIEBEL/NIESEL 2002, S. 14).
- *Kindergarten und Grundschule haben ein unterschiedliches Image*: Während dem Kindergarten das „Spielen" zugeordnet wird, steht in der öffentlichen Einschätzung der Schule das „Lernen" (und damit verknüpft das „Bewerten") an vorderster Stelle.
- *Erzieherinnen/Erzieher und Lehrerinnen/Lehrer gehören unterschiedlichen Systemen an*: Sie unterstehen in der Regel unterschiedlichen Behörden. Für ihren Beruf werden sie in unterschiedlichen Studiengängen an unterschiedlichen Institutionen ausgebildet. Sie haben einen unterschiedlichen Status und sind in unterschiedliche Besoldungsstufen eingruppiert.

Um diese Differenzen zu überwinden und die Zusammenarbeit sicherzustellen, gibt es in den meisten Bundesländern gesetzliche Regelungen und/oder spezielle Erlasse zur Kooperation von Kindergarten und Grundschule.

### Inhaltlicher Austausch

Die Zusammenarbeit von Kindergarten und Grundschule soll nicht darauf abzielen, die spezifischen konzeptionellen Ansätze einzuebnen. Vielmehr geht es darum, an Gemeinsamkeiten anzuknüpfen und zugleich Unterschiede produktiv zu nutzen. Da Erzieherinnen und Erzieher selbst nicht der Institution Schule angehören, können sie vermittelnd eingreifen, wenn Eltern oder Kinder Ängste und Vorbehalte vor der Einschulung entwickeln. Dafür müssen die kooperierenden Institutionen Kindergarten und Grundschule rechtzeitig intern alle relevanten Fragen abklären, zum Beispiel:

- „Wie läuft das Einschulungsverfahren an der jeweiligen Grundschule ab?
- Wie viele Schüler werden voraussichtlich in der oder den ersten Klasse(n) sein?
- Wird ein differenzierender Unterricht in der Grundschule durchgeführt, in dem die Lehrkräfte den unterschiedlichen Entwicklungsstand des Kindes berücksichtigen?
- In welcher Weise wird in der Gestaltung des Unterrichts und in der Auswahl der Inhalte die Bikulturalität von manchen Kindern berücksichtigt? Sind die Lehrer dafür ausgebildet?
- Erhalten Kinder, die intensivere Anleitung und Übungsmöglichkeiten benötigen, Förderstunden? [...]
- Wie gestalten die Lehrkräfte den Kontakt zu den Eltern?
- Welche Anforderungen stellt die Schule bei den Hausaufgaben?" (WOLFRAM 1999, S. 10).

Ergänzend können weitere Fragen hinzukommen:

- Wie ist der Transport für entfernt wohnende Kinder geregelt?
- Von welcher Entfernung an kann der Transport in Anspruch genommen werden?
- Welche Regelungen für die Bewältigung des Schulweges mit dem Fahrrad gibt es?
- Welchen Schulbusplan, welche Sonderregelungen für Schulanfänger gibt es?
- Gibt es auf dem Schulweg verkehrssichernde Maßnahmen? Wie sind Eltern daran beteiligt?
- Wie werden Freundschaftsgruppen oder Nachbarschaftsnetze bei der Klassenverteilung berücksichtigt?
- Gibt es besondere Organisationsformen in der Grundschule?
- Sind Elternhospitationen in der Klasse erwünscht? Welche Regelungen gibt es dafür?
- Gibt es besondere Frühstücks-, Pausen- oder Toilettenregelungen für die Schulanfänger?

Aber auch die Lehrerinnen und Lehrer müssen sich im Vorfeld der Einschulung über das inhaltliche und organisatorische Vorgehen des Kindergartens informieren, zum Beispiel anhand folgender Fragen:

- Wie wurde in der täglichen Kindergartenarbeit dem unterschiedlichen Entwicklungsstand im Kindergarten entsprochen?
- Welche bi- oder multikulturellen Phänomene sind während der Kindergartenzeit aufgetreten? Wie wurden sie verarbeitet?

- Welche Erziehungsschwierigkeiten sind im Kindergarten aufgetreten?
- In welcher Weise wurde im Kindergarten mit Erziehungsschwierigkeiten umgegangen?
- Wie war das Frühstück geregelt?
- Welche Mitwirkungsmöglichkeiten für Eltern gibt es im Kindergarten? Wie wurden sie genutzt?
- Welche Kinder waren in besonderer Weise auf Zuwendung der Erzieherinnen/Erzieher angewiesen?

Relevante Kooperationshinweise können sich aber auch aus themenzentrierten Gesprächen mit den Kindern ergeben (vgl. BRÜNDEL 2002, S. 147). Aus der kindlichen Perspektive sind folgende Bereiche relevant:

- Schule und Lerninhalte,
- Schule und Pause,
- Schule und Hausaufgaben,
- Schule und Lehrerin,
- Schule und Zeugnisse/Schulnoten (vgl. GRIEBEL/NIESEL 2002, S. 78 ff.).

Damit die Gespräche über die klischeehaften Vorstellungen der Kinder hinausführen können, ist ein inhaltlicher Austausch zwischen den Kooperationspartnern Familie, Kindergarten und Schule unverzichtbar.

## Kooperationsformen

Gemeinsame Aktionen von Kindergarten und Grundschule haben für Kinder und Eltern in der Regel einen hohen Stellenwert. Sie dienen dazu, Unsicherheiten abzubauen. Zu diesen Kontakten, die in vielen Institutionen eine lange Tradition aufweisen, gehören u. a.:

- wechselseitige Hospitationen zwischen Erzieherinnen/Erziehern und Lehrerinnen/Lehrern,
- informeller Austausch über Ziele und über Beobachtungen im eigenen Bereich,
- Elternabend im Kindergarten (Mitwirkung: Lehrerin/Lehrer) rechtzeitig vor dem offiziellen Schulanmeldetermin,
- Besuch von Schulkindern (ehemaligen Kindergartenkindern) im Kindergarten,
- „Schnupperbesuch" für künftige Schulanfänger in der Schule (Gebäude, Räumlichkeiten der Schulaufnahme),
- „Schnupperunterricht"/„Schnupperpause" für künftige Schulanfänger,
- Elternabend in der Schule (Mitwirkung: Erzieherin/Erzieher) zur Vorbereitung auf die Einschulung,

● gemeinsame Projekte ggf. in Verbindung mit anderen Institutionen, zum Beispiel Ausstellung von Bilderbüchern zum Thema Schulanfang in Verbindung mit einer öffentlichen Bücherei.

## Kontinuität und Neubeginn

Die Tatsache, dass der Schulbeginn von den Kindern als Einschnitt und Neustart erlebt wird, darf nicht dazu führen, dass Lehrerinnen/Lehrer das vorausgegangene Lernen im Kindergarten ignorieren.

> **BEISPIEL ▶** Eine Erzieherin hat mit viel Engagement und Unterstützung durch Eltern ihrer Abgängergruppe Flötenunterricht erteilt und die Kinder in spielerischer Weise und unter Einsatz entsprechender didaktischer Materialien dazu gebracht, einfache Melodien „vom Blatt" zu spielen. Auf die Frage einer Mutter beim ersten Elternabend, wie die Schule diese Arbeit fortführen würde, antwortete die Lehrerin freundlich, aber bestimmt: „Noten lernen wir in der zweiten Klasse". Sie war offensichtlich wenig daran interessiert, den begonnenen Lernprozess fortzuführen. Vielmehr war sie der Meinung, *sie* würde den Kindern die Noten „beibringen", obwohl die Kinder schon einen relativ hohen Status erreicht hatten. ◀

Lehrerinnen und Lehrer müssen im Umgang mit den Kindern die richtige Balance zwischen Kontinuität und Neubeginn finden. Alle Kinder, auch die, die uns „schwach" oder „nicht schulfähig" erscheinen, bringen einen beachtlichen Entwicklungs- und Lernstand in die Grundschule ein. Die Grundschule hat den Blick traditionell auf das gerichtet, was das Kind können *soll*. Wenn wir verstärkt auf das achten, was das Kind schon *kann*, dann erkennen wir auch leichter, wo Kontinuität zu wahren ist und in welchem Bereich ein Neustart stattfinden muss. Zu einer Erweiterung der Wahrnehmung dessen, was Kinder bereits vor dem Schulstart gelernt haben, können Hospitationen und wechselseitige Informationen von Kindergarten und Grundschule erheblich beitragen.

## 3.3 Flexibilisierung des Schulbeginns

Obwohl es in den einzelnen Bundesländern unterschiedliche Präferenzen gibt, kann das Bemühen um eine Flexibilisierung des Schulbeginns als gemeinsames Merkmal einer *immanenten Grundschulrefom* gelten.

### Schuleintrittsalter

Mit den Beschlüssen vom 28.10.1964 („Hamburger Abkommen") und vom 28.03.1968 zur vorzeitigen Einschulung schufen die Kultusminister einheitliche Grundstrukturen für das Bildungswesen der Bundesrepublik. Gleichzeitig wurden Stichtage für Regeleinschulung und Rückstellung sowie für die mögliche vorzeitige Aufnahme („Kann-Kinder") festgelegt. Diese Beschlüsse wurden 1997 aufgehoben und in einer Weise modifiziert, die zwar an einer Stichtagsregelung festhält, zugleich aber den Ländern einen größeren Spielraum zur Flexibilisierung des Schuleintrittsalters einräumt.

> „Die Kultusminister kommen überein, die geltenden Regeln für den Schuleintritt zu verändern:
>
> 1. Die Schulpflicht beginnt für alle Kinder, die bis zu dem vom jeweiligen Land schulgesetzlich festgelegten Stichtag das sechste Lebensjahr vollendet haben, am 1. August desselben Jahres, in der Regel mit Beginn des Unterrichts nach den Sommerferien. Der Stichtag soll zwischen dem 30. Juni und 30. September liegen. Darüber hinaus können die Länder zusätzlich Einschulungsmöglichkeiten während eines Schuljahres vorsehen.
> 2. Kinder, die nach dem jeweils festgelegten Stichtag für die Einschulung das sechste Lebensjahr vollenden, können auf Antrag ihrer Erziehungsberechtigten vorzeitig in die Schule aufgenommen werden. In begründeten Ausnahmefällen können auch Kinder vorzeitig eingeschult werden, die nach dem 31. Dezember geboren worden sind. Näheres regeln die Länder in eigener Zuständigkeit.
> 3. Eine Zurückstellung vom Schulbesuch ist im Ausnahmefall möglich. Sie erfolgt dann, wenn zu erwarten ist, dass eine Förderung im schulischen Rahmen keine für die Entwicklung des Kindes günstigeren Voraussetzungen schafft. Die Entscheidung über die Zurückstellung eines Kindes vom Schulbesuch soll möglichst in zeitlicher Nähe zum Schuljahresbeginn getroffen werden. Die Zeit der Zurückstellung vom Schulbesuch wird grundsätzlich nicht auf die Schulpflicht angerechnet. Näheres regeln die Länder in eigener Zuständigkeit" (Kultusministerkonferenz 1997, S. 2).

Damit hält die Kultusministerkonferenz einerseits am bisherigen Stichtag *30.06. als unterste Grenze* für den Beginn der Schulpflicht fest.[28] Andererseits wird den Ländern aber die Möglichkeit eingeräumt, einen neuen Stichtag mit dem *30.09. als oberste Grenze* festzulegen, das heißt, die Schulpflicht für jüngere Kinder einzuführen. Die Altersdifferenzen für den *Regelbeginn* der Schulpflicht in den einzelnen Ländern können demnach maximal drei Monate betragen. Darüber hinaus werden die Länder ermächtigt, in eigener Regie *Ausnahmen für jüngere Kinder* zuzulassen. Ferner können sie *zusätzliche Einschulungstermine* vorsehen. Schließlich wird festgelegt, dass die Rückstellung eines Kindes (oder seine längere Verweildauer in der Eingangsstufe) nicht auf die Schulpflicht angerechnet werden sollen. Die Länder haben in unterschiedlicher Weise von diesen Möglichkeiten Gebrauch gemacht. Dabei kommt es durchgehend zu einer Tendenz der Flexibilisierung des Schuleintritts, wie die nachfolgenden drei Beispiele zeigen.

Niedersachsen zum Beispiel hält am bisherigen Stichtag fest, hat aber die Ausnahmeregelung in das Schulgesetz (2003) aufgenommen.

> „§ 64 Beginn der Schulpflicht
>
> [1]Alle Kinder, die bis zum 30. Juni das sechste Lebensjahr vollendet haben, werden mit Beginn des folgenden Schuljahres schulpflichtig. [2]Auf Antrag der Erziehungsberechtigten können Kinder, die zu Beginn des Schuljahres noch nicht schulpflichtig sind, in die Schule aufgenommen werden, wenn sie die für den Schulbesuch erforderliche körperliche und geistige Schulfähigkeit besitzen und in ihrem sozialen Verhalten ausreichend entwickelt sind. [3]Diese Kinder werden mit der Aufnahme schulpflichtig" (Niedersächsisches Schulgesetz 2003).

Bayern hat ein differenziertes Zeittableau für die Einschulung entwickelt, das den Spielraum des KMK-Beschlusses ausnutzt: Stichtag für die Regeleinschulung ist der 30.06. Er gilt für alle Kinder, die in der Zeit vom 01.07. des Vorjahres bis zum 30.06. des laufenden Jahres das sechste Lebensjahr vollendet haben, und für die Kinder, die im Jahr zuvor zurückgestellt wurden. Daneben können Kinder auf Antrag schulpflichtig werden, oder vorzeitig bzw. vor-vorzeitig aufgenommen werden.

---

[28] Bei der Stichtagsregelung geht es um den Beginn der „Schulpflicht". Davon abzutrennen ist die Frage, unter welchen organisatorischen Bedingungen die Schulpflicht erfüllt wird, zum Beispiel in der Eingangsstufe (s. u.).

| Rückstellung im Vorjahr | Beginn der Schulpflicht am 01.08. lfd. Jahr | auf Antrag schulpflichtig | vorzeitige Aufnahme | vor-vorzeitige Aufnahme | Vollendung des 6. Lebensjahres |
|---|---|---|---|---|---|
| 01.07. Vorvorjahr bis 30.06. Vorjahr | 01.07. Vorjahr bis 30.06. lfd. Jahr | 01.07. bis 30.09. lfd. Jahr | 01.10. bis 31.12. lfd. Jahr | 01.01. bis 30.06. Folgejahr | |
| | Regeleinschulung | Einschulung auf Antrag der Eltern ist möglich. | | | |
| Weitere Rückstellung ist *nicht* möglich. | Prüfung der Schulfähigkeit ist möglich, aber nur im Zweifelsfall erforderlich. | | | Schulpsychologisches Gutachten ist erforderlich. | |
| | Rückstellung ist *möglich.* | | | | |
| Überprüfung auf sonderpädagogischen Förderbedarf ist möglich. | | | | | |

*Tabelle 9: Flexible Einschulungsregelung*

Die Tabelle macht deutlich, dass die Vorstellung von einer Altershomogenität der Kinder bei der Einschulung durch die Fakten überholt ist: Von einer simplen Einschulung „aller Sechsjährigen" kann nicht mehr die Rede sein.

Baden-Württemberg nutzt den von der KMK vorgegebenen Zeitrahmen zur Verschiebung des Stichtages auf den 30.09. Vom Schuljahr 2007/2008 an werden die Kinder der Regeleinschulung drei Monate jünger sein als beispielsweise in Bayern oder Niedersachsen.

Zwei Tendenzen der KMK-Regelung (1997) sind festzuhalten: Zum einen kommt es zur Einschulung von jüngeren Kindern – zum anderen nimmt die Altersheterogenität in den Klassen zu.

## Schuleingangsphase

In der pädagogischen Diskussion der Siebzigerjahre ging es nicht nur um die Frage des Einschulungsalters, sondern auch um die Organisation einer „Eingangsstufe" als Unterstufe der Grundschule (vgl. Deutscher Bildungsrat 1970, S. 123 ff.). Mitte der Siebzigerjahre zeichneten sich drei Modelle ab:

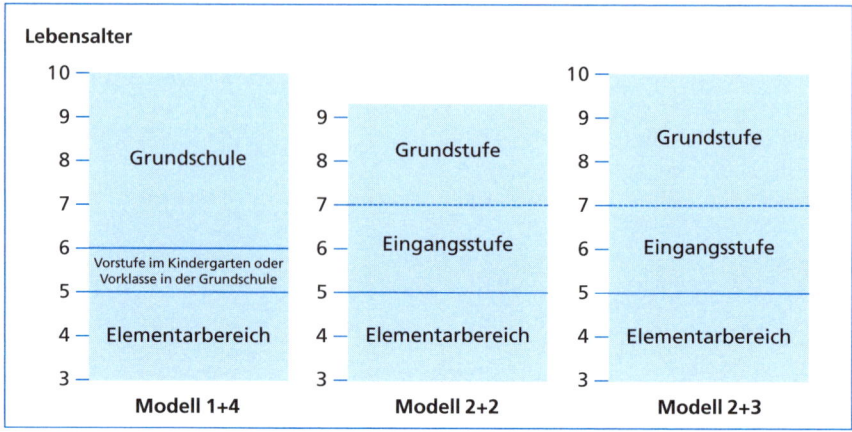

*Abbildung 6: Strukturmodelle für den Elementar- und Primarbereich (aus: Deutscher Bildungsrat 1975, S. 70)*

Das Modell 2+2 und das Modell 2+3 sahen eine Vorverlegung des Schuleintritts vor. Während im 2+2-Modell die Grundschulzeit gleich bleiben sollte, ging das Modell 2+3 gleichzeitig von einer Verlängerung der Grundschulzeit aus. Nach dem Modell 1+4 sollten die Fünfjährigen im Kindergarten gefördert werden. Es stellte lediglich eine Fortschreibung des Ist-Standes dar.

Als die Diskussion um die Struktur der Grundschule in den Neunzigerjahren wieder aufgenommen wurde, sprach man von der „neuen Eingangsstufe" (vgl. BURK u. a. 1998). Dies ist berechtigt, da die schrittweise Realisierung der Eingangsstufe heute unter deutlich veränderten organisatorischen Vorgaben steht.

### Die *neue Eingangsstufe*

- wird aufgrund der Flexibilisierung des Schuleintritts nicht mehr durch ein bestimmtes Lebensalter definiert;
- nimmt alle Kinder auf, weil Schulfähigkeit nicht mehr vorausgesetzt, sondern in der Eingangsstufe selbst entwickelt wird; Schulkindergärten als Auffangstationen für nicht schulfähige Kinder werden überflüssig;
- ist nicht auf eine einheitliche Verweildauer fixiert, sondern setzt an der individuellen Entwicklungs- und Lernzeit der Kinder an;
- wird nicht in altershomogenen Gruppen realisiert, sondern ist jahrgangsübergreifend und altersheterogen konzipiert;
- ist nicht einseitig an Lerninhalten orientiert, sondern gleichrangig auf den Erwerb sozialer Kompetenzen ausgerichtet.

Die Eingangsstufe ersetzt strukturell den ersten und zweiten Schuljahrgang, lässt aber eine individuelle Verweildauer von ein bis drei Jahren zu. Den dritten Schuljahrgang (die dritte Klasse) erreichen Kinder entweder durch *Überspringen* (nach einem Jahr) oder durch *Versetzung* (nach zwei Jahren) oder durch *Aufrücken* (nach drei Jahren). Durch die Flexibilisierung des Einschulungsalters und die unterschiedliche Verweildauer der Kinder in der Eingangsstufe entsteht eine für das traditionelle System der Jahrgangsklassen untypische Altersheterogenität. Diese Altersheterogenität wird durch eine Veränderung der Gruppenzusammensetzung im jährlichen Rhythmus modifiziert:

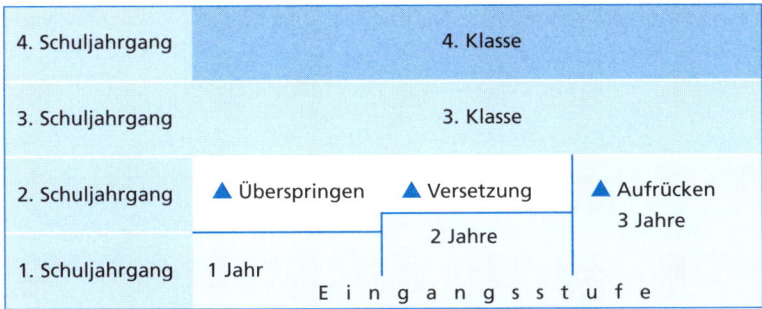

*Abbildung 7: Aufbau der Grundschule mit Eingangsstufe*

Nach einem Jahr können einzelne Kinder die Eingangsstufe verlassen und in die dritte Klasse aufrücken. Die übrigen verbleiben in der Gruppe, treten aber in den zweiten Schuljahrgang ein. Neueingeschulte kommen hinzu. Die Mehrzahl der Kinder verlässt nach zweijähriger Dauer die Eingangsstufe und tritt in die dritte Klasse ein. Ein kleiner Teil des bisherigen zweiten Schuljahrgangs bleibt für ein drittes Jahr in der Eingangsstufe und wechselt erst beim nächsten Termin in die dritte Klasse über. Mit der Realisierung dieser Eingangsstufenorganisation wird das Jahrgangsklassenprinzip, das jahrhundertelang die Organisation der Regelschule bestimmte und nur in organisatorischen Notlagen, nicht aber aus konzeptionellen Gründen durchbrochen wurde, partiell aufgegeben. Damit setzt die Grundschule am Diskussionsstand der Reformpädagogik an, die jahrgangsübergreifendes Lernen schon vor Jahrzehnten favorisierte und umsetzte. Am bekanntesten dürften die Konzepte von *Maria Montessori* und *Peter Petersen* sein. Absicht der Reformpädagogen war es, die Vorzüge der Altersheterogenität für das schulische Lernen zu nutzen und eine Brücke zwischen dem Schulleben und außerschulischen Spielgemeinschaften zu schaffen. Die Tatsache, dass in altersheterogenen Gruppen *Kinder von Kindern lernen* können, hat vor allem im Bereich der schulischen Sozialisation, beim Aufbau von Arbeitshaltungen und schulischen Ablaufritualen positive Effekte. „Schulanfängerinnen und Schulanfänger kommen in eine vorbereitete Lernumgebung […]

Ältere Schülerinnen und Schüler geben ihr Wissen an die jüngeren weiter und erklären ihnen die Lern- und Arbeitsformen. Dabei vertiefen sie ihre eigenen Fähigkeiten, Fertigkeiten und Kenntnisse" (Ministerium SJK des Landes NW 2004, S. 8). Für die unterrichtsorganisatorische Umsetzung der Eingangsstufe bedürfen drei Bereiche einer gesonderten Erörterung:

- *Strukturierung von Unterrichtssituationen*
  Der Unterricht der Eingangsstufe muss neben dem *gemeinsamen Lernen* in altersgemischten Gruppen auch *zielgruppenorientiertes Lernen* (bestimmte Alters- oder Entwicklungs- und Leistungsstufen) sowie *lehrgangsorientiertes Lernen* einschließen. Vorstrukturierte und offene Unterrichtssituationen müssen einander ablösen. Nur so können selbstverantwortetes, selbstreguliertes und eigenstrategisches Lernen bei den Kindern entwickelt werden. Tagespläne, Wochenpläne, Stationenlernen, Werkstattlernen, Freiarbeit oder die Arbeit in Mini-Projekten gewinnen zur Strukturierung des Unterrichts für die altersheterogene Eingangsstufe an besonderer Bedeutung.

- *Förderpläne und Förderdiagnostik*
  Die Arbeit mit altersgemischten Lerngruppen schließt neue Formen der Diagnostik ein. Leistungsmessung und Leistungsbewertung sind seit der Einführung der allgemeinen Schulpflicht Dreh- und Angelpunkt schulischer Selektion. Als Bewertungsgrundlage dient überwiegend die Sozialnorm (Vergleich der Einzelleistung mit der Gruppenleistung). Als Referenzrahmen wird im Allgemeinen die spezifische Klasse, in der bewertet wird, gewählt. Ein solcher diagnostischer Ansatz ist unter verschiedenen Gesichtspunkten zu kritisieren (vgl. TOPSCH 2002, S. 140 ff.). Vor allem setzt er ziel- und inhaltsgleiches Lernen voraus. Diese Voraussetzungen sind in der Eingangsstufe mit altersheterogenen und jahrgangsübergreifenden Lerngruppen nicht mehr ohne weiteres gegeben. Daher sind die Entwicklung individueller Förderpläne und eine lernbegleitende Förderdiagnostik unverzichtbar. Diese Begriffe, die bislang vor allem im Zusammenhang der integrativen Förderung behinderter Kinder verwendet worden sind (vgl. EBERWEIN/KNAUER 1998; MUTZECK 2002; EBERWEIN 2002), werden zunehmend auch im Bereich der Grundschule zu berücksichtigen sein.

- *Rolle der Lehrerinnen und Lehrer*
  Verantwortliches Lehren setzt immer eine Analyse der spezifischen Bedingungen, unter denen Unterricht stattfindet, voraus. Diese Bedingungsanalyse gewinnt bei der Arbeit mit altersheterogenen Gruppen an Gewicht. Sie ist die Voraussetzung für die Entwicklung, Auswahl und Modifikation von Materialien und für die Gestaltung von Förderplänen. Lehrerinnen und Lehrer tragen Verantwortung für das Lernen der Kinder. In dem Maße, in dem sie Lehrfunktionen auf Materialien übertragen, müssen sie neuen Anforderungen an Professionalität entsprechen.

## Resümee

Die Schuleingangsdiagnostik hat ihre Wurzeln in der medizinischen Diagnostik, mit der zunächst nur der Entwicklungs- und Gesundheitsstand erfasst wurde (ZELLER 1936). Erst in der Mitte des 20. Jahrhunderts setzte sich im Anschluss an die Diskussion um das Sitzenbleiben der Gedanke einer allgemeinen „Schulreife" durch (KERN 1951/⁵1966). Die aus diesem Schulreifekonzept resultierenden Maßnahmen (Rückstellung, Abwarten) wurden kritisiert (KEMMLER/HECKHAUSEN 1962).

Die Überwindung des Schulreifegedankens führte zum Schulfähigkeitskonzept (SCHENK-DANZINGER 1969a, 1969b). Es brachte neben den körperlichen und kognitiven Voraussetzungen auch emotionale und soziale Komponenten wie Schulbereitschaft und Arbeitshaltung (als Sammelbegriff für eine Vielzahl von Verhaltensleistungen) in den Blick. Die Berücksichtigung von „Milieubedingungen" führte zur Förderung der Kinder mit mangelnder Schulfähigkeit/Schulreife in speziellen Hinführungsgruppen (Schulkindergarten oder ähnliche Einrichtungen). Diese Position wurde zum öko-systemischen Ansatz (NICKEL 1988) erweitert, der seine Aufmerksamkeit auf die ökologischen Systeme Familie, vorschulische Institutionen und Schule sowie auf den gesamtgesellschaftlichen Rahmen fokussiert. Neuere schulorganisatorische Entwicklungen versuchen durch die Flexibilisierung des Einschulungsalters eine Balance zwischen einer altersorientierten und einer entwicklungsorientierten Einschulung herzustellen. Alters- und Entwicklungsdifferenzen werden nicht mehr als Nachteil, sondern als Kennzeichen eines jahrgangsübergreifenden Lernens aufgefasst.

## Konzeptionen der Schuleingangsdiagnostik

# 4 Traditioneller Unterricht im Wandel

*Um Lernprozesse erfolgreich fördern zu können, benötigen Lehrerinnen und Lehrer Sachkompetenz, Sozialkompetenz und Vermittlungskompetenz. Darüber hinaus müssen sie sich um eine motivierende Lernatmosphäre bemühen.*

## 4.1 Motivation wecken

### Elemente des Motivationsbegriffes

Im wissenschaftlichen Kontext ist Motivation Gegenstand der Pädagogischen Psychologie. Dort hat sie „den Status eines explikativen Konstrukts"[29] und dient dazu, gewisse Regelmäßigkeiten im menschlichen Verhalten zu erklären (RHEINBERG 1995, S. 502). Dafür wurden zahlreiche Motivationstheorien entwickelt. Sie lassen sich vereinfacht als Triebtheorien, als Bedürfnistheorien und Anreiztheorien ordnen (vgl. HARTINGER/FÖLLING-ALBERS 2002, S. 15–47).
*Motivation* stellt die Summe der Beweggründe dar, die zu Entscheidungen, zur Handlungsbereitschaft oder zu konkreten Handlungen führen. Sie löst eine Aktivierung aus, die sich in Erwartungen, Gefühlen, Muskelanspannung, Bewegungen oder Handlungen ausdrücken kann. *Motive* sind die Beweggründe unseres Handelns. Einer aktuellen Motivation können unterschiedliche Motive zugrunde liegen, zum Beispiel das Leistungsmotiv, Sozialmotiv, Machtmotiv, Lernmotiv usw.
Motive und Motivbündel allein reichen als Erklärung aber oft nicht aus. Personale und situative Aspekte kommen hinzu:

> **BEISPIEL ▶** Ein Kind, das übermüdet ist, das fürchtet, ausgelacht zu werden, dem übel ist, weil es zu viele Süßigkeiten gegessen hat, oder das einfach nur dringend zur Toilette muss, wird vermutlich wenig motiviert sein, im Sportunterricht die Rolle vorwärts zu üben.

---

[29] Hilfskonstruktion zur Beschreibung und Erläuterung eines bestimmten Phänomens.

> Ein Kind, das ein Mathepuzzle lösen soll, wird die Motivation zur Vollendung der Aufgabe sehr wahrscheinlich verlieren, wenn andere Kinder auf dem Schulhof vor dem Klassenzimmer laut kreischend herumlaufen und versuchen, im ersten Schnee einen Schneemann zu bauen. ◄

Der amerikanische Psychologe Abraham Harold Maslow (1908–1970) stellte einen Zusammenhang zwischen Motivation und Bedürfnissen her. Er bündelte die vielfältigen Bedürfnisse in mehrere zentrale Gruppen und ordnete diese hierarchisch an:

*Abbildung 8: Bedürfnispyramide nach Maslow (nach:* BOURNE/EKSTRAND *1992, S. 283)*

Die Basis bilden die physiologischen Bedürfnisse, auf die das Bedürfnis nach Sicherheit und Schutz, nach Liebe und Zugehörigkeit (soziale Bindung), nach Selbstachtung und schließlich das Bedürfnis nach Selbstverwirklichung folgen. Das Streben nach höheren Bedürfnissen kann aber erst einsetzen, wenn die Basisbedürfnisse ausbalanciert sind (MASLOW 2002, S. 62–74). Auch wenn bei der dargestellten Bedürfnishierarchie vieles der subjektiven Wertung und der spekulativen Deutung unterliegt, hat wohl jeder an sich selbst zur Genüge erfahren, dass die *physiologischen Bedürfnisse* letztlich einen Vorrang erzwingen. Dennoch wird ihnen in der Schule insgesamt relativ wenig Bedeutung beigemessen. Erst die Hinwendung zu offenen Unterrichtssituationen ermöglicht implizit auch eine bessere Berücksichtigung physiologischer Belange, weil Unterbrechungen und Ruhepausen individuell eingeschoben werden können. Aber auch das Sicherheitsbedürfnis und das Bedürfnis nach sozialer Bindung müssen in einer potenziell kinderfeindlichen Umwelt in der Grundschule stärker beachtet werden. Die Belastungen einer mobilen Gesellschaft, zum Beispiel Wohnortwechsel, Abwesenheit eines Elternteils, Scheidung der Eltern, Partnerwechsel etc. tragen auch die Kinder. Trennungsängste und Trennungserlebnisse binden ihre Kräfte. Lehrerinnen und Lehrer sind daher nicht nur passive Beobachter einer „veränderten Kindheit". Sie tragen vielmehr professionelle Verantwortung, weil sie für manche Grundschulkinder zur Beziehungskonstanten geworden sind. Regeln, Rituale, eine nachvollziehbare Rhythmisierung des Schullebens sowie eine launenfreie, verlässliche Akzeptanz können solchen Kindern Sicherheit, Schutz und das Gefühl der Zugehörigkeit vermitteln (vgl. u. a. HINZ 1999, S. 11 f.).

## Exkurs: Attribuierung

Wenn man die unterrichtlichen Möglichkeiten, Motivation zu fördern, nachvollziehen will, dann ist eine kurze Erörterung der *Attribuierungs-Theorie* (auch Kausal-Attribuierungs-Theorie)[30] erforderlich. Die Attribuierungs-Theorie versucht aufzuhellen, wie sich Personen Erfolg oder Misserfolg selbst erklären. Manche Kinder stellen sich neuen Aufgaben mit Zuversicht. Sie erwarten Erfolg: Diese Kinder sind *erfolgszuversichtlich*. Andere Kinder haben Angst vor Misserfolg und versuchen, neue Herausforderungen zu vermeiden. Sie sind *misserfolgsängstlich*. Erfolg und Misserfolg können internal[31] oder external[32] erklärt werden, zum Beispiel durch eigene Fähigkeiten, durch Aufgabenschwierigkeit oder durch Zufall („Glück gehabt!"). Internale und externale Faktoren können auf der Zeitebene relativ stabil oder instabil sein: So werden die eigenen Fähigkeiten als relativ stabil eingestuft. Glück und Zufall gelten dagegen als instabil. Die Attribuierungs-Theorie und die Unterscheidung von Erfolgszuversichtlichkeit und Misserfolgsängstlichkeit sind für die pädagogische Arbeit hochbedeutsam.

| 3 Komponenten | Motivausprägung | |
|---|---|---|
| | erfolgszuversichtlich | misserfolgsmeidend |
| ❶ Zielsetzung/ Anspruchsniveau | realistisch, mittelschwere Aufgaben | unrealistisch, Aufgaben zu schwer oder zu leicht |
| **Erfolg** ❷ Ursachenzuschreibung | Anstrengung, gute eigene Tüchtigkeit | Glück, leichte Aufgabe |
| **Misserfolg** | mangelnde Anstrengung/Pech | mangelnde eigene Fähigkeit/„Begabung" |
| ❸ Selbstbewertung | Erfolgs-/Misserfolgsbilanz positiv | Erfolgs-/Misserfolgsbilanz negativ |

*Tabelle 10: Selbstbewertungsmodell der Leistungsmotivation von Heckhausen (nach RHEINBERG 2000, S. 86)*

---

[30] Im deutschsprachigen Raum wird sie am profiliertesten von einer Gruppe um Heinz Heckhausen vertreten.

[31] Internalität wird verstanden als die generalisierte Erwartung, dass Aufgaben aufgrund eigener Fähigkeiten und/oder Anstrengung bewältigt werden können (vgl. KRAMPEN 2002, S. 701).

[32] Externalität wird verstanden als die generalisierte Erwartung, dass die Bewältigung von Aufgaben vom Einfluss anderer abhängt (sozial bedingte Externalität) oder schicksalhaft ist und durch Zufall, Glück oder Pech zustande kommt (fatalistische Externalität) (vgl. KRAMPEN 2002, S. 701).

- **Erfolgszuversichtliche** schätzen sich eher realistisch ein. Bei freier Wahl der Aufgabenschwierigkeit wählen sie mittelschwere Aufgaben (vgl. WEINER 1984, S. 162).
- Erfolgszuversichtliche tendieren dazu, *Erfolg internal* zu attribuieren. Sie führen ihn auf die eigene Fähigkeit (Tüchtigkeit) zurück.
- Erfolgszuversichtliche erklären *Misserfolg external*. Sie führen ihn auf Zufall (Pech) oder auf eine zu geringe eigene Anstrengungsbereitschaft zurück.
- **Misserfolgsängstliche** schätzen sich eher *unrealistisch* ein. Bei freier Wahl entscheiden sie sich oft für zu leichte oder zu schwere Aufgaben
- Misserfolgsängstliche tendieren dazu, *Erfolg external* zu erklären. Sie führen ihn auf eine geringe Aufgabenschwierigkeit oder auf Zufall (Glück) zurück.
- Misserfolgsängstliche erklären *Misserfolg internal*. Sie führen ihn auf mangelnde Fähigkeiten zurück (vgl. RHEINBERG 2000, S. 84 ff.).

## Motivation im Unterricht

Lehrerinnen oder Lehrer müssen viele Faktoren des Unterrichts als gegeben hinnehmen. Sie können die personalen oder gesellschaftlichen Bedingungen allenfalls langfristig beeinflussen. Auch bei Lehr- und Lernzielen, Lerninhalten oder Unterrichtsmaterialien sind im Allgemeinen nur graduelle Veränderungen möglich. Eine ganz andere Situation ergibt sich hinsichtlich der Motivation: Der Faktor Motivation ist kurzfristig beeinflussbar und hängt weitgehend von der Lehrperson selbst ab. Dubs begründet für pädagogisches Handeln Präferenzen zugunsten einer Motivationstheorie, die als „Erwartungs-Wert-Theorie" bezeichnet wird, „weil dieser Ansatz für die Verbesserung der Motivation im Unterricht mittels Motivationsstrategien praktikable Vorschläge bringt, die empirisch gut abgesichert sind" (DUBS 1995, S. 378). Nach der Erwartungs-Wert-Theorie kann man die Motivation als das Produkt aus der *Erwartung* (wie man mit der Aufgabe zurechtkommen wird) und dem *Wert* (dem man dem Ziel subjektiv beimisst) erklären.

> **BEISPIEL ▶** Falls Sie aktiv Sport treiben, stellt die Beteiligung an einer Olympiade sicherlich einen hohen Wert dar. Die Erwartung, dies zu schaffen, tendiert aber sehr wahrscheinlich gegen null: Daher ist Ihre Motivation gering.
> Sicherlich wären Sie in der Lage, einen Wattebausch durch einen Raum zu pusten. Die Erfolgserwartung wäre hoch, aber der Wert (Zugewinn an Kompetenz, Zweck, Nutzen) der Aktion ist äußerst gering. Ihre Motivation ist auch hier gering.
> Wahrscheinlich trauen Sie sich nicht zu, das Telefonbuch von Wladiwostok auswendig zu lernen. Es hätte überdies auch keinen erkennbaren Nutzen. Auch hierzu ist die Motivation gering.

Dagegen ist es für Sie zu schaffen, sich Ihre Kontonummer, die Bankleitzahl Ihres Geldinstitutes und die Zugangs-PIN für den Geldautomaten verlässlich einzuprägen. Der Wert und die Erwartung sind hoch. Daher ist die Motivation hoch. ◀

Die Erwartungs-Wert-Theorie erlaubt zumindest Hinweise darauf, wo und wie Lehrerinnen und Lehrer über die Schaffung einer positiven Lernatmosphäre hinaus bei der Motivation im Unterricht ansetzen können. Im Mittelpunkt stehen dabei die Fragen, wie die Erfolgserwartung der Kinder gesteigert und wie die Wertschätzung einer Lerntätigkeit positiv beeinflusst werden können (vgl. DUBS 1995, S. 382 ff.).

### Erfolgserwartung

Es macht einen Unterschied, ob ein Kind mit der Einstellung „Das schaffe ich" oder „Das schaffe ich nicht" an eine Aufgabe herangeht. Maßnahmen zur Verbesserung der Erfolgszuversicht (Ermutigung) können im Unterricht auf der Ziel-, Inhalts- oder Vermittlungsebene ansetzen. Klare, erreichbare Lernziele verhelfen den Kindern zur Erfolgszuversicht. Bei komplexen Aufgabenstellungen sind nachvollziehbare Strukturen ermutigend. Im Verfahrensbereich kommt es darauf an, solche Methoden zu wählen, mit denen die Kinder schon Erfolg hatten. Mit anderen Worten: Wenn die Kinder wissen, *was* und *wie* sie etwas machen sollen und an frühere Erfolge anknüpfen können, dann trauen sie sich eher zu, erfolgreich zu sein.

### Wertgebung

Motivation ist zu erwarten, wenn die Kinder wissen, *warum* sie sich mit einem bestimmten Sachverhalt auseinander setzen sollen, und wenn sie einen persönlichen Kompetenzgewinn damit verbinden können. Der Wert einer Tätigkeit kann individuell ganz unterschiedlich wahrgenommen werden.

Bei der *intrinsischen Motivation* liegen die Gründe für eine Tätigkeit entweder in der Handlung selbst (die Handlung ist ihre eigene Belohnung) oder im Interesse an der Sache (der Gegenstand ist motivierend). „Dementsprechend könnte man eine tätigkeits- und eine gegenstandszentrierte Form der ILM [intrinsischen Lernmotivation; W. T.] unterscheiden" (SCHIEFELE/SCHREYER 1994, S. 2). Der Frage, welche *Gegenstände* und welche *Handlungen* das Kind interessieren, kommt also eine besondere Bedeutung zu. Allerdings sind die Möglichkeiten, Lernziele und Lerninhalte nach den Interessen der Kinder auszusuchen, stark eingeschränkt. Vieles ist durch Lehrpläne, Richtlinien, Unterrichtsmaterialien sowie durch gesellschaftliche Erwartungen und Konventionen eindeutig festgelegt.

● Für Grundschüler haben Lernhandlungen oft dann einen inneren Wert, wenn sie mit interessanten Aktivitäten verknüpft werden. Daher ist das besondere Augenmerk auf die Handlungsmöglichkeiten und Sozialformen zu richten.

- Auch die Aussicht auf ein Produkt kann den Wert einer Tätigkeit erhöhen. Produkte können nicht nur vorgeführt, vorgezeigt oder ausgestellt werden. Sie gewinnen im Zusammenhang mit der Motivation einen Sinn, weil sie die Urheberschaft erlebbar machen und Erfolge materialisieren. Dies kann aufgrund des „erlebten Stolzes positive emotionale Antizipationen" hervorrufen (WEINER 1984, S. 154). Wichtig ist dabei, dass das Kind lernt, Erfolge auf seine Fähigkeiten und seine Anstrengungsbereitschaft zurückzuführen (internale Attribuierung).
- Die Motivation wird erhöht, wenn Lerngegenstände, Lerntätigkeiten und die zu schaffenden Lernprodukte wählbar sind. Das ist angesichts von Stoffmenge, Zeitknappheit und Elternerwartung oft nur begrenzt realisierbar, aber auch nicht von vornherein ausgeschlossen. Möglichkeiten hierzu werden vor allem durch offenere Unterrichtssituationen geschaffen.

*Extrinsische Motivation* wird definiert „als Wunsch bzw. als Absicht, eine Lernhandlung durchzuführen, weil damit positive Folgen herbeigeführt oder negative Folgen vermieden werden können" (SCHIEFELE/SCHREYER 1994, S. 2). Die begriffliche Trennung der Motivationszustände in intrinsisch/extrinsisch ist allerdings oft nicht eindeutig. Sie ist eher „schillernd" (RHEINBERG/FRIES 1998, S. 169). Insbesondere kann man nicht davon ausgehen, dass extrinsische und intrinsische Motivation alternativ auftreten: Häufig benötigen Kinder, die intrinsisch zu einer Handlung motiviert sind, zugleich extrinsische Anreize. Intrinsische Motivation wird als höherwertig eingeschätzt, weil sie meist mit höherer Lernleistung als extrinsische Motivation einhergeht (SCHIEFELE/SCHREYER 1994, S. 8). Es ist daher sinnvoll, den Aufbau intrinsischer Motivation so weit als möglich zu unterstützen. Allerdings ist nicht zu übersehen, dass viele leistungsorientierte Tätigkeiten in Schule und Familie extrinsisch motiviert werden. Da der Unterricht nur längerfristig intrinsische Motivation aufbauen kann, im täglichen Auf und Ab der Stimmungen aber kurzfristige „Verstärker" eingesetzt werden müssen, macht es keinen Sinn, extrinsische Motivation per se gering zu schätzen. Die Möglichkeiten, mit direkter Belohnung und mit der Ankündigung von Belohnung (Versprechen) extrinsisch zu motivieren, werden in der Grundschule häufig genutzt. Das reicht vom freundlichen Anlächeln über einen kurzen Körperkontakt, verbale Anerkennung (Lob) und verschiedenste Meritensysteme (Sternchen, Stempel) bis zum Ansparen von Punkten oder Marken, die man am Ende der Woche gegen einen Wert eintauschen

kann. Wichtig ist, dass externale Anreize (Belohnungen) mit internalen Attribuierungsmustern (Fähigkeiten, Anstrengungsbereitschaft) verknüpft werden. In jedem Fall ist es besser, einem Kind hausaufgabenfrei zu geben, weil es sich angestrengt hat (positiver extrinsischer Anreiz), als ihm wegen seiner „Unfähigkeit" mit einer Übungsarbeit zu drohen (negativer extrinsischer Anreiz).

## Motivierende Lernatmosphäre

Eine wesentliche Voraussetzung für motivierenden Unterricht ist das allgemeine *Unterrichts- und Klassenklima*. Dean R. Spitzer hat zehn Kategorien aufgezeigt, durch die Lernatmosphäre gestaltet werden kann. Obwohl sich diese Bereiche überschneiden, geben sie einen guten Überblick und enthalten reale Handlungsperspektiven (vgl. SPITZER 1996, S. 45–47). In Anlehnung an Spitzer lassen sich Fragen formulieren, die auf eine Verbesserung der Lernatmosphäre zielen (s. Tabelle 11).

| Kategorie | Orientierungsfrage für motivierende Lernatmosphäre |
|---|---|
| Tätigkeiten | Gibt es für die Kinder im Umgang mit dem Lerngegenstand ausreichend Handlungsmöglichkeiten? |
| Spaß | Werden die Kinder Spaß beim Lernen haben? |
| Abwechslung | Ist für einen ausreichenden Wechsel bei Medien, Sozialformen und Tätigkeiten gesorgt? |
| Auswahl | Haben die Kinder Wahlmöglichkeiten hinsichtlich der Inhalte, Methoden, Materialien etc.? |
| Interaktion | Gibt es ausreichende Möglichkeiten zur sozialen Interaktion zwischen den Kindern? |
| Toleranz | Ist es möglich, sanktionsfrei Fehler zu machen, und wissen die Kinder das auch? |
| Kontrolle | Gibt es einfache (positive) Möglichkeiten der Selbstkontrolle? |
| Rückmeldung | Gibt es zeitnahe und ermutigende Rückmeldungen? |
| Herausforderung | Hat der Unterricht ein angemessenes Anspruchsniveau? Werden Unterforderung und Überforderung vermieden? |
| Anerkennung | Gibt es ausreichend Möglichkeiten der Anerkennung und Bestätigung? |

*Tabelle 11: Orientierungsfragen für eine motivierende Lernatmosphäre (in Anlehnung an* SPITZER *1996, S. 47; vgl. auch* TOPSCH *2004, S. 128)*

## 4.2 Lehren und Lernen

Es ist sinnvoll, einige Punkte zum Zusammenhang von Lehren und Lernen vorauszuschicken:

❶ *Lernen ist nicht von der Absicht, etwas zu lernen, abhängig*: Es kann sich sowohl inzidentell als auch intentional vollziehen.

❷ *Lernen ist nicht vom Lehren abhängig*: Es kann durch sachliche Gegebenheiten, physische Einwirkungen, Beobachtungen etc. oder durch Lehren initiiert werden.

❸ *Lehren ist dagegen immer intentional*: Sein Fokus ist stets auf das Lernen gerichtet.

❹ *Lehren wird nicht durch Erfolg definiert*: „Man kann lehren, ohne Erfolg zu haben, aber man kann nicht lehren, ohne zu intendieren" (OELKERS 1985, S. 211).

Erfolgreiches Lehren ist auf die Methodenkompetenz angewiesen. Bedauerlicherweise ist die Methodendiskussion in der Schulpädagogik nicht durch begriffliche Klarheit, sondern durch begriffliche Heterogenität gekennzeichnet. Häufig wird aber implizit auf die Einteilung von Otto Willmann (1839–1920) Bezug genommen.

Willmann hatte in seinem nachgerade legendären Werk „Didaktik als Bildungslehre"[33] Formen des Lehrerhandelns und Momente des Aneignens der Kinder einander zugeordnet. Seine Einteilung kann als Basis späterer Arbeiten gesehen werden.

| | Lehrer | | Kind | |
|---|---|---|---|---|
| Formen didaktischen Handelns | Zeigen, Darstellen | ⬌ | Auffassen | Momente des Aneignens |
| | Erklären, Entwickeln | ⬌ | Verstehen | |
| | Einprägen, Einüben | ⬌ | Anwenden | |

*Tabelle 12: Didaktisches Handeln nach Willmann (1882 [1967], S. 451)*

In einer Weiterentwicklung dieser Kategorien unterschied Stöcker (1954) zwischen *unmittelbarem* und *mittelbarem* Unterricht ([13]1970, S. 206 ff.). Eine ähnliche Orientierung hatte auch Uhlig (1960, S. 18) vorgenommen, der zwischen einer *darbietenden*, *anleitenden* und *anregenden* Unterrichtsmethode unterschied. Diese Einteilung findet sich – eingebettet in eine andere Begrifflichkeit – in der Aufteilung in *darbietende*, *erarbeitende* und *entdeckenlassende* Lehrverfahren wieder (vgl. EINSIEDLER 1981, S. 117 ff.; KIPER 2001, S. 137 f.).

---

[33] 1. Aufl. 1882 – 7. Aufl. 1967

## Darbietende Aktivitäten

### Sprechen, Erzählen, Hinweisegeben

Trotz der Kritik an der verbalen Dominanz von Lehrerinnen und Lehrern ist unbestreitbar, dass im Unterricht an vielen Stellen sprachlich agiert wird. Aebli hat das Erzählen als eine Grundform des Lehrens beschrieben[34] und dafür Hinweise formuliert (2001, S. 48 ff.). Danach müssen Lehrerinnen und Lehrer

- ihre Sprache auf den Denk- und Verstehenshorizont der Kinder beziehen – sonst reden sie über die Köpfe hinweg;
- das Vokabular der Kinder berücksichtigen – sonst kommt es zu Missverständnissen;
- nicht zur Tafel oder zur Projektionswand des Overheadprojektors sprechen – sonst entgehen ihnen die nonverbalen Signale der Kinder;
- Kinder durch Fragen und Vermutungen einbeziehen – sonst werden sie über kurz oder lang das Mitdenken einstellen.

### Vormachen und Nachmachen

Vormachen und Nachmachen sind zentrale Kategorien des außerschulischen Lernens. Bei vielen Vorgängen leuchtet es unmittelbar ein, dass das verbal kommentierte Vormachen und das schrittweise Nachmachen effektive Vorgehensweisen sind. Auch das Unterrichten stützt sich, wenn es um komplexe Bewegungsabläufe wie etwa beim Schreibenlernen geht, auf das Vormachen und Nachmachen. Für diese Lehrerhandlung gibt es Grundregeln, die es zu beachten gilt (vgl. AEBLI 2001, S. 72 ff.).

Lehrerinnen und Lehrer sollen beim Vormachen

- den Bewegungsablauf langsam und gut sichtbar mehrfach vorführen,
- den Ablauf verständlich kommentieren,
- den Ablauf ggf. in Teilabläufe zergliedern,
- auf kritische Stellen und auf mögliche Fehler hinweisen,
- die Kinder zur Selbstkontrolle anregen.

Im Unterricht wird von der Möglichkeit des Vormachens oft nur ungenügend Gebrauch gemacht. Das Vormachen beschränkt sich häufig auf motorische Verhaltensmuster. Lehrerinnen und Lehrer sind offensichtlich eher geneigt, einen Arbeitsauftrag oder die Bearbeitungsschritte eines Arbeitsblattes mehrfach verbal zu erklären, als ihn einmal schrittweise kommentiert selbst vorzuführen.

---

[34] Allerdings hat er auch unmissverständlich darauf hingewiesen, dass eine Lehrform von vornherein kategorisch ausgeschlossen werden sollte: „der reine Lehrervortrag, das Dozieren ex cathedra" (2001, S. 55).

Dabei versäumen sie die Gelegenheit, durch begleitendes Sprechen ihre eigenen Denkakte für die Kinder offen zu legen und auf diese Weise Strukturen und Vorgehensweisen „sichtbar" zu machen: Welche Schritte sind erforderlich? Welches Probierverhalten ist sinnvoll? Welche Probleme können auftreten? Welche Zweifel sind möglich? Durch welche Kontrollen sind sie auszuräumen? etc.

## Erarbeitende Aktivitäten

### Impulse im Unterricht

Der weitaus größte Teil von Unterricht vollzieht sich in erarbeitenden, impulsgebenden Aktivitäten. Impulse sind Denkanstöße. Sie können verbal oder nonverbal erfolgen. Verbale Impulse realisieren sich in Form von *Fragen, Aufforderungen* und *Aussagen*. Diese Formen haben die gleiche Intention: Sie sollen den Unterricht in Fluss halten.[35] Am Ende des 18. Jahrhunderts wandten sich die Pädagogen erstmals gegen das bis dahin vorherrschende Auswendiglernen (Memorieren). Sie wollten eine aktive Denkbewegung der Kinder durch gezieltes Fragen erreichen. Johann Gotthilf Salzmann (1744–1811) hat ein Beispiel für den Frageunterricht gegeben.

> „Wie heißt dieses Tierchen? – Warum ein Vogel? – Warum ein Kanarienvogel? – Welches sind seine Gliedmaßen? – Was hat er vorne am Kopf? – Aus wie vielen Teilen besteht der Schnabel? ... – Wozu braucht der Kanarienvogel seinen Schnabel? – Haben alle Kanarienvögel Schnäbel? – Ist der Schnabel also ein wesentlicher oder ein zufälliger Teil? ..." (SALZMANN 1806, S. 252).

Er schlägt im Zusammenhang mit dem Thema „Kanarienvogel" eine Abfolge von mehr als sechzig Fragen vor. Ein solches ‚Fragefeuer' erscheint uns heute zu Recht als unerträglich. In seiner Zeit verfolgte es aber fortschrittliche Absichten. Am Beginn des 20. Jahrhunderts (Reformpädagogik) hatte vor allem Hugo Gaudig (1860–1923) die Lehrerfrage als unechte und lebensferne Form kritisiert (1909, S. 14). Seine Kritik lautet vereinfacht: In der Schule stellt jemand die Frage, der die Antwort kennt, und es soll jemand antworten, der die Antwort nicht kennt. Diese Kritik wurde von Aebli als Trugschluss bewertet:

---

[35] Verbreitet ist die Einteilung Aufforderung – Frage – Denkanstoß. Ich folge dieser Einteilung nicht, sondern verwende Impuls als Oberbegriff, weil Aufforderungen und Fragen ebenfalls impulsgebend sind und als Denkanstöße verwendet werden.

„Der Lehrer, der eine Frage stellt, täuscht nicht vor, etwas nicht zu wissen, das er ganz genau weiß, und er fordert den Schüler nicht auf, über etwas Auskunft zu geben, das ihm unbekannt ist. Er fordert ihn ganz einfach auf, einen vorliegenden Gegenstand unter einem bestimmten Gesichtspunkt zu betrachten. Die Frage ‚Wie viele‘ schlägt dem Schüler vor, den Gegenstand unter dem Gesichtspunkt der Anzahl zu betrachten, die Frage ‚Wo‘ lässt den Gegenstand auf seine Lage untersuchen, die Frage ‚Warum‘ schlägt die kausale Betrachtungsweise einer Erscheinung vor usw." (AEBLI 2001, S. 363 f.).

Der Begriff *Impuls* bezeichnet im allgemeinen Sprachgebrauch „Antrieb, Anregung, Anstoß". In diesem Sinne versuchen Lehrerinnen und Lehrer, den Verstehensprozess von Kindern anzustoßen und zu steuern. Sie tun dies mit *Aufforderungen* (imperativ), *Fragen* (interrogativ) oder *Aussagen* (indikativ). Diese Impulsformen unterscheiden sich nicht nur grammatikalisch, sondern auch in ihrem Anspruchsniveau (vgl. ASCHERSLEBEN 1999, S. 100). Während die Aufforderung die vom Schüler erwartete Tätigkeit nennt, gibt die Frage nur die Denkrichtung vor, lässt die erwartete Reaktion aber offen. Noch anders die Aussage: Aus ihr müssen die Kinder zunächst eine Frage generieren und dann die zur Frage passende Tätigkeit finden. Ob das immer sinnvoll ist, kann man angesichts von Aufgabenstellungen, wie sie seit mehr als einem halben Jahrhundert in Mathematikbüchern zu finden sind, bezweifeln:

**BEISPIEL ▶** „Herr M. kauft ein Auto zu 6.000 Euro. Er bezahlt es in fünf Raten." Viele Kinder werden von „Aufgaben" dieser Art verwirrt, weil die Arbeitsrichtung nicht festliegt:

- ● Da keine Aufgabe gestellt wird, muss eine Aufgabe konstruiert werden – obwohl die Aussage, dass Herr M. ein Auto kauft, auch als Information über Herrn M. aufgefasst werden könnte.
- ● Da die Aufgabe im Mathematikbuch steht, wird stillschweigend vorausgesetzt, dass es sich um eine ‚Rechenaufgabe‘ handelt – obwohl man auch andere Aufgaben damit verbinden könnte.
- ● Da keine Angaben zu den Raten gemacht werden, wird vorausgesetzt, dass alle Raten gleich hoch sein müssen – obwohl niedrige Anfangsraten und höhere Abschlussraten möglich sind. ◀

| Aufforderung (imperativ) | Frage (interrogativ) | Aussage (indikativ) |
|---|---|---|
| erwartete Tätigkeit benannt | erwartete Tätigkeit nicht benannt | erwartete Tätigkeit nicht benannt |
| | Denkrichtung vorgegeben | Denkrichtung nicht vorgegeben |
| | | Frage/Problem selbst suchen |

*Tabelle 13: Wirkung unterschiedlicher Impulsarten*

Es besteht kein Zweifel daran, dass Aussagesätze das Denken anregen können. Im pädagogischen Bereich kommen sie als Denkanstoß aber erst dann zur Geltung, wenn sie in Form einer Paradoxie, einer didaktischen Provokation, eines unerwarteten Ergebnisses etc. präsentiert werden:

> **BEISPIEL ▶** Nach einer Handlungsphase, in der unterschiedliche Materialien auf ihre Schwimmfähigkeit untersucht wurden, das Ergebnis in einer Tabelle geordnet und festgestellt wurde, dass Eisen nicht schwimmt, schreibt die Lehrerin den Satz an die Tafel: „Die meisten Schiffe sind aus Eisen." ◀

In dieser Form knüpft der Denkanstoß an die Prozesse der Assimilation und Akkomodation an und bewirkt eine Neubewertung und Neustrukturierung vorhandenen Wissens.

### Höherwertige Impulse

Zwischen dem Impulsniveau und dem Niveau des angestrebten Denkaktes besteht ein unmittelbarer Zusammenhang. Auf die Möglichkeit, mit verbalen Impulsen höherwertige Denkakte zu initiieren, ist seit dem Vorliegen der Taxonomie für den kognitiven Bereich immer wieder hingewiesen worden (BLOOM 1972, S. 31 ff.; vgl. auch: PERROTT 1982, S. 55 ff.; BECKER 1984, S. 67; ASCHERSLEBEN 1999, S. 103 ff.; TOPSCH 2004, S. 112 ff.).

Dabei muss man im Auge behalten, dass die Stufen der Taxonomie zwar auf einem abstrakten Niveau logisch stringent sein mögen, dass sie aber im Anwendungsfall der Interpretation unterliegen und nicht im strengen Sinne trennscharf sind. Ferner erscheint es nicht sinnvoll, alle unterrichtlichen Aktivitäten durch den Filter der kognitiven Taxonomie zu betrachten. Wenn eine Lehrerin/ein Lehrer jedoch bei der Unterrichtsplanung entscheidet, einen Sachverhalt im Klassengespräch zu entwickeln, dann ist es unerlässlich, im Voraus über die Leitimpulse, mit denen der Sachverhalt erschlossen werden soll, und deren Zuordnung zu den Stufen der Taxonomie nachzudenken.

Der Deutsche Bildungsrat (1970, S. 78 ff.) hat eine andere, vielleicht praxisnähere Stufung für die kognitiven Leistungen (Lernzielstufen, Lernzielbereiche) vorgeschlagen. Auch sie hilft bei einer Bewertung von Impulsen:

- *Reproduktion*: Gelerntes aus dem Gedächtnis wiedergeben;
- *Reorganisation*: Gelerntes selbstständig unter einer bestimmten Perspektive verarbeiten und organisieren;
- *Transfer*: Grundprinzipien des Gelernten auf neue, ähnliche Aufgaben übertragen;
- *Problemlösen*: Eigenständige Neuleistungen erbringen; Gelerntes in neuen Situationen produktiv einsetzen.

| Ziel | Tätigkeit | Impuls | Beispiel |
|---|---|---|---|
| Wissen | Erinnern, Aktivieren | wer ... wann ... wie viel ... | Wer schrieb „Momo"? Wann ist die Sommersonnenwende? Wie viele Tage hat ein Jahr? |
| Verstehen | Aufbau nachvollziehen, Fakten organisieren | vergleiche ... erläutere ... fasse zusammen | Fasse die Geschichte zusammen! Gib diesem Text eine Überschrift! Erläutere das Verhalten von Zugvögeln! |
| Anwendung | Anwendung von Fakten, Regeln in Problemen | ordne zu ... wende an ... übertrage auf ... nenne Beispiele für ... | Suche die Hauptstädte der Bundesländer auf der Landkarte! Ermittle die Länge des Klassenzimmers! Übertrage den Text aus der Gegenwart in die Vergangenheit. |
| Analyse | Erkennen von Ursache und Wirkung | warum ... was bewirkt ... wie kommt es, dass ... was bedeutet ... | Warum hat ... geweint? Wie kommt es, dass die Thermometersäule steigt? Was bewirkt dieser Filter? |
| Synthese | Erkunden möglicher Verbindungen, möglicher Wirkungen | Was würde passieren, wenn ... Was ergibt sich aus Veränderungen ... | Stell dir vor, ihr hättet keinen Strom mehr zu Hause. Was würde passieren, wenn die Meere einen Meter ansteigen? Was würde sich verändern, wenn die Bienen aussterben würden? |
| Evaluation | Bewertungen Entscheidungen Auswahl unter Alternativen | bewerte ... entscheide ... rechtfertige ... | Wer hat sich klüger verhalten, ... oder ...? War es richtig, dass ... das getan hat? Wie würdest du dich in einem solchen Fall verhalten? |

*Tabelle 14: Darstellung des Zusammenhangs von kognitivem Niveau und Impulsniveau*

Impulse können auch mithilfe der Dimensionen eng vs. weit bewertet werden: Enge Impulse lassen eine einzige Antwort zu und begrenzen dadurch das Denken. Sinnvoller ist es, Fragen oder Anregungen so zu formulieren, dass sie mehr als eine richtige Reaktion zulassen. Das ist immer dann der Fall, wenn mehrere Fakten zur Sache gehören oder mehrere Meinungen und Lösungen möglich sind:

**BEISPIEL ▶**

- Es gibt viele verschiedene Apfelsorten. Nenne eine davon!
- In welche Plusaufgaben lässt sich die Zahl 12 zerlegen?
- Was gehört zu einem verkehrssicheren Fahrrad?
- Nenne Gründe, warum Hunde nicht in der Nähe von Spielplätzen herumlaufen sollten!
- Was fällt dir ein, wenn du an deine letzten Ferien denkst? ◀

Flächen- oder Rahmenimpulse geben mehreren Kindern Gelegenheit, sich aktiv zu beteiligen. Impulse müssen nicht immer mündlich erfolgen. Wenn es sich um einen zentralen Anstoß für den Unterricht handelt, kann er auch als Überschrift an die Tafel oder auf ein Poster, das in der Klasse längere Zeit hängen bleibt, geschrieben werden.

**Fehlformen**

Grundsätzlich sollten sich Lehrerinnen und Lehrer darum bemühen, ihre eigenen Redeanteile im Unterricht zu reduzieren. Daneben gibt es aber eine Reihe von Fehlformen, um deren Beseitigung sie sich im Unterricht aktiv bemühen sollten (vgl. ASCHERSLEBEN 1976, S. 68 f.; TOPSCH 2004, S. 115):

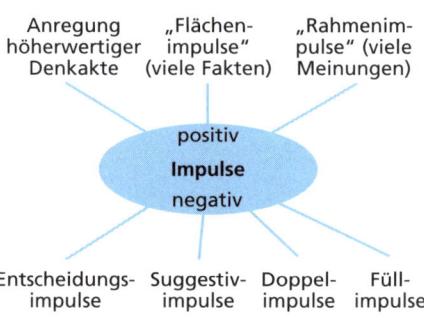

- *Entscheidungsfragen*: Fragen dieser Art lassen als Antwort nur „ja" oder „nein" zu: „Liegt Frankfurt am Rhein?", „Gibt es am Nordpol Pinguine?"
- *Doppelfragen*: Wenn die Frageteile nichts miteinander zu tun haben, dann ist die Frage unprofessionell: „Wer schrieb Pippi Langstrumpf und wie heißt Pippis Äffchen?". Ebenso problematisch ist es, wenn die zweite Frage die Antwort auf die erste voraussetzt: „Was ist ein Gewölle und wo kann man es finden?"[36]
- *Suggestivfragen*: Sie sind manipulativ. Der Fragesteller will erreichen, dass der Gefragte eine bestimmte Meinung bestätigt: „Ist es nicht schrecklich, wenn Kinder sich in der Pause streiten?"

---

[36] Ein Gewölle ist ein von Greifvögeln ausgewürgter Ballen unverdauter Haare, Federn, Knochen (Brockhaus).

● *Füllfragen*: Lehrerinnen und Lehrer sollten unnötige Fragen vermeiden: „Hat jeder das jetzt verstanden?", „Sind alle damit einverstanden?" (ökologisch und mit Humor betrachtet, könnte man solche Fragen als vermeidbare Emissionen bezeichnen.)

**Handelnder Unterricht**

Nach Jerome S. Bruner vollzieht sich die geistige Auseinandersetzung des Kindes mit der Umwelt auf drei Repräsentationsformen des Denkens, die Bruner mit den Begriffen *enaktiv*, *ikonisch* und *symbolisch* kennzeichnet.

> „Zuerst kennt das Kind seine Umwelt hauptsächlich durch die gewohnheitsmäßigen Handlungen, die es braucht, um sich mit ihr auseinander zu setzen. Mit der Zeit kommt dazu eine Methode der Darstellung in Bildern, die relativ unabhängig vom Handeln ist. Allmählich kommt dann eine neue und wirksame Methode hinzu, die sowohl Handlung wie Bild in die Sprache übersetzt, woraus sich ein drittes Darstellungssystem ergibt. Jede dieser drei Darstellungsmethoden, die handlungsmäßige, die bildhafte und die symbolische, hat ihre eigene Art, Vorgänge zu repräsentieren" (BRUNER 1971, S. 21).

Bruners Ansatz ist für die Grundschule von erheblicher Bedeutung: Der Zeit- und Organisationsdruck, unter dem Unterricht häufig steht, begünstigt die symbolische Repräsentation durch Sprache. Die Möglichkeiten des handelnden Lernens werden oft nicht ausgeschöpft. Die Grundlegung der abstrakten symbolischen Repräsentation eines Sachverhaltes durch die enaktive und die ikonische Auseinandersetzung wird häufig vernachlässigt.

Wo immer es möglich ist, muss sich der Grundschulunterricht darum bemühen, abstrakte Zusammenhänge durch konkrete Handlungen zu erschließen. Viele Inhalte, die in der Schule traditionell mit Papier und Bleistift gelöst werden, lassen sich in konkrete Handlungen überführen. Bei einer Reihe von Unterrichtsinhalten ist das unmittelbar nachvollziehbar: Kressesamen nur mit Tafel, Kreide und Sprache für die Kinder „keimen" zu lassen, eine Feuerbohne per Videovorführung „aufzuziehen", Blätter-Borke-Früchte-Samen nur im Sachkundeheft „zuzuordnen" – das ist zwar möglich, aber wenig sinnvoll. In diesen Fällen macht die Arbeit auf der ikonischen und symbolischen Ebene erst in der Phase der Zusammenfassung oder der Ergebnissicherung Sinn, wenn zuvor die Möglichkeit zur enaktiven Auseinandersetzung bestanden hat. Grundschullehrerin oder Grundschullehrer sollten aber auch über solche Bereiche nachdenken, bei denen der Handlungsbezug nicht so offen zu Tage tritt:

**BEISPIEL ▶**

Beispiele zur Buchstaben-Laut-Zuordnung beim Schriftspracherwerb:

❶ Zu jeder neuen Buchstaben-Laut-Verbindung können die Kinder Materialien (Spielzeug, Plastikfiguren etc.) mitbringen und in geeigneten ‚Buchstabenkästchen' sammeln. Wird der Inhalt mehrerer Kästchen vermischt und von Kindern geordnet, dann entspricht dies der Struktur von Aufgaben, die üblicherweise per Arbeitsblatt gestellt werden. Während die Kinder dort an Abbildungen (ikonische Darstellungen) nur fiktive Handlungen ausführen können (Ankreuzen, Strichverbindungen, Farbzuordnungen etc.), erlauben die Materialien reale Sortier- und Zuordnungshandlungen.

❷ Variation: Anlaute überprüfen: Welcher Gegenstand passt nicht dazu? Kinder, die diese Aufgabe lösen können, sind auch in der Lage, selbst Aufgaben für andere zu gestalten.

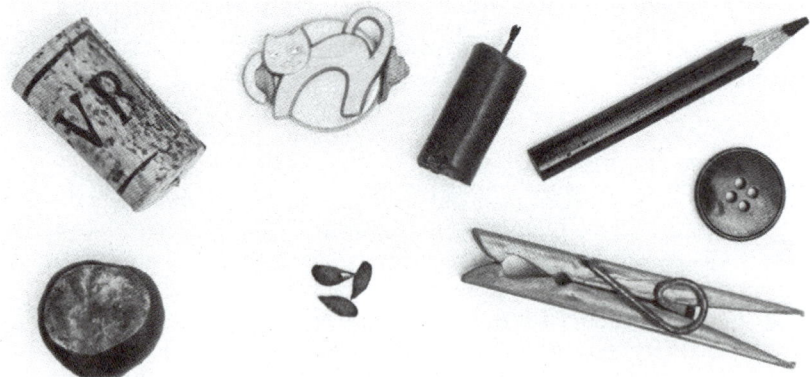

❸ Mit Wäscheklammern, die mit Buchstabenkarten beklebt sind, und realen Materialien lässt sich ein „ABC auf der Wäscheleine" gestalten. Die Vorteile gegenüber den üblichen Buchstabenpostern liegen auf der Hand: Zum einen gestalten die Kinder eine eigene ABC-Repräsentation, die fortlaufend geändert, erweitert oder verbessert werden kann. Zum anderen sind konkrete Handlungen mit den Objekten möglich (vgl. TOPSCH 2000, S. 98 ff.). ◄

Einen Überblick über die von Bruner genannten Repräsentationsformen in Verbindung mit Medien, Hilfsmitteln und möglichen Tätigkeiten vermittelt die Tabelle 15. Sie stellt eine Systematisierung dar. In realen Lernsituationen stehen die Tätigkeiten allerdings nur in Ausnahmefällen unverbunden nebeneinander. Vielmehr kommt es zur Interaktion der Systeme (BRUNER 1972, S. 409; 1966, S. 48).

## Übung und Wiederholung

Unterricht hat nicht nur die Aufgabe, Wissen, Arbeitstechniken, Verfahren, Lösungswege, Verhaltensweisen, Bewegungsvollzüge etc. zu vermitteln. Er muss diese auch sichern, festigen, verfügbar machen und verfügbar halten. Hierzu dienen Übungen und Wiederholungen. Umgangssprachlich und auch in der Fachliteratur werden diese Begriffe meist synonym verwendet. Dennoch erscheint es mir sinnvoll, Übung und Wiederholung begrifflich zu trennen. Zwar gleichen sich die Arbeitsformen der Kinder und das didaktische Handeln von Lehrerinnen und Lehrern bei Übung und Wiederholung, aber ihre Intentionen und der Zeitpunkt ihres Einsatzes sind unterschiedlich:

### Übung
Übung ist ein Teil des Lernvorgangs. Leicht nachvollziehbar ist das besonders im Bereich des motorischen Lernens. Beim Erlernen eines Instrumentes, beim Vollzug eines Bewegungsablaufes (Rollwende am Schwimmbeckenrand) ist die Notwendigkeit der Übung unmittelbar nachvollziehbar. Was für motorische Abläufe gilt, das gilt auch für kognitive Vollzüge: „Sowohl im Bereich des einsichtigen Lernens und Erkennens als auch beim Erwerb von Fertigkeiten genügt das einmalige Durchdenken, der einmalige Vollzug nicht" (AEBLI 2001, S. 326). Das „übende Lernen" (HECKHAUSEN 1974, S. 107) ist erforderlich, um einen Ab-

| | Repräsentationsformen | | |
| --- | --- | --- | --- |
| | ▼ enaktiv | ▼ ikonisch | ▼ symbolisch |
| Medien, Hilfsmittel | Naturmaterialien, Gebrauchsgegenstände, Spielzeuge, Gefäße, Werkzeuge, Waage ... | Bilder, Fotos, Dias, Videos, künstlerische Darstellungen, Nachbildungen, Modelle ... | Sprache, Schrift, Symbole, Landkarten, Noten, Tabellen ... |
| Tätigkeiten | handelnder Umgang, zum Beispiel kneten, sortieren, falten, ausschneiden, aufkleben, dazugeben, wegnehmen, funktionieren lassen, aufbauen, zerlegen ... | bildnerische Darstellung, Zuordnung von Elementen durch Strichverbindung, Ordnen durch Wegstreichen ... | sprechen über ... aufschreiben von ... Umgang mit Symbolen für ... |
| Beispiel: Schriftsprache | Kneten von Buchstaben, Nachfahren von Sandpapierbuchstaben, Stempeln, Ordnen von Anlautmaterialien ... | Aufmalen einer Situation, Zuordnung von Buchstaben oder Wörtern, Logos lesen, Logos aufmalen ... | Situation erzählen, Situation aufschreiben, Texte lesen, Satzzeichen, zum Beispiel !, ?, einsetzen ... |
| Beispiel: Mathematik | Auffädeln von Perlen, Legen von Mengen mit unterschiedlichen Materialien, Ausführen von Operationen an Mengen, Legen von „Treppen", Aufbauen von Türmen ... | Operationen auf Bildebene lösen, zum Beispiel gleiche Mengen einkreisen, Mengen durch Hinzumalen oder Wegstreichen von Elementen vergrößern oder vermindern, Verteilen auf Bildebene ... | mathematische Operationen mit Ziffern und Operationssymbolen, zum Beispiel +, –, = ; mathematische Operationen mündlich darstellen, „im Kopf" rechnen, Einmaleinsreihen beherrschen ... |
| Beispiel: Sachkunde | Zerlegen von Objekten, Anlegen einer Sammlung, Aufbauen einer Ausstellung, Aufbau einer Topografie im Sandkasten ... | bildliche Darstellung von Objekten, Aufgaben auf Bildebene lösen, zum Beispiel Objekte einander zuordnen, Abläufe zeitlich ordnen, Schulweg aufzeichnen ... | Zusammenhänge mündlich und schriftlich darstellen, Funktionen und Wirkungen erklären, Schulweg symbolisch darstellen, Landkarten „lesen" ... |

*Tabelle 15: Repräsentationsformen und Tätigkeiten in unterschiedlichen Lernsituationen*

lauf, einen Vollzug, eine Verhaltensweise aufzubauen oder um die Lösung eines Problems nachhaltig zu verstehen. In diesem Verständnis ist die Übung ein Teil der Erarbeitung eines Sachverhaltes.

*Grundregeln für das übende Lernen* (vgl. WENDELER 1970, S. 1223 ff.; BECKER 1976, S. 24 ff.; AEBLI 2001, S. 326 ff.):

❶ Voraussetzung für das Üben ist eine mindestens minimale Übungsbereitschaft. Es gilt die Faustformel: ohne Übungsbereitschaft kein Übungserfolg. Grundschullehrerinnen und -lehrern kommt zustatten, dass sich im Grundschulbereich viele Übungssituationen auch in motivierenden Spielformen gestalten lassen.

❷ Erfolg weckt und sichert die Übungsbereitschaft. Daher ist es wichtig, dass die Übung den Kindern einen sichtbaren Erfolg ermöglicht und dass der Erfolg durch die Lehrerin/den Lehrer anerkannt wird.

❸ Die Übung sollte nach der eigentlichen Erarbeitung und vor der selbstständigen Anwendung platziert werden (AEBLI 2001, S. 339).

❹ Es reicht nicht aus, dass einige Kinder in der Klasse die Übung vorführen. Vielmehr muss übendes Lernen in der Klasse so angelegt sein, dass jedes Kind Gelegenheit dazu hat. Die Gefahr, dass gegen diesen Grundsatz verstoßen wird, ist groß, wenn die Übung in den erarbeitenden Unterricht eingebettet ist und im Klassenverband (also nicht individualisiert) erfolgt.

❺ Der übende Vollzug einer Tätigkeit soll so angelegt werden, dass „richtig" oder „falsch" möglichst unmittelbar von den Kindern selbst erkannt wird, damit sie ihre Handlung ggf. unverzüglich berichtigen können. Formen der Selbstkontrolle sind der Fremdkontrolle vorzuziehen.

❻ Übungen sollen in sinnvolle Zusammenhänge eingebettet sein und nicht in zerstückelten Teilhandlungen erfolgen.

❼ Zahlreiche Durchgänge sichern den Erfolg. Maria Montessori (1870–1952) hat ein Kind beschrieben, das eine Übung 44-mal durchführte, bis es sich befriedigt von dem Material trennte (MONTESSORI 2001, S. 70). Ein Kind sollte also zumindest so lange üben können, wie es selbst daran interessiert ist.

**Wiederholung**

Aufgabe der Wiederholung ist es, das Verlernen oder Vergessen zu verhindern und erworbene Leistungen verfügbar zu halten. Auch wenn sich die didaktischen Formen in der Regel stark gleichen, erscheint für das professionelle Handeln eine Unterscheidung von Übung und Wiederholung sinnvoll. Lehrerinnen und Lehrer sollten sich bei der Planung ihres Unterrichtes Klarheit darüber verschaffen, ob eine Aktivität dem Aufbau einer Leistung (Verhaltensweise, Fertigkeit, Einsicht) dient oder ihrem Erhalt. Wenn ein Lernprozess noch nicht abgeschlossen ist, dann ist *Übung* erforderlich, bis das Ziel, die Beherrschung eines Ablaufes, eines Verfahrens etc., erreicht ist. Ist der Lernprozess dagegen abgeschlossen, dann muss er durch *Wiederholung* erhalten werden. Die Wiederholung ist also nicht Teil des Lernprozesses im engeren Sinne, sondern Teil einer langfristig angelegten Ergebnissicherung.

Der Psychologe Hermann Ebbinghaus (1850–1909) hat schon am Ende des 19. Jahrhunderts experimentell eine Vergessenskurve entwickelt, die aufzeigt, dass das Vergessen in den ersten Tagen nach dem Lernen am größten ist.[37] Daher sollte die erste Wiederholung möglichst früh erfolgen.

*Grundregeln für das Wiederholen* (vgl. WENDELER 1970, S. 1223 ff.; BECKER 1976, S. 24 ff.; AEBLI 2001, S. 326 ff.):

❶ „Das Prinzip *der Verteilung der Wiederholung* ist eindeutig. Es bedeutet, dass der Lehrer unter allen Umständen darauf achtet, die Übungsarbeit zu verteilen. *Kurz, aber häufig üben:* so heißt die einfache Grundregel" (AEBLI 2001, S. 342; Hervorh. im Orig.). Dies spricht für die täglich wiederholende Übung im Unterricht, zum Beispiel Kopfrechenübung, Minuten-Diktat, Übungen am Zahlenstrahl, Blitz-Lesen etc. Die Beschränkung auf wenige Minuten darf jedoch nicht zu erhöhtem Druck verleiten. Vielmehr soll die zeitliche Begrenzung dazu beitragen, einer Demotivation vorzubeugen.

❷ Wiederholungen müssen in möglichst vielfältigen Variationen bezüglich der Aufgabenstellung, der Darstellungs- und Arbeitsformen und der Sozialformen erfolgen.

❸ Auch für die Wiederholung ist die Anzahl der Durchläufe oder Vollzüge von entscheidender Bedeutung.

---

[37] Vergleichbar ist dies mit dem Wert eines Autos: Im ersten Jahr sinkt er rapide, danach nur noch moderat.

## Resümee

Übung und Wiederholung sind wichtige Elemente des Lern- und Behaltensprozesses. Sie greifen auf identische Organisations- und Handlungsformen zurück, unterscheiden sich aber hinsichtlich der Zielrichtung: Übung dient dem Aufbau einer Leistung, Wiederholung ihrem Erhalt.

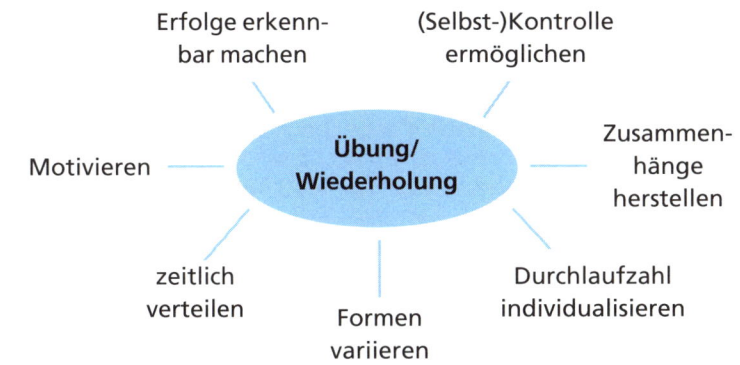

| | Förderndes Verhalten von Lehrerinnen und Lehrern |
|---|---|
| Motivation | Stellen Sie die Übung in einen motivierenden Rahmen. Wählen Sie einen für die Übung günstigen Zeitpunkt. |
| Ziel | Nennen Sie das Ziel der Übung oder geben Sie einen Begründungszusammenhang an. |
| Umfang/Dauer | Nennen Sie einen für Kinder akzeptablen Zeitrahmen für die Übung. Wählen Sie einen Übungsumfang, der nicht demotivierend ist. |
| Erläuterung | Erläutern Sie, worauf es ankommt, welche Schwierigkeiten auftreten können, worauf die Kinder besonders achten müssen. Machen Sie die Arbeitsschritte vor oder lassen Sie diese vormachen. Kommentieren Sie dabei den Ablauf verbal. |
| Hilfe | Erklären Sie, welche Hilfen zur Verfügung stehen. Bieten Sie Ihre persönliche Hilfe an. |
| Kontrolle | Geben Sie an, welche Kontrollmöglichkeiten (Selbstkontrolle oder Fremdkontrolle) bestehen. Machen Sie Selbstkontrolle möglich. Lassen Sie die Kinder Fehler selbst finden und korrigieren. |
| Erfolgsbestätigung | Erkennen Sie Anstrengungsbereitschaft und Erfolg möglichst individuell an. |

*Tabelle 16: Förderndes Lehrerverhalten für Übung und Wiederholung im Unterricht*

# 5 Offenen Unterricht arrangieren

*In den letzten Jahrzehnten haben viele neue Begriffe die grundschulpädagogische Diskussion bestimmt, zum Beispiel entdeckendes Lernen, selbstgesteuertes Lernen, problemlösender Unterricht, schülerzentrierter Unterricht, handlungsorientierter Unterricht, offener Unterricht. Diese Begriffe sind nicht deckungsgleich, sie vertreten aber teilweise ähnliche Anliegen. Am nachhaltigsten hat sich der Begriff offener Unterricht[38] durchgesetzt.*

Als Vorläufer des offenen Unterrichts können unter anderem angesehen werden:

- die europäische Reformpädagogik (erstes Drittel des 20. Jahrhunderts),
- die angloamerikanischen pädagogischen Bewegungen („Open Education", „Open Classroom", „Informal Teaching") und
- die bundesrepublikanische Curriculumdiskussion („Offene Curricula").

Schon die Reformpädagogen wollten den Lerndrill, der die Schule des Kaiserreichs kennzeichnete, durch Selbsttätigkeit, Selbstverantwortung und Lebensorientierung ablösen. Sie förderten dies unter anderem durch die Verbindung von „Kopf- und Handarbeit", durch die Verwendung von Arbeitsmitteln, durch die Pflege des freien Ausdrucks bzw. des freien Textes sowie durch die Einbeziehung von Freiarbeit. Dies brachte deutliche Veränderungen für das Methodenverständnis mit sich. Stand die „Methode" des Unterrichts bislang unter alleiniger Verwaltung des Lehrers, so ging es nun darum, dass auch die Kinder für das selbstgesteuerte Lernen über Methoden verfügten. Hugo Gaudig hat dies vor rund 100 Jahren so formuliert: „So paradox das klingen mag: *der Schüler muss Methode haben.* Dem Lehrer aber muss die Methode, seinen Zögling zur Methode zu führen, eigen sein" (zit. nach GEPPERT/PREUß 1980, S. 21).

Es ist heute kaum noch möglich herauszufinden, wer den Begriff *offener Unterricht* erstmals in die pädagogische Diskussion eingeführt hat. Entsprechende Konzepte werden seit den Siebzigerjahren vertreten (vgl. KLEWITZ/MITZKAT

---

[38] Bei einigen Autoren findet sich die Schreibweise ‚Offener Unterricht'. Ich schließe mich Ramseger (1977), Einsiedler (1979) und anderen an und verwende die Schreibweise ‚offener Unterricht'.

1976, 1977, 1982; RAMSEGER 1977/³1992; WAGNER 1978; EINSIEDLER 1979; WALLRABENSTEIN 1991/⁴1994). Das Konzept des offenen Unterrichts kann man als eine Art konkrete Utopie verstehen: „Offener Unterricht ist zwar keine Fiktion, wohl aber ein idealtypisches Konzept, das immer nur annäherungsweise realisiert werden kann" (RAMSEGER 1992, S. 26). Diese Formulierung macht deutlich, dass es *den* offenen Unterricht in der Praxis gar nicht gibt, sondern ein weites Spektrum unterschiedlicher Annäherungen. Eine allgemeine Definition wird damit zumindest problematisch. Mitte der Neunzigerjahre stellte Jürgens zu Recht fest: „Auch nach fast zwanzigjähriger, zunehmend intensiver gewordenen Diskussion bleibt vielfach unklar, was alles unter diesem Begriff zu fassen ist" (JÜRGENS 1994, S. 19). Die Schwierigkeit, offenen Unterrricht in eine zusammenhängende Definition zu fassen, zeigt sich in der folgenden Formulierung:

> „*Offener Unterricht* ist ein Sammelbegriff für unterschiedliche Reformansätze in vielfältigen Formen inhaltlicher, methodischer und organisatorischer Öffnung mit dem Ziel eines veränderten Umgangs mit dem Kind auf der Grundlage eines veränderten Lernbegriffs" (WALLRABENSTEIN 1994, S. 54).

Bei genauerer Betrachtung erweist sich diese Formulierung als mehrdeutig:

- Zu Begriffen wie „unterschiedliche Reformansätze", „vielfältige Formen" etc. passt fast alles – auch Fehlformen, Missbrauch oder Modewellen, die sich als „Reformansatz" definieren.
- Ein veränderter Umgang mit Kindern oder ein veränderter Lernbegriff könnten sich aber auch in mehr Druck und mehr Drill realisieren – also das Gegenteil von dem darstellen, was mit offenem Unterricht gemeint ist.

Im Grunde gilt weiterhin, was Klewitz/Mitzkat schon am Beginn der Diskussion konstatierten:

> „Wie bei vielen anderen Begriffen, die eine dynamische Entwicklung kennzeichnen, ergeben sich auch für den ‚offenen Unterricht' nahezu unlösbare Probleme beim Versuch einer Definition […] Der offene Unterricht geht von der Prämisse aus, dass jede Art von Planung immer nur beschränkte Gültigkeit beanspruchen kann. […] Diese Tatsache wird keineswegs als Mangel empfunden, da der offene Unterricht den spontanen Aktivitäten der Kinder möglichst freien Raum geben möchte, ohne allerdings das Lernen dem Zufall zu überlassen" (KLEWITZ/MITZKAT 1977, S. 7).

Der Mangel an einer befriedigenden Definition erklärt, dass zunehmend deskriptive Annäherungen entstanden. Dabei kann man *Begründungszusammenhänge*, *Dimensionen*, *Formen* und die didaktische *Realisierung* des offenen Unterrichts gesondert darstellen.

## 5.1 Begründungszusammenhänge

Offener Unterricht kann in unterschiedliche Begründungszusammenhänge eingeordnet werden. Für die grundschulpädagogische Diskussion ist das am ausführlichsten von Knauf dargestellt worden, der die *qualifikationstheoretische* Begründung, die *lern- und entwicklungstheoretische* Begründung und die Begründung durch die *veränderte Kindheit* unterscheidet (vgl. KNAUF 2001, S. 108 ff.). Fügt man eine *gesellschaftspolitische* Perspektive hinzu, so lassen sich vier Motive für den offenen Unterricht nennen:

**Pädagogisches Motiv**
Die Wissensexplosion, der unaufhaltsame technische und ökonomische Wandel und die daraus resultierenden gesellschaftlichen Veränderungen haben zunächst im Bereich der beruflichen Bildung, nachfolgend aber auch im Bereich der allgemein bildenden Schule eine Konzentration auf Schlüsselkompetenzen gefördert. Offener Unterricht zielt auf *Selbstkompetenz, Sozialkompetenz* und *Methodenkompetenz* (KNAUF 2001, S. 109). Im Sinne der lehrtheoretischen Didaktik („Hamburger Modell"; Wolfgang Schulz 1981) ist der Aufbau einer grundlegenden *Sachkompetenz* hinzuzufügen. Wenn es in der Schule aber nicht mehr vorrangig um die Vermittlung von Wissen und Kenntnissen, sondern um den Aufbau von Selbstkompetenz, Sozialkompetenz, Methodenkompetenz und Sachkompetenz geht, dann erfordert dies eine neue Balance zwischen den Inhalten, den Lernenden und den Lehrenden. Dies findet in Formen des offenen Unterrichts seinen Ausdruck.

**Psychologisches Motiv**
Ausgehend von der Entwicklungspsychologie Piagets hat eine interaktionistische Sicht auf die Entwicklung des Kindes auch für die Pädagogik eine zentrale Bedeutung gewonnen. Danach setzt sich das Kind von Geburt an unablässig aktiv mit seiner Umwelt auseinander. Die Folge ist „ein strukturdifferenzierendes Lernen [...] Kein Erwachsener ist vonnöten, ja, er kann dem Kind überhaupt nicht direkt dabei helfen" (HECKHAUSEN 1974, S. 114). Notwendig ist es nach dieser Sicht, dem Kind Wahl- und Entscheidungsmöglichkeiten in einer lernanregenden Umwelt einzuräumen und Hilfen nur so weit zu geben, dass sich das Kind selbst helfen kann. Der Begriff *lernanregende Umwelt* schließt Handlungs- und Darstellungsmöglichkeiten in unterschiedlichen Repräsentationsformen (enaktiv, ikonisch, symbolisch) mit ein. Auch an diesem Punkt setzen Formen des offenen Unterrichts an.

**Soziologisches Motiv**
Im Zusammenhang mit der ‚veränderten Kindheit' sind der Mangel an Sozialerfahrung, die Mediendominanz und die eingeschränkten Handlungsmöglichkeiten für Kinder benannt worden. Auch unter dieser Perspektive wird der

offene Unterricht häufig legitimiert: Er räumt den Kindern Kooperationsmöglichkeiten und Sozialerfahrungen ein, die in der Regel weit über den traditionellen Unterricht hinausgehen. Offener Unterricht enthält zudem *Elemente selbstbestimmten Lernens*. Damit greift er über den bloßen Wissenserwerb hinaus: „Inhaltliche Arbeit kann in jeder Unterrichtsform geleistet werden. Beim Arbeiten in offenen Formen erhalten Lern- und Sozialverhalten zusätzlich herausragende Bedeutung" (BAUER 2003, S. 52).

### Gesellschaftspolitisches Motiv

Der traditionelle Unterricht mit seinen vorentschiedenen und meist nicht weiter verhandelbaren Strukturen ist nur unzureichend in der Lage, *Mündigkeit durch Selbstständigkeit* und *Selbstverantwortung* zu fördern. Unter einem gesellschaftspolitischen Motiv verfolgt offener Unterricht daher die Absicht, den Kindern „Erfahrungen demokratischer Handlungsfähigkeit in der Schule und Möglichkeiten der Erfahrung demokratischer Handlungsfähigkeit in sozialen und politischen Prozessen" zu eröffnen (BASTIAN 1995, S. 9; kritisch hierzu: GÜNTHER 1996, S. 4).

| Begründungszusammenhänge für offenen Unterricht | |
|---|---|
| pädagogisches Motiv | Erwerb von Schlüsselkompetenzen: <br>• Selbstkompetenz (Autonomie) <br>• Sozialkompetenz (Solidarität) <br>• Sachkompetenz (Kompetenz) <br>• Methodenkompetenz |
| psychologisches Motiv | Interaktionistischer Ansatz: <br>Kind entwickelt seine kognitiven Strukturen als aktiver Erkunder; Ermöglichung von Aktivitäten in enaktiven, ikonischen und symbolischen Repräsentationsformen |
| soziologisches Motiv | ‚Veränderte Kindheit': <br>Förderung von Sozialerfahrungen, Kooperation; Umgang und Auseinandersetzung mit den Phänomenen der sozialen Umwelt; selbstbestimmtes Lernen |
| gesellschafts-politisches Motiv | Erlernen demokratischer Grundformen durch Mitbestimmung, Mitgestaltung und Mitverantwortung |

*Tabelle 17: Motive und inhaltliche Begründungszusammenhänge für offenen Unterricht*

## 5.2 Dimensionen

Die Öffnung des Unterrichts realisiert sich in unterschiedlichen Bereichen. Ramseger nennt drei relevante Felder der Offenheit (vgl. RAMSEGER 1977/1992, S. 22–26):

- *Inhaltliche Offenheit*: Der Unterricht muss „prinzipiell für sämtliche Themen oder für sämtliche Aspekte eines gewählten Themas offen sein".
- *Methodische Offenheit*: Der Schüler soll „Agent seiner eigenen Lernprozesse sein".
- *Institutionelle Offenheit*: Erfahrungsreichtum darf nicht durch institutionelle Zwänge eingeschränkt oder verhindert werden.

Ramsegers Einteilung ist vielfach übernommen oder nur geringfügig variiert worden: So spricht Wallrabenstein von der *inhaltlichen*, der *methodischen* und der *organisatorischen* Dimension offenen Unterrichts (1994, S. 54). Brügelmann (1998, S. 8 f.) erwähnt die *methodisch-organisatorische* Ebene, die *didaktisch-inhaltliche* Ebene und die *pädagogisch-politische* Ebene.
Darüber hinaus hat offener Unterricht immer eine *personale Dimension*. Sie ist zwar in den anderen Dimensionen implizit enthalten, bedarf aber einer expliziten Nennung, weil offener Unterricht immer auch auf Selbstbestimmung zielt und Mitverantwortung der Kinder am eigenen Lernen anstrebt. Auch wenn sich diese Mitverantwortung in der Grundschule nur in Ansätzen realisieren lässt, unterscheiden sich traditioneller Unterricht und offener Unterricht gerade in diesem Punkt deutlich. Es ist kein Zufall, dass die von Ramseger genannten Dimensionen des offenen Unterrichts teilweise deutlich, teilweise implizit als „Kennzeichen des schülerzentrierten Unterrichtsarrangements" (JÜRGENS 1994, S. 30) gelten können. Vielmehr besteht ein systematischer Zusammenhang zwischen *Schülerbeteiligung* einerseits und *Öffnung des Unterrichts* andererseits. Eine umfassende Strukturierung des Begriffes offener Unterricht ergibt sich daher aus der Zusammenschau beider Perspektiven.
Danach realisiert sich offener Unterricht in *vier* Bereichen, in der

- inhaltlichen,
- methodischen,
- institutionellen und
- personalen Dimension.

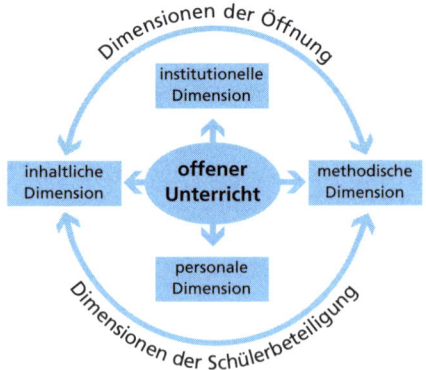

Die personale Dimension des offenen Unterrichts schlägt sich auch im Bereich zwischenmenschlicher Beziehungen nieder und schließt „eine Veränderung der Beziehungsqualität der Lehr-Lern-Prozesse" mit ein (Bastian 1995, S. 7).

## 5.3 Formen

Im schulischen Bereich vollziehen sich Veränderungen häufig fließend. Schon der Übergang von einer rigiden Pädagogik der Herbartianer am Ende des 19. Jahrhunderts zur Reformpädagogik am Beginn des 20. Jahrhunderts vollzog sich längst nicht so sprunghaft, wie er rückblickend oft dargestellt wird. Dies gilt erst recht für den Übergang zwischen dem traditionellen Unterricht und dem offenen Unterricht.

Auch in den Sechziger- und Siebzigerjahren, als „Öffnung" noch kein Thema war, stellte Unterricht keine geschlossene Formation dar: „Kaum zwei Lehrer, die die gleiche Methode gebrauchen, tun dasselbe" (Brezinka zit. nach Glöckel 1996, S. 161). Eine begrenzte Wahlfreiheit bei der Auswahl von Arbeitsthemen und Unterrichtsinhalten gab es auch schon im traditionellen Unterricht. Gruppenarbeit, Formen der Partnerarbeit und materialorientierte Einzelarbeit in themengleicher oder themendifferenter Form sind nicht prinzipiell neu. Auch das Lernen an Stationen wurde zuerst als Circuit-Training unter Rahmenbedingungen, die keinesfalls auf offenen Unterricht hinwiesen, realisiert. Schließlich hat sich der Bereich der Unterrichtsrituale kontinuierlich weiterentwickelt: Der morgendliche Gesprächskreis (Stuhl- oder Morgenkreis), heute ein sinnvoller Bestandteil des offenen Unterrichts, oder das gemeinsame Frühstück waren schon in den Sechzigerjahren in vielen Klassen eine schiere Selbstverständlichkeit. Was früher aber eher Einzelaktionen von Lehrerinnen und Lehrern oder von einzelnen Kollegien waren, die dafür je nach Standpunkt gelobt, getadelt oder auch belächelt wurden, hat an Breite und allgemeiner Zustimmung gewonnen. Dabei kann allerdings nicht übersehen werden, dass sich die Realisierung des offenen Unterrichts gegenwärtig vorrangig auf die organisatorisch-methodische Ebene konzentriert (Hanke 2001, S. 50).

Brennpunkte des offenen Unterrichts heute sind nach Gudjons

- „der Stuhlkreis (für Gemeinsamkeit),
- die Freie Arbeit (für Eigenentscheidung der Kinder),
- der Wochenplan (für eine transparentere Organisation der Arbeit),
- Projekte (für Sinnzusammenhänge),
- der gestaltete Klassenraum (für das Miteinander-Leben),
- Arbeitsmittel (für das Praktische Lernen) und
- ein ausgeprägtes Schulleben (als Öffnung für ein eigenes Schulprofil)"
  (Gudjons 2001, S. 26 f.; Gliederungspunkte eingefügt).

Offener Unterricht ist keine isolierte Form. Vielmehr ist er immer in Verbindung mit dem traditionellen Unterricht zu sehen. Natürlich ließe sich Unterricht auch gänzlich unter das Konzept der Offenheit stellen, aber dies wäre angesichts der Sozialisationsbedürfnisse und Sozialisationsdefizite, mit denen Kinder in die Grundschule kommen, als zweifelhafter Gewinn einzustufen. In letzter Konsequenz würde die gesellschaftlich erstrittene gemeinsame Unterrichtung aller Kinder in der Grundschule zugunsten einer „materialzentrierten Individualisierungspädagogik" (VAUPEL 1999, S. 82) in Frage gestellt. Traditioneller Unterricht und offener Unterricht schließen sich nicht aus. Beide Formen haben Vorteile – beide Formen können aber auch pervertieren. Während ein verkrusteter traditioneller Unterricht oft genug zum Verlust des Zusammenhangs von Leben und Lernen geführt hat, kann sich ein missverstandener offener Unterricht in Planlosigkeit, Unverbindlichkeit und Geschwätzigkeit erschöpfen. Eine realistische Perspektive wird von Bastian (1995) entwickelt. Er versteht offenen Unterricht als Ergänzung zu geschlossenen Lehrformen (vgl. auch GUDJONS 2001, S. 28; DREWS u.a. 2000, S. 161). „Eine sinnvolle Verbindung von traditionellen Formen des Unterrichts mit offenen Unterrichtsformen […] ist das, was auf lange Zeit anzustreben sein wird" (DREWS/WALLRABENSTEIN 2002, S. 315). Bereits vor einem halben Jahrhundert hat Heinrich Roth (1906–1983) darauf hingewiesen, „dass wir in Ergänzung dieses Verfahrens [39] immer wieder auch den Weg des Nachlebens, Nachempfindens, Zuhörens, Sich-Sagen-Lassens gehen müssen [...] Die beiden Wege sind nur gekoppelt leistungsfähig" (1957, S. 188).

Für eine optimale Unterrichtsgestaltung geht es also nicht um eine Entweder-oder-Entscheidung, sondern darum, in welchem Verhältnis traditioneller und offener Unterricht zueinander stehen. Traditioneller Unterricht garantiert in vernünftigen Grenzen die Gemeinsamkeit von Lernzielen, -inhalten und -verfahren. Er betont die Gleichheit der Inhalte und ermöglicht Gemeinsamkeiten beim Lernen. Dies ist angesichts einer gesellschaftlichen Entwicklung, die von zunehmender Individualisierung und Entsolidarisierung geprägt ist, keinesfalls gering zu schätzen und sollte nicht leichtfertig aufgegeben werden. Im traditionellen (darstellenden oder erarbeitenden) Unterricht kann die Lehrperson ggf. bewusst als Modell agieren und Handlungen sowie die eingeschlossenen Denkschritte nachvollziehbar vorführen und versprachlichen. Auch wäre die für den Grundschulunterricht unverzichtbare Rhythmisierung des Ablaufes ohne einen bewussten Wechsel zwischen traditionellem Unterricht und offenem Unterricht sowie ohne Wechsel zwischen Fremdbestimmung und Selbstbestimmung kaum gestaltbar. In diesem Sinne ist es erstaunlich, mit welchem Einsatz gelegentlich für die eine oder die andere „Monokultur" des schulischen

---

[39] Es ging um Selbstentdecken, Selbsterfinden, Selbsttun; W. T.

Lernens gestritten wird (POPP 1988, S. 71). Für die Grundschule lassen sich vier große Realisierungsformen des offenen Unterrichts unterscheiden: *Arbeitsplanarbeit, Stationenarbeit, Projektarbeit*[40] und *Freiarbeit*.

## Arbeitsplanunterricht

> „Wochenplan ist ein Konzept der Unterrichtsorganisation. Die Schüler erhalten zu Beginn eines bestimmten Zeitraumes (zum Beispiel eine Woche) einen schriftlichen Plan, der Aufgaben verschiedenen Typs aus verschiedenen Inhaltsbereichen enthält [...] In dafür vorgesehenen Unterrichtsstunden (zum Beispiel eine Stunde täglich, aber auch mehr oder weniger) erarbeiten die Schüler diesen Plan selbstständig, allein oder in Gruppen bzw. nehmen Hilfen in Anspruch, soweit notwendig. Nach der Bearbeitung einzelner Aufgaben sollen diese selbst kontrolliert und auf dem Plan als erledigt eingetragen werden" (HUSCHKE/MANGELSDORF 1994, S. 11).

Arbeitspläne[41] wurden bereits bei den Reformpädagogen verwendet. Mit der Diskussion um den offenen Unterricht sind sie wieder ins Bewusstsein von Lehrerinnen und Lehrern gerückt. Arbeitspläne machen inhaltliche oder methodische Vorgaben und helfen den Kindern gleichzeitig, das eigene Lernen zu strukturieren. Arbeitspläne setzen das Klassenlehrerprinzip zwar nicht voraus, doch sind sie unter den Bedingungen der Grundschule und einer geringeren Fachbindung des Unterrichts relativ leichter zu realisieren als in Schulformen, in denen das Fachlehrerprinzip dominiert. In den Arbeitsplanphasen verliert der Unterricht seine traditionelle Form, in der alle Kinder zur gleichen Zeit gleiche Ziele und gleiche Inhalte in gleichen methodischen Strukturen verfolgen, zugunsten einer Auflösung in individuelle Handlungsstränge.

❶ *Die Lehrperson im Arbeitsplanunterricht:*
Ähnlich wie beim herkömmlichen Unterricht legt die Lehrerin/der Lehrer die Aufgaben fest, nennt die erforderlichen Hilfen und ergänzt diese ggf. durch spezifische Hinweise, Anmerkungen oder Anweisungen. Die ergänzenden Hinweise können sich auf die Art der Kontrolle beziehen oder Anregungen für Kinder formulieren, die eine bestimmte Aufgabe erledigt haben. Sie können auch organisatorische Anweisungen enthalten („Ergebnis in die blaue Mappe heften" etc.). Mit dem Arbeitsplan können die notwendigen Übungs- und Anwendungsphasen zeitlich und organisatorisch zusammengefasst werden, sodass ein

---

[40] Der hier verwendete Projektbegriff unterscheidet sich von der klassischen Projektmethode.
[41] Arbeitspläne werden mit unterschiedlicher zeitlicher Orientierung verwendet. Sie können als Tages-, Wochen- oder Monatspläne realisiert werden.

Zeitkontingent entsteht, das die Kinder eigenständig verwalten können. In der Regel enthalten Tages- und Wochenpläne einen Pflichtteil, einen Wahlteil und einen darüber hinausgehenden Anregungsteil und ergänzende Hinweise.

| Pflichtaufgaben | Wahlaufgaben | Anregungen | Hinweise |
|---|---|---|---|
| *verbindliche Vorgaben* | *optionale Vorgaben* | *freie Angebote* | *Hilfen, Kontrollen, Organisation etc.* |

Wo immer es möglich ist – und im Prinzip ist es immer möglich –, sollte sich die Lehrerin/der Lehrer um eine *Individualisierung der Anforderungen* bemühen. In dieser Hinsicht können die Arbeitspläne, zum Beispiel Tagespläne, vollständig individualisiert sein oder Individualisierungselemente enthalten.

● Im ersten Fall fertigt die Lehrerin/der Lehrer einen individuellen Arbeitsplan für jedes einzelne Kind an und stellt entsprechende Arbeitsmittel, Hilfen und Kontrollmöglichkeiten zur Verfügung. Es ist nachvollziehbar, dass dies vor allem anfangs eine sehr aufwändige Vorbereitung erforderlich macht. Allerdings verdeutlichen Praxisberichte, wie effektiv diese Form der Arbeitsplanarbeit ist (vgl. NICOLAS 1997, S. 116 ff.; dort finden sich auch praktische Anregungen und Hilfen; HOENECKE 2004, S. 38 ff.).

● Im zweiten Fall baut die Lehrperson spezifische Lern- und Übungsanlässe in den Arbeitsplan einzelner Kinder ein, die deren Lernstand oder Interessen besonders berücksichtigen. Dies sollte ggf. im Voraus mit den Kindern erörtert werden.

● Eine partielle Individualisierung ergibt sich schließlich durch die Aufteilung des Arbeitsplanes in Pflicht- und Wahlaufgaben sowie in ergänzenden Anregungen, weil die Kinder in diesem Rahmen selbstständig Differenzierungen entsprechend ihrer Vorlieben und Interessen vornehmen können.

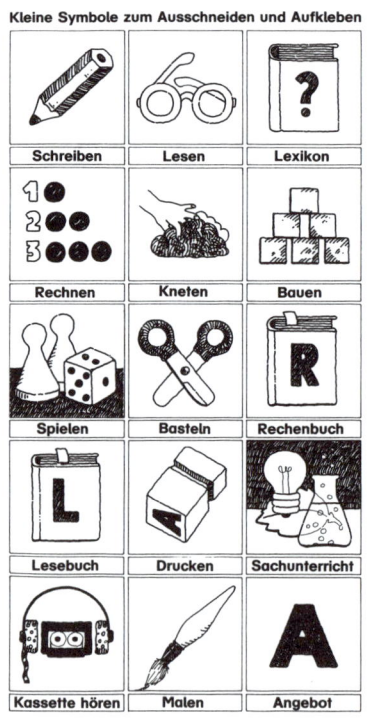

Kleine Symbole zum Ausschneiden und Aufkleben

Schreiben — Lesen — Lexikon — Rechnen — Kneten — Bauen — Spielen — Basteln — Rechenbuch — Lesebuch — Drucken — Sachunterricht — Kassette hören — Malen — Angebot

*Quelle: Praxis Grundschule 2/1989*

Prinzipiell schaffen Arbeitspläne einen diskriminationsfreien Rahmen für *ziel-differentes Lernen*. Zur problemlosen Verständigung mit den Kindern werden für die Gestaltung von Tages- und Wochenplänen häufig Symbole verwendet.

**❷ *Die Kinder im Arbeitsplanunterricht:***
Hinsichtlich der Beteiligung der Kinder kann man berechtigt einwenden, dass auch die Verwendung von Arbeitsplänen (Tages- oder Wochenplänen) in weiten Teilen vorbestimmter Unterricht ist: Ziele, Inhalte und Verfahren sind in der Regel detailliert vorgegeben. Als positive Unterscheidung zum traditionellen Unterricht ist jedoch hervorzuheben, dass die Lehrperson einen nachvollziehbaren Überblick über die erwarteten Tätigkeiten und Leistungen vermittelt und damit einen Rahmen absteckt, innerhalb dessen die Kinder relativ frei entscheiden können. Damit wird den Kindern eine Reihe von *Planungsentscheidungen übertragen*:

- Ein wichtiger Bereich ist die Festlegung der Bearbeitungsreihenfolge der einzelnen Aufgaben. Dabei wird das Kind allmählich seine sachbezogenen Vorlieben, seine Ausdauer, seine Stimmung, aber auch Vermeidungs- und Verzögerungstaktiken erfahren und erste Schritte zu einer bewussteren Selbsteinschätzung auf dem Weg zum Lernziel „Autonomie" zurücklegen.
- Kinder können bei den einzelnen Aufgaben unterschiedlich lange verweilen und diese in ihrem eigenen Arbeitstempo lösen. Da dies innerhalb eines vorgegebenen Zeitrahmens geschieht, müssen die Kinder gleichzeitig – ggf. auf der Grundlage wiederholten Scheiterns – ein gewisses Zeitmanagement entwickeln.
- Darüber hinaus eröffnet die Tages- oder Wochenplanarbeit den Kindern bei vielen Aufgabenstellungen auch Entscheidungen über die Kooperationsformen. Der Arbeitsplan kann zwar Vorschläge zur Sozialform enthalten, von ihnen dürfte in der Regel aber keine so starke Bindung ausgehen wie im herkömmlichen Unterricht. Kombinationen von Einzel-, Partner- oder Kleingruppenarbeit werden ermöglicht. Auch das Geben und Annehmen von Hilfen stehen bei der Arbeit nach Arbeitsplänen in höherem Umfang in der Eigenverantwortlichkeit der Kinder, als dies im lehrerzentrierten Unterricht der Fall ist.
- Schließlich eröffnen Wahlteil und Anregungsteil des Arbeitsplanes zusätzliche Entscheidungs- und Handlungsalternativen.

**Wochenplan**

4. Jahrgang 10 Stunden Name: _____
Wochenplan für den 13. – 17. Januar

| | | fertig | kontrolliert |
|---|---|---|---|
| Lesen | In unserer Gedichte-Kartei findest du mehrere Gedichte über den Winter. Wähle ein Gedicht, das dir gefällt. Lies das Gedicht zuerst still. Nun lies das Gedicht deinem Partner vor. | | |
| Schreiben | Trage die Überschrift des Winter-Gedichtes und den Dichter hier ein! | | |
| | Schreibe das Winter-Gedicht in dein Gedichtheft! Hast du Lust, es auswendig zu lernen? Im Wochenendkreis am Freitag kannst du es vortragen. | | |
| Mathematik | Übe mit der Rechenbox! Drei verschiedene Arbeitsblätter liegen bereit. Suche dir davon eines aus! (Lösungsblätter am Pult!) | | |
| Sachunterricht | Forschungsvorhaben: Wie die Urmenschen lebten. An welchem Thema arbeitest du in dieser Woche? (Arbeitsblatt!) | | |
| | Beachte die Bücher im SU-Regal und die Werkzeuge auf dem Ausstellungstisch! Rätsel: Welches Werkzeug kam hinzu? | | |
| | Diente es zum Schneiden, Bohren oder Schaben? Bitte Zutreffendes unterstreichen! | | |
| Freie Auswahl | 1. Schreibe eine selbst erlebte oder erfundene Geschichte für unser Klassenlesebuch! 2. Schreibe ein eigenes Winter-Gedicht! 3. Stick weiter an deinem Winterbild! (Technik: Kreuzstich) 4. Freie Arbeit mit Lernmaterial (Spr., M., SU) | | |

| Montag | Dienstag | Mittwoch | Donnerstag | Freitag |
|---|---|---|---|---|
| 1. 2. | 3. 4. | 2. 3. | 4. | 2. 3. 4. |

**Tagesplan**

für den _____

für _____

*Die Aufgaben des Tagesplans sollst du heute bis zur Pause schaffen. Du darfst die Reihenfolge der Aufgaben selbst festlegen.*

| | | erledigt |
|---|---|---|
| Mathe: | Löse die Aufgaben des Rechenspiels und male den Kasper in den entsprechenden Farben aus. | |
| Deutsch: | 1. Suche auf dem Leseblatt alle Berufe und kreise sie ein 2. Bearbeite eine Karte aus der „Schriftpflegekartei". Schreibe in dein Schriftpflegeheft. | |
| Musik: | Suche zu unseren Musikbausteinen passende Weihnachtsgeschenke. Arbeite auf einem großen, karierten Blockblatt. Beispiel: Bar-bie-pup-pe    Vi-deo-spiel | |

*Hier kannst du wählen, wenn du fertig bist:*

1. Schreibe eine Wintergeschichte auf.
2. Lies ein Buch aus der Leseecke.
3. Spiele eines der Spiele (nicht das Zahnspiel).

*Abbildung 9: Tagesplan aus* SCHMITT *1996, S. 34;*
*Wochenplan aus* STROTE *1994, S. 312*

❸ *Resümee/Probleme*

*Abbildung 10: Tagesplan für den Anfangsunterricht (aus:* BAIRLEIN *1993, S. 80)*

Für Grundschulkinder stellt das selbst verantwortete *Zeitmanagement* ein besonderes Problem dar. Zum einen interpretieren Kinder offenbar die benötigte Lern- oder Arbeitszeit im Umgang mit den einzelnen Aufgaben als Ausdruck individueller Leistung. Sie sind also häufig darum bemüht, die Aufgaben so schnell wie möglich zu erledigen (HUF 2001, S. 72 ff.). Zum anderen sind jüngere Kinder noch längst nicht so zeitsicher wie Erwachsene. Die Anforderung, eine ganze Woche planend zu überschauen, stellt zumindest in den unteren Grundschulklassen für viele Kinder eine Überforderung dar. Praktiker halten daher „einen Wochenplan im Anfangsunterricht für eine Überforderung der jungen Kinder, die im ‚Heute' leben, nämlich ‚hier' und ‚jetzt' und nicht in wöchentlichen Zeiträumen" (NICOLAS 1997, S. 120). Von daher empfiehlt es sich, zunächst von kurzen Phasen der Tagesplanarbeit auszugehen und den Zeithorizont nur behutsam auszudehnen (KRAUSE-HOTOPP 1996, S. 19; NICOLAS 1997, S. 116).

Die Arbeit mit Arbeitsplänen modifiziert das Planungsmonopol von Lehrerinnen und Lehrern. Sie verschafft den Kindern Entscheidungsmöglichkeiten in verschiedenen Bereichen. Angesichts der Tatsache, dass Unterrichten vielfach Handeln in Widersprüchen bedeutet, sind auch bei der Arbeit mit Tages- oder Wochenplänen Brüche und Antagonismen nicht zu übersehen. In diesem Zusammenhang nennt Huf (2001, S. 76) drei Problemfelder, in denen die Erwartungen einerseits und die Praxis andererseits auf Widersprüche stoßen:

- „Bezüglich der Inhalte schulischen Lernens ist dem Wochenplan die Widersprüchlichkeit der Vorgabe eines Arbeitspensums und der Anspruch, Schüler/innen das Lernen an frei gewählten Lernaktivitäten zu ermöglichen, inhärent.
- Bezüglich der zeitlichen Rahmenbedingungen soll Schüler/innen Zeit gegeben werden, Inhalte schulischen Lernens auf eigenen gedanklichen Lernwegen nachzuvollziehen. Gleichzeitig wird ihnen ein Zeitraum vorgegeben, innerhalb dessen Inhalte erarbeitet werden sollen.
- Zum dritten ist der Wochenplan auf eine Intensivierung der Arbeitsbeziehungen zwischen Schüler/innen bei gleichzeitiger Gewährleistung des individuellen Lernfortschritts angelegt" (HUF 2001, S. 76; Gliederungspunkte eingefügt).

Für viele Lehrerinnen und Lehrer stellen die Arbeitspläne gleichwohl einen ersten Versuch zur Öffnung des Unterrichts und zur Stärkung von Eigenverantwortlichkeit der Kinder dar. „Unterschiedliche Ebenen des Versuchs sind dabei frei festlegbar und können von ‚Geschlossenheit' bis zur ‚noch gebundenen Freiheit' alles berücksichtigen und verwirklichen" (BAUER 2003, S. 44).

## Lernen an Stationen

Da sich die Arbeit an Lernstationen[42] thematisch und zeitlich enger begrenzen lässt, kann diese Unterrichtsform eine vermittelnde Stellung zwischen traditionellem Unterricht und offenem Unterricht einnehmen (HEGELE 1999, S. 58; PETERSSEN 1999, S. 270; BÖNSCH 2002, S. 166). Auch bei der Arbeit an Lernstationen findet eine Auflösung des Unterrichts in unterschiedliche, zeitlich parallele Handlungsstränge statt. Bei der Stationenarbeit wird eine komplexe Thematik in Einzelschritte aufgelöst, die von den Kindern in einer festgelegten oder beliebigen Reihenfolge bearbeitet werden können. Die Arbeit an Stationen ermöglicht es, unterschiedliche Repräsentationsformen eines Sachverhaltes zu berücksichtigen und im Sinne Bruners (1966, S. 48) *enaktive* (handlungsorientierte), *ikonische* (bildhafte) und *symbolische* (zum Beispiel schriftsprachliche) Aufgaben zu integrieren.

❶ *Lehrperson und Stationenarbeit:*
Wenn Lehrerinnen und Lehrer wesentliche Teile ihrer beruflichen Funktion auf Materialien übertragen, ist eine besonders intensive Vorarbeit erforderlich:

> „Die eigentliche Schularbeit der Zukunft, wie sie uns vorschwebt, wird den Schüler ungleich tätiger und ungleich selbstständiger, den Lehrer ungleich zurückhaltender […] als bisher zeigen; dagegen werden die Anforderungen an die Vorbereitung sich erheblich steigern" (GAUDIG 1929, S. 189 f.).

Damit die Kinder weitgehend selbstgesteuert und eigenverantwortlich an den Stationen arbeiten können, sind präzise inhaltliche und organisatorische Vorüberlegungen erforderlich. Der Arbeitsaufwand für die Lehrperson ist erheblich, daher empfiehlt sich die Vorbereitung der einzelnen Stationen in Lehrer-Teams und die parallele Nutzung in mehreren Klassen. Um die intentionale, sachstrukturelle und methodisch-didaktische Planung für die Lehrerinnen und Lehrer überschaubar zu halten, empfiehlt es sich, ein einheitliches Strukturierungsschema für alle Stationen zu wählen (Tabelle 18). Von ausschlaggebender

---

[42] Verwendung finden auch die Begriffe: Lernzirkel, Lernstraße, Lerntheke, Stationenlernen, Stationenarbeit usw. Diese Begriffe werden teils synonym verwendet, teils werden sie gebraucht, um spezifische Ausdifferenzierungen zu bezeichnen.

| Station: Wesentliche Inhaltsmomente des zu bearbeitenden Sachverhalts | Materialien und Medien | Aktivität der Kinder | Ziel(e) | Hinweise |
|---|---|---|---|---|
| Wie heißt die Station? | Welche Arbeitsmittel stehen den Kindern zur Verfügung? | Welche konkreten Aktivitäten sind möglich, um die angestrebten Zielsetzungen zu erreichen? | Welches fachliche oder überfachliche Ziel ist dieser Station zuzuordnen? | Welche äußeren Faktoren der Organisation sind zu beachten? Welche Schwerpunkte der Arbeit können in einer Reflexion zur Sprache kommen? |

*Tabelle 18: Übersichtsblatt zur inhaltlichen und didaktisch-methodischen Darstellung von Lernstationen (*ARNOLD *u. a. 1998, S. 50)*

Bedeutung ist die Frage nach der didaktischen Eignung eines Themas. Diese kann durch eine Reihe von Kontrollfragen erkundet werden, zum Beispiel:

- Weist das Thema unterschiedliche Perspektiven auf?
- Lässt sich das Thema in sinnvolle Untereinheiten gliedern?
- Ist es unterschiedlichen Repräsentationsformen zugänglich?
- Bietet es unterschiedliche Handlungsmöglichkeiten?
- Kann es in Einzelarbeit oder in Kleingruppen erschlossen werden oder ist es auf Kommunikation im Klassenverband angewiesen?

Lernstationen können einführenden, übenden oder erarbeitenden Charakter haben. In jedem Fall müssen sie thematisch in den Unterricht eingebettet sein. Altenburg u. a. empfehlen drei Phasen: Einstieg – Arbeit an den Stationen – Reflexion (2000, S. 18 ff.). Peterßen schlägt für die unterrichtliche Umsetzung *vier Phasen* vor: Nach einer Themeneinführung und einer Erläuterung der einzelnen Stationen – wenn die Räumlichkeiten es zulassen mit einem Rundgang – folgt die selbstständige Arbeit an den Stationen. Am Ende ist eine Abschlussrunde sinnvoll, in der die Ergebnisse der einzelnen Stationen noch einmal vorgestellt und gemeinsam besprochen werden sollen (MATTES 2002, S. 57). Wichtig ist, dass die Stationen eine klare Zielbindung erkennen lassen. Natürlich sollen die einzelnen Stationen motivierend sein und den Kindern Spaß machen, aber „Spaß" allein reicht zur Rechtfertigung nicht aus.

❷ *Kinder und Stationenarbeit:*

Durch die Arbeit an Lernstationen werden die Kinder zur thematisch gerichteten Auseinandersetzung mit spezifischen Inhalten angeregt.

**▸ BEISPIEL ▶**

**1. Einstiegsphase**

Im Kreis liegen die Werkzeuge, die benutzt werden sollen. Die Kinder können sich äußern und ihre Vorerfahrungen einbringen. Wichtig ist eine korrekte Benennung der Werkzeuge. Denkbar ist auch eine Zuordnung von Wortkarten zu den Werkzeugen.

Arbeits-/Sozialform:     Kreis
Material:                        Werkzeuge
Zeitbedarf:                    etwa 15 Minuten

**2. Arbeiten an den Stationen**

| Station | Materialien und Medien | Aktivität der Kinder | Ziel(e) | Hinweise |
|---|---|---|---|---|
| **Station 1: Bohren und schrauben** | • Holzblock aus Weichholz<br>• Kreuz- und Schlitz-schrauben<br>• passende Schrauben-dreher<br>• Handbohr-maschine oder Nagelbohrer | Kinder bohren mit dem Bohrer ein Loch und drehen eine Schraube ein. | Kinder erfahren das Eindrehen von Schrauben als Arbeitsgang mit zwei Schritten (bohren und schrauben). Sie erkennen die Zuordnung von Schlitz- und Kreuzschraube zum entsprechenden Schrauben-dreher. | Zwei Kinder an einer Station zur gegenseitigen Beratung und Kontrolle. Auf senkrechtes Bohren achten! Die Schrauben sollen im Werkstück bleiben. |
| **Station 2: Nagel-halter anfertigen** | • fester Karton<br>• Schere<br>• Schablone<br>• Bleistift<br>• Nagel | Kinder zeichnen den Nagelhalter auf Karton nach Schablone auf und schneiden ihn aus. | Kinder erfahren den arbeitser-leichternden Effekt eines Sicherheits-hilfsmittels. | Der Nagel muss sicher und senk-recht im Halter klemmen. |
| **Station 2a: Nagel ein-schlagen** | • Holzstück aus Weichholz<br>• mehrere Häm-mer verschiede-ner Größe und Schwere<br>• große Nägel mit breiten Köpfen<br>• Beißzange<br>• Nagelhalter | Kinder schlagen einen Nagel unter Verwendung des Nagelhalters ein und ziehen ihn mit der Beiß-zange wieder heraus. | Kinder lernen den sachgerechten Umgang mit Hammer und Nagel. Sie erleben den unterschied-lichen Kraftauf-wand bei unter-schiedlicher Hebellänge. | Diese Station muss zur vorigen räumlich benach-bart sein. Evtl. Person für die Sicherheit ein-setzen. |

| Station | Materialien und Medien | Aktivität der Kinder | Ziel(e) | Hinweise |
|---|---|---|---|---|
| **Station 3:** **Holz** **sägen** | • Weichholzleiste • am Tisch befestigte Schneidlade • Feinsäge (ersatzweise: Schraubzwinge, Fuchsschwanz) | Kinder legen die Holzleiste ein und sägen ein Stück ab. | Kinder erfahren, dass das Sägeblatt senkrecht geführt werden muss. | Beim Einlegen der Leiste Rechts- oder Linkshändigkeit beachten. Evtl. im Gespräch klären, was Sägemehl ist. Weiterführung: Spielfiguren herstellen |
| **Station 4:** **Holz** **schmirgeln** | • grobes u. feines Schmirgelpapier • Leisten, die zuvor abgesägt wurden | Kinder schmirgeln mit verschieden gekörntem Schmirgelpapier die Schnittkanten glatt. | Kinder erkennen die Unterschiede von feinem und grobem Schmirgelpapier. | Unterlage für Abrieb auslegen. Doppelte Anlage der Station. Grobes und feines Schleifpapier der entsprechenden Nummerierung zuordnen. Einsatz eines Schleifblockes erklären. |
| **Station 5:** **Raspeln** **und feilen** | • großes Holzstück • ein Schraubstock • eine Raspel • eine Feile | Kinder raspeln in ein großes Holzstück eine Kerbe und feilen diese aus. | Kinder lernen, Raspel und Feile sachgerecht zu führen, d. h., Griff und Spitze zu fassen. | Darauf achten, dass das Werkzeug richtig gehalten wird. Arbeitsrichtung: vom Körper weg |

**3. Reflexionsphase**

Im Kreisgespräch können die Kinder ihre Erfahrungen thematisieren, ihre Probleme deutlich machen, sich gegenseitig Tipps geben und die richtige Handhabung der Werkzeuge demonstrieren. Ein wesentlicher Aspekt dieses Abschlussgesprächs ist die Anwendung des Gelernten, z. B. durch die Herstellung eines 1x1-Brettes, eines Geo-Brettes etc. Eine direkte Anknüpfung wäre auch die Herstellung von Spielfiguren aus den Leisten oder aus den Rundhölzern aus Station 3, die entsprechend weiter bearbeitet werden könnten.

| | |
|---|---|
| Arbeits-/Sozialform: | Kreis |
| Materialien und Medien: | einzelne Produkte der Kinder |
| Zeitbedarf: | etwa 15 Minuten |

*Abbildung 11: Ablauf einer Stationenarbeit für die 2. Klasse*
*(aus: ALTENBURG u. a. 2000, S. 55 f.)*

Die einzelnen Stationen sollen unterschiedliche Repräsentationsformen enthalten, mehrere Wahrnehmungskanäle einschließen und selbstständige Kontrolle bieten. Falls bei der Arbeit an einzelnen Stationen besondere Hilfen erforderlich sind, ist zu prüfen, ob die Bereitstellung von Hilfsmaterial ausreicht oder ob personale Hilfen gegeben werden müssen. Falls Hilfe durch andere Kinder organisierbar ist, sollte sie den Vorzug vor der Lehrerhilfe bekommen. Gegebenenfalls empfiehlt es sich, für einzelne Stationen ‚Experten' zu benennen, die anderen Kindern Hilfestellungen geben können.

❸ *Resümee/Probleme:*
Eine gewisse Problematik ergibt sich bei der Verbindlichkeit der Stationen. Hier stehen sich zwei unterschiedliche Modelle gegenüber, die als „Lerntheke" und „Lernstraße" gekennzeichnet werden (PETERSSEN 1999, S. 180 ff.). In der Gegenüberstellung wird der didaktische Spannungsbogen sichtbar:

● Das Thekenmodell sieht eine möglichst freie Auswahl der Stationen vor. Daher stellt sich die Frage, welche Verbindlichkeit die einzelnen Inhalte und Ziele haben, welcher unterrichtliche Wert ihnen zukommt, wenn sie gleichermaßen bearbeitet oder weggelassen werden können. Was kann die Lehrperson für den weiteren Unterricht voraussetzen, wenn sie unter Umständen nicht einmal einen Überblick darüber hat, welche Kinder welche Stationen in ihrem „persönlichen Menü" weggelassen haben?
● Dagegen werden die Stationen der Lernstraße von allen Kindern in einer verbindlichen Reihenfolge erarbeitet. Hier stellt sich die Frage nach der Mitbestimmung der Kinder und nach der Differenzierung des Lernstoffes und des Übungsangebotes.

Für alle Varianten gilt, dass die Planung der Stationen die unterschiedliche Arbeitszeit von Kindern reflektieren muss. Es ist ungünstig, wenn Kinder – wie beim Circuit-Training des Sportunterrichts – auf ein Signal hin die Arbeit an einer Station abbrechen und zur nächsten Station fortschreiten müssen (vgl. ENGELBERGER/RETTENMEIER 1993, S. 97). Unter diesen Umständen geht oft das letzte Element der Offenheit, die freie Zeitgestaltung, verloren.
Insgesamt ist die Stationenarbeit für den Bereich der Grundschule aber zu Recht als eine der bekanntesten und beliebtesten Formen des offenen Unterrichts apostrophiert worden (HEGELE 1999, S. 58). Sie eignet sich für einen mehrperspektivischen, fächerübergreifenden Ansatz im Sachunterricht ebenso wie für einen stärkeren Fachbezug. Lehrerinnen und Lehrer müssen aber der Versuchung widerstehen, Stationen (vorrangig oder ausschließlich) deshalb einzubauen, weil sie den Kindern Spaß machen. Peterßen fordert, dass sich Stationenlernen „bis in die einzelne Lernstation hinein lernzielorientiert rechtfertigen" muss. Auch wenn dieser Standpunkt für die Praxis vielleicht etwas zu puristisch klingt, sollte er als Richtschnur dienen.

„Nehmen wir … ‚Lernen an Stationen' auch begrifflich ernst, dann ist es eben kein bloßes ‚*Beschäftigen* an Stationen', bei dem anschauungsreich und handlungsverflochten lediglich längst bekanntes Erfahrungswissen von Schülerinnen und Schülern ‚eigentätig' aktiviert wird. Die intensive und vielschichtige Auseinandersetzung mit bedeutsamen Sachverhalten, Problemen und Situationen an Stationen soll zu Lernfortschritten führen" (BENKEL/BENKEL 1999, S. 57).

Obwohl die eigentliche Stärke des Stationenlernens in der multi-sensoriellen und mehrperspektivischen Präsentation eines Lerngegenstandes liegt, besteht in der Praxis die Gefahr, dass Lernstationen zur Verwertung „guter" Arbeitsblätter pervertieren und im Arbeitsblattwust untergehen.

## Projektarbeit

Von Projekten sprechen wir nur dort, wo die Planung von Lernprozessen den komplexen Zusammenhang der Handlungsfelder erfahrbar zu machen versucht und die Vermittlung der Elementartechniken an der Aufgabenperspektive einer kognitiven und praktischen Erschließung dieses Zusammenhangs ausgerichtet wird (vgl. BENNER/RAMSEGER 1981, S. 79).

Projektarbeit im Sinne der „Projektmethode" (vgl. FREY 1999, S. 155 ff.) ist in der Grundschule nur in Sonderfällen realisierbar. Für den Grundschulbereich kann man Projektarbeit im Sinne von Benner/Ramseger (1981, S. 79) definieren. Sie sprechen von Projekten, wenn komplexe Zusammenhänge in Verbindung mit der Vermittlung von Elementartechniken kognitiv und praktisch erschlossen werden. Da Grundschularbeit fast immer mit basalen Lernprozessen verknüpft ist und auf den Zusammenhang von Leben und Lernen zielt, lassen sich unter den von Benner und Ramseger formulierten Vorgaben zahlreiche grundschuladäquate Projekte gestalten. Wegen seiner Zeitlosigkeit und seiner nahezu universellen Übertragbarkeit kann das „Schulwegprojekt" als Beispiel dienen (BENNER/RAMSEGER 1981, S. 119 ff.). Es geht von Schulwegerlebnissen aus, eröffnet das reale Erleben von Entfernung und kann Schulwegkonflikte zwischen Kindern thematisieren. Von der Orientierung in der Schul- und Wohnumgebung bis zur Verkehrserziehung ergibt sich ein fächerübergreifendes Handlungs- und Lernfeld, das zahlreiche Anlässe zu selbstgesteuerten Aktivitäten bietet (s. Abbildung 11).

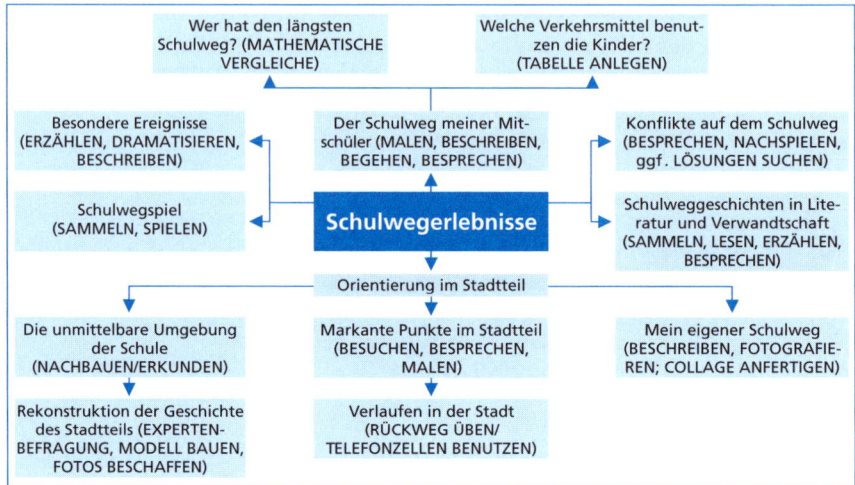

*Abbildung 12: Schulwegprojekt als Beispiel für ein Grundschulprojekt (nach BENNER/RAMSEGER 1981, S. 121)*

## Freiarbeit

„Freie Arbeit ist jene Phase im Schulalltag, während der die Schüler frei von der direkten Steuerung des Lehrers lernen und tätig sind. ... Freie Arbeit eröffnet soziale Lernprozesse" (RÖBE 1994, S. 67 f.).

Der Gebrauch des Begriffes Freiarbeit ist vielfältig und oft missverständlich. Schon bei den Reformpädagogen konnte der Begriff Unterschiedliches bezeichnen, zum Beispiel bei Maria Montessori (1870–1952), Peter Petersen (1884–1952) oder Célestin Freinet (1896–1966). Heute wird Freiarbeit als Sammelbegriff für unterschiedliche ziel- und/oder inhaltsdifferente Tätigkeiten im offenen Unterricht verwendet:

● Der Begriff Freiarbeit wird häufig benutzt, um die Individualarbeit, die Kinder im Rahmen von Tages- oder Wochenplanarbeit absolvieren, vom übrigen Unterricht zu unterscheiden.
● Freiarbeit kann auch als Bezeichnung für arbeitsteilige Phasen in einem gemeinsamen Projekt verwendet werden.
● Freiarbeit kann ferner die Individualarbeit bezeichnen für Auswahlangebote aus einem von der Lehrperson vorbereiteten Lernangebot.
● Freiarbeit kann schließlich als Ausdruck für die Arbeit an einem selbst gewählten Thema verwendet werden.

Das Gemeinsame dieser unterschiedlichen Tätigkeiten lässt sich in wenigen Worten zusammenfassen:

❶ Freiarbeit ist Arbeit.

❷ Freiarbeit verfolgt unterrichtlich legitimierte Ziele.

❸ Freiarbeit ist auf ein Ergebnis ausgerichtet.

❹ Freiarbeit unterscheidet sich von der Freibeschäftigung und der Freipause.

In dem Maße, in dem es gelingt, Arbeitstempo, Arbeitsrhythmus und Arbeitsdauer an die individuellen Bedürfnisse anzupassen, müssen sich Lehrerinnen und Lehrer auch auf individuelle Kurzpausen der Kinder einstellen. Diese eigenverantworteten „Frei-

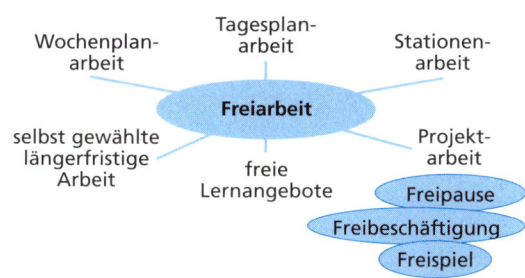

pausen", die oft zwischen zwei Aktivitätsblöcken eingeschoben werden, sind von „Freiarbeit" zu unterscheiden. Gleiches gilt für Phasen der „Freibeschäftigung". Freibeschäftigung findet statt, wenn sich Kinder in Überbrückungszeiten sinnvoll beschäftigen (Puzzle legen, Bild ausmalen, Texte lesen etc.). Zwischen diesen beschäftigenden Tätigkeiten und der Freiarbeit bestehen substanzielle Unterschiede. Freibeschäftigungen sind Überbrückungstätigkeiten, die situationsbedingt ohne unterrichtliche Ziele erfolgen und (im Prinzip) jederzeit abgebrochen werden können.

❶ *Lehrperson und Freiarbeit:*
Die Aktivitäten der Lehrperson im Zusammenhang mit Freiarbeit hängen wesentlich von der Form ab, in der Freiarbeit stattfindet. In jedem Fall kann es während der Freiarbeit zu intensiveren Interaktionen zwischen der Lehrperson und einzelnen Kindern kommen, als dies im traditionell lehrerzentrierten Unterricht der Fall ist. Die Interaktionen werden sich in Beratung, Hilfe und Einzelbetreuung realisieren. Glöckel (1996, S. 157) hat problematisiert, dass die Lehrerin das, „was sie sonst im Klassenunterricht für alle behandelt, [...] nun einzelnen Kindern und Gruppen erklären" muss. Man kann dies aber auch anders sehen: Während die Lehrperson sich sonst an ein mittleres Klassenniveau wendet und damit die Kinder teils unterfordert, teils überfordert, kann sie sich nun relativ gezielt mit einzelnen Kindern beschäftigen. In der Zeit, in der leistungsstarke Kinder selbstständig und selbstgesteuert an den Aufgaben des Tagesplans, an einzelnen Stationen usw. arbeiten, kann sie nun leistungsschwächeren Kindern eine Aufgabe zum wiederholten Mal erläutern, kann weitere

Beispiele heranziehen, kann die Aufgabenlogik einzelner Kinder im Detail beobachten und ggf. mit minimalen Hilfen unmittelbar steuernd eingreifen.

❷ *Kinder und Freiarbeit:*
Kinder erfahren durch die Freiarbeit unterschiedliche Möglichkeiten der Mitentscheidung, Mitverantwortung und Selbststeuerung. Insgesamt können sie im Rahmen der vorhandenen Alternativen und Wahlmöglichkeiten ein Maß an Autonomie entwickeln, das ihnen im traditionellen Unterricht nicht möglich ist. Möglicherweise ist dies der Grund, warum Freiarbeit – auch wenn sie sich auf traditionelle Fächer und herkömmliche Unterrichtsinhalte bezieht – bei Kindern überwiegend sehr beliebt ist (LUDWIG 1994, S. 81).

❸ *Resümee/Probleme:*
Die Unterrichtsforschung bemüht sich seit geraumer Zeit, die Wirkung offenen Unterrichts auch empirisch zu erfassen. Zusammenfassende Darstellungen finden sich zum Beispiel bei EINSIEDLER 1981, LUDWIG 1994, JÜRGENS 1995, EINSIEDLER 1997, BRÜGELMANN 1998, HANKE 2001, LIPOWSKY 2002. Angesichts der Vielfalt von Realisierungsvarianten des offenen Unterrichts und der Mannigfaltigkeit von Unterrichtsbedingungen ist es schwierig, zu allgemein gültigen Aussagen zu kommen. Eine vorsichtige Zusammenfassung findet sich bei Brügelmann (1998, S. 33 f.):

> „Wer Kindern aus normativen Gründen mehr Selbstständigkeit zutrauen und ihnen mehr Verantwortung für ihr Lernen zumuten will,
> - hat keine empirischen Befunde zu fürchten, die grundsätzlich dagegen sprechen; […]
> - braucht generell keine Sorge zu haben, dass die Öffnung des Unterrichts auf Kosten der fachlichen Leistung geht, da diese im Mittel der Studien gleich gut oder nur geringfügig schwächer ausgefallen sind als in Regelklassen – in einzelnen Klassen sogar deutlich besser;
> - kann andererseits positive, aber im Mittel nicht dramatische Vorteile im Persönlichkeitsbereich und bei den Einstellungen zur Schule, zu den Fächern und zum Lernen erwarten; [ …]
> - sollte nicht vergessen, dass die Streuung innerhalb der untersuchten Gruppen immer deutlich größer war als die Differenz der Mittelwerte zwischen ihnen."

In der pädagogischen Studienliteratur fällt das Urteil über die Öffnung des Unterrichts überwiegend positiver aus. Nur wenige Autoren setzen sich kritisch mit dem offenen Unterricht auseinander. Während diese Reibungsverluste, Leerlauf und einen Verlust der effektiv gestalteten Unterrichtszeit befürchten (GLÖCKEL 1996, S. 157; GÜNTHER 1996, S. 38 ff.), werden an anderer Stelle hochgespannte Ziele (FAUST-SIEHL u. a. 1996, S. 44 f.) formuliert. So sollen die Kinder zum Beispiel unter „richtigem Einschätzen eigener Fähigkeiten die Lerninhalte auswählen; sich Ziele setzen; die Zeit einteilen und mit ihr auskommen; selbstständig mit der Arbeit zurechtkommen [...]." Was erst als Ergebnis eines langen Lernprozesses erwartet werden kann, wird hier zum normativen Anspruch an Grundschulkinder.

Wenn Freiarbeit Arbeit ist, die sich auf unterrichtliche Ziele ausrichtet, dann bleibt die Verantwortung der Lehrperson ungeschmälert bestehen. Offener Unterricht hebt das Spannungsgefüge zwischen Freiheit einerseits und Bindung andererseits, zwischen „Führen und Wachsenlassen"[43], zwischen der sich anbahnenden Selbstverantwortung des Kindes und der Gesamtverantwortung der Pädagogik nicht auf.

---

[43] Titel eines Buches von Theodor Litt (1880–1962) aus dem Jahr 1927.

# 6 Didaktische Orientierung

*Unterrichten vollzieht sich immer im Spannungsfeld zwischen didaktischer und pragmatischer Orientierung. Unterricht soll nicht nur Lernen ermöglichen, steuern und sichern – er soll auch anregend, flüssig und störungsfrei verlaufen. Unter diesen generellen Perspektiven gibt es keine substanziellen Unterschiede zwischen offenen und herkömmlichen Unterrichtsformen.*

Trotz der Formvarianten des offenen Unterrichts lässt sich eine gemeinsame Basis für eine didaktische Orientierung für die Arbeit mit Arbeitsplänen, für Stationenlernen, Freiarbeit und in Teilen auch für die Projektarbeit finden: Alle Formen des offenen Unterrichts

- zielen auf die Selbstständigkeit der Kinder,
- enthalten Optionen und Wahlmöglichkeiten,
- werden materialorientiert realisiert.

Sie greifen dabei auf verwandte didaktische Leitvorstellungen zurück, weisen teilweise identische Grundstrukturen auf und machen vergleichbare Planungsüberlegungen erforderlich. Dass diese angesichts der Vielfalt von Unterrichtssituationen in der Realität modifiziert werden müssen, versteht sich von selbst. Hierin unterscheiden sie sich nicht vom herkömmlichen Unterricht. Die nachfolgende *didaktische Orientierung* für offene Unterrichtsformen ist weder als Strukturschema für die „Stundenplanung" noch als Ablaufschema für den Unterricht gedacht. Ein enges Planungsraster wäre kontraproduktiv. Schließlich gehört es zu den Leitvorstellungen des offenen Unterrichts, den 45-Minuten-Schematismus traditioneller Stundenplanung zu überwinden. Diese Aussage darf jedoch nicht als Abkehr von einer differenzierten Unterrichtsplanung missverstanden werden.[44] Es ist an der Zeit, die Gleichsetzung von „Planung" und „Verplanung" zu überwinden (JÜRGENS 1994, S. 20). Es wäre ein Irrglaube, davon auszugehen, dass die Förderung von Selbstverantwortung und Selbst-

---

[44] „Man vergisst oft, dass für eine Reihe geistiger Berufe der eigentliche Arbeitsaufwand in der Vorbereitung liegt […] Der Prototyp für die vorbereitende Arbeitsweise ist und bleibt aber der Lehrer" (ROTH 1957, S. 127).

steuerung auf Seiten der Kinder zu einer Verringerung von Planungen und Entscheidungen auf der Lehrerseite führt. Es ist falsch anzunehmen, offene Formen könnten, müssten oder dürften weniger detailliert geplant werden als herkömmlicher Unterricht. Das Gegenteil ist der Fall. Vergleichen Sie die beiden Szenarien im nachfolgenden Text.

**BEISPIEL 1 ▶** Stellen Sie sich vor, dass die *Kinder* Ihrer Klasse bei einem Landschulaufenthalt in einem ungefährlichen, aber unübersichtlichen Gelände einzeln, zu zweit oder in Kleingruppen Lerngänge und selbstständige Bergwanderungen unternehmen sollten.

Es leuchtet unmittelbar ein, dass Sie diese Aktivitäten präzise vorbereiten müssen:

● Sie müssten das Gelände selbst sehr genau erkunden, die möglichen Gefahren im Voraus erkennen, um zu entscheiden, welche Risiken Sie akzeptabel finden und welche nicht.

● Sie müssten entscheiden, welche Punkte (Sehenswürdigkeiten) im Gelände auf alle Fälle erreicht werden sollen.

● Sie müssten im Voraus festlegen, was die Kinder beobachten, notieren oder sammeln sollen.

● Sie müssten vereinbaren, wann die Kinder spätestens den Rückweg antreten müssen usw.

Wahrscheinlich müssten Sie auch eine Geländeskizze anfertigen und diese den Kindern zur Orientierung mitgeben. Sicherheitshalber würden Sie ihnen mitteilen, woran sie erkennen können, dass das Wetter umschlägt und wie sie sich dann verhalten sollen: Das alles setzt Planung voraus. ◀

**BEISPIEL 2 ▶** Wenn *Sie selbst* die Leitung der Bergwanderung übernehmen, können Sie die Klasse „beisammenhalten".

● Sie können während der Wanderung „vor Ort" auf gefährliche Stellen, auf Sehenswürdigkeiten, auf Sammelbares etc. hinweisen.

● Sie können den Weg verkürzen, wenn die Kinder vorzeitig müde werden. Sie können bei Steigungen, die für einige Kinder zu steil sind, Pausen für alle einlegen (damit die Klasse beisammenbleibt) oder die Kinder Serpentinen gehen lassen.

● Sie können die Bergwanderung abbrechen, wenn Sie den Eindruck haben, dass das Wetter umschlägt.

Auch auf diese gemeinsame Bergwanderung müssten Sie sich vorbereiten: Vermutlich würden Sie ein Erste-Hilfe-Päckchen mitnehmen und für Ihre Orientierung eine Wanderkarte einpacken. Ansonsten würden Sie sich sicherlich vorbehalten, vieles ad hoc zu entscheiden. ◀

## 6.1 Didaktische Orientierung für den offenen Unterricht

Das nachfolgende Strukturschema zur didaktischen Orientierung enthält Elemente, die für *Organisation, Ablauf und Steuerung* von offenen Unterrichtsformen bedeutsam sind.

❶ *Organisation vorstellen:*

Das Thema einer neuen Unterrichtssequenz sollte für die Kinder nicht „vom Himmel fallen". Vielmehr sollten sie an Themenfindung, Zielsetzung und Planung zumindest partiell beteiligt sein. Dabei muss erkennbar werden, in welchem Zusammenhang (Unterrichtseinheit, Zuordnung zu Unterrichtsfächern etc.) der offene Unterricht steht. Die Organisationsphase wird in den meisten Fällen in einer Plenumssituation, zum Beispiel mit einem Stuhlkreis, erfolgen. Hier geht es um eine Sinn stiftende Gesamtorientierung:

- Was steht thematisch im Mittelpunkt?
- Mit welchem Ziel soll am Inhalt gearbeitet werden?

Die Erörterung von inhaltlichen Zielen ist als Teil einer sachorientierten Motivation unerlässlich. Daneben sollte aber auch angesprochen werden, wie viel Zeit den Kindern zur Verfügung steht. Der Zeitrahmen ist für Tages-, Wochenpläne, Stationenarbeit und Freiarbeit unterschiedlich präzise zu erörtern. Bei längerfristigen Vorhaben ist es sinnvoll, feste Termine zu vereinbaren, bis zu denen ein Zwischenergebnis erreicht werden soll.

❷ *Funktion darlegen:*

Wenn Kinder an der Steuerung ihres Lernens beteiligt werden sollen, dann ist es notwendig, mit ihnen zu erörtern, welche Funktion die ausgewählten Aktivitäten haben sollen. Die Offenlegung der Absichten ermöglicht es den Kindern, sich mit den Zielen des Unterrichts zu identifizieren und sie zu eigenen Zielen zu machen. Aber auch dann, wenn es dazu nicht kommt, sollen sich die Kinder im Klaren darüber sein, um was es im Einzelfall geht:

- Sollen eine Wissensbasis, ein neues Verfahren, eine neue Technik *erarbeitet* werden? (zum Beispiel den Textinhalt erfassen – neue englische Vokabeln lernen …)
- Geht es darum, eine Wissensbasis zu personalisieren und individuell zu vertiefen? (zum Beispiel „Der Herbst in meiner Wohnumgebung" – Aufbau einer individuellen Rechtschreibkartei …)
- Geht es darum, das erarbeitete Wissen, ein Verfahren oder eine Technik zu *üben* oder zu *wiederholen*? (zum Beispiel Operationen des schriftlichen Rechnens anwenden – wichtige Verkehrsregeln beachten …)
- Sollen die Kinder Wissen, ein Verfahren, eine Technik selbstständig *anwenden*? (zum Beispiel Farbauftragstechniken mit unterschiedlichen Malwerkzeugen – Samen zum Keimen bringen – Schreiben eigener Texte mit orthografischer Selbstkontrolle …)

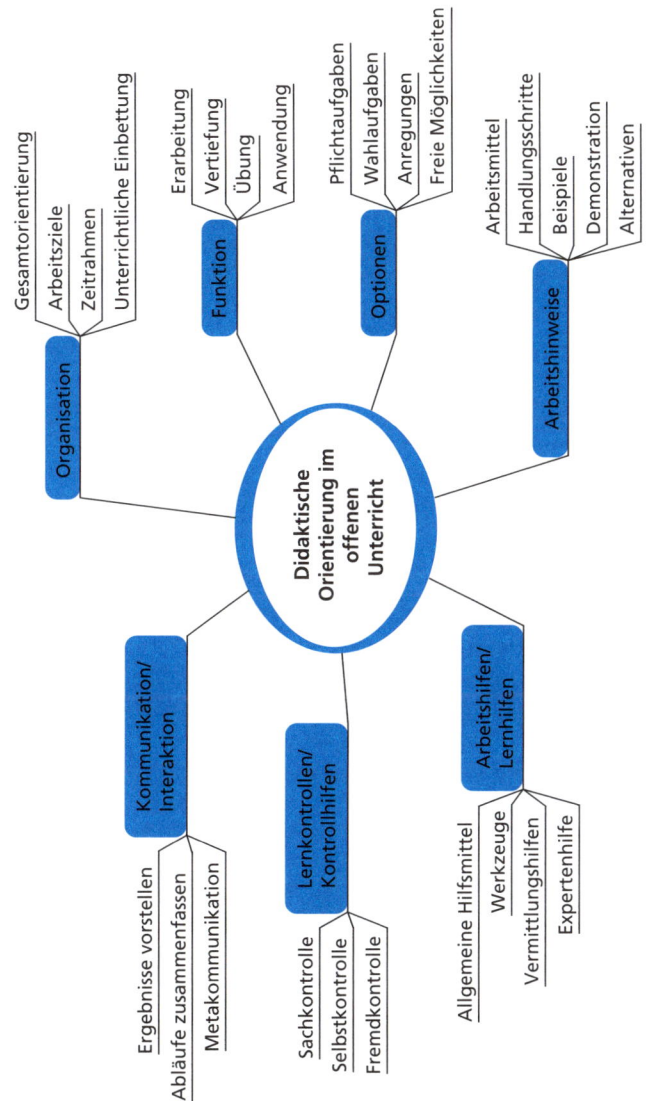

*Abbildung 13: Sieben Schritte zur didaktischen Orientierung im offenen Unterricht*

❸ *Optionen erläutern*:
Offener Unterricht enthält mehr und weiter reichende Wahlmöglichkeiten als der herkömmliche Unterricht. Weil sich Grundschularbeit aber in offenen *und* geschlossenen Unterrichtsformen vollzieht, ist es erforderlich, die Kinder klar darüber zu informieren, was in der offenen Unterrichtssituation von ihnen erwartet wird:

- Welche Pflichtaufgaben sind zu erbringen?
- Wie viele Wahlaufgaben müssen ausgewählt werden?
- Welche Verbindlichkeit haben die zusätzlichen Anregungen?
- Welcher Rahmen, welche Regeln gelten für selbstbestimmte, freie Tätigkeiten?

Eigentlich handelt es sich bei diesen Punkten um schlichte Selbstverständlichkeiten. In der Praxis hängen von ihnen aber das Arbeitsklima und die Effizienz der Arbeit insgesamt ab. Unsicherheiten und Missverständnisse bei den Kindern führen zur Unzufriedenheit und zu Enttäuschungen. Die wiederkehrende Verwendung von Farben und Symbolen zur Unterscheidung von Pflichtaufgaben/Pflichtstationen und Wahlaufgaben/Wahlstationen hilft den Kindern bei der Orientierung und bei den eigenen Entscheidungen.

❹ *Arbeitshinweise geben:*
Klare Arbeitshinweise sind unverzichtbar:

- Die Kinder müssen Gewissheit über die *Aufgabenstellung* haben.
- Sie müssen wissen, welche *Arbeitsmittel* zur Verfügung stehen: Welche Bücher werden benutzt? Welche Seiten sind wichtig? Welche Arbeitsmaterialien, Lernspiele oder didaktische Mittel werden verwendet?
- Die Kinder müssen wissen, wie etwas zu tun ist: Die *Handlungsschritte* müssen aus der Aufgabenstellung klar ersichtlich werden.
- Zusätzlich können *Beispiele* oder Ergebnisse bereitgestellt werden, an denen sich die Kinder orientieren können.
- Die Kinder müssen wissen, ob sie an vorgegebene Arbeitsschritte gebunden sind oder ob sie selbst *Alternativen* entwickeln können.

❺ *Hilfen klären:*
Wer selbstständig und eigenverantwortlich arbeitet, muss die sachlichen und personalen Ressourcen kennen, auf die im Zweifelsfall zurückgegriffen werden kann.
**Sachhilfen:** Für den Unterricht erscheint es sinnvoll, zwischen Medien, Hilfsmitteln und Vermittlungshilfen zu unterscheiden. Dabei muss man sich jedoch im Klaren sein, dass Überschneidungen möglich sind und dass die Einteilung nicht unter medientheoretischen, sondern unter unterrichtspraktischen Gesichtspunkten erfolgt:

*Medien*[45] stellen Objekte dar. Abbildungen, Modelle, Ton- und Bilddarstellungen dienen dazu, bestimmte Sachverhalte im Überblick, im Zusammenhang oder im Detail zu entfalten. Sie enthalten Informationen, die von den Kindern für die Bearbeitung von Aufgaben oder zur Überprüfung von Ergebnissen herausgefiltert und genutzt werden.

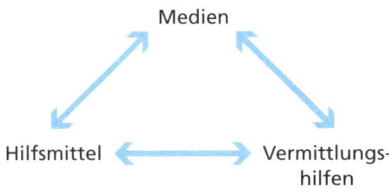

*Hilfsmittel* enthalten im Sinne der Aufgabe keine spezifischen Hinweise, sondern stellen einen allgemeinen Bestand an „Kulturwissen" zur Verfügung. Zu den Hilfsmitteln für den Unterricht zähle ich Lexika, lexikalische Karteikartensammlungen, lexikalisch orientierte Datensammlungen, Hypertexte, Wörterbücher, Landkarten, Werkzeuge wie Scheren, Pinsel, Klebstoff, Geo-Dreieck etc.

*Vermittlungshilfen* sind Denk-, Lern- oder Verstehenshinweise. Dabei kann es sich um zusätzliche Strukturierungshilfen handeln, zum Beispiel zusätzliche Zwischenüberschriften oder Randbemerkungen zu einem Text. Als Vermittlungshilfen können aber auch erläuterte Beispiele, Verlaufsdiagramme oder Strukturierungshinweise (Tafelanschrieb, Plakat) dienen, zum Beispiel:

| Was suchen wir? | Was wissen wir? | Was folgt daraus? | Wie lässt sich das Ergebnis überprüfen? |
|---|---|---|---|
| Wie lautet die Aufgabe? Welches Problem soll gelöst werden? | Welche Fakten liegen vor? Wo kann ich weitere Hilfe finden? ... | Was kann ich mit dem Teilwissen anfangen? Welche Fakten müssen in Beziehung gesetzt werden? | Was habe ich erwartet? Gibt es Lösungsvorgaben? Was kann ich aus dem Ergebnis folgern? ... |

*Tabelle 19: Strukturierungshinweise*

**Personale Hilfen:** Offener Unterricht beschränkt sich nicht auf Sachziele. Er hat immer auch eine personale Komponente: Hilfe geben und Hilfe annehmen sind wesentliche Ziele des sozialen Lernens. Als Sonderform hierzu kann die „Experten-Hilfe" eingeführt werden, bei der Kinder (nach einer entsprechenden Vorbereitung durch die Lehrperson) für eine bestimmte Aufgabe, Station oder Verfahrensfrage als Helfer und Berater der anderen Kinder fungieren. Auch Lehrerinnen oder Lehrer werden im offenen Unterricht häufig personale

---

[45] Softwaremedien, die eine lehrerunabhängige Unterweisung anstreben, werden hier ausgeklammert (vgl. Topsch 2002, S. 127 ff.).

Hilfen (von Person zu Person) durch direkte Unterweisung geben. In diesen kurzen Phasen des Einzelunterrichts erhalten Lehrerinnen und Lehrer konkrete Hinweise auf die Denk- und Verstehensweisen von Kindern und einen genaueren Einblick in deren individuelle Lösungsstrategie. Wahrscheinlich kommen sie in diesen Phasen näher an ihre Profession heran als in Situationen, in denen sie die ganze Klasse unterrichten: Der wichtigste Teil dieses Berufes ist *nicht*, Inhalte zu vermitteln, sondern den Kindern dabei zu helfen, *selbst* zu lernen. Dafür müssen Lehrerinnen und Lehrer lernen, Hilfen erst dann zu geben, wenn das Kind sie braucht. Wenn dem Kind eine helfende Frage gestellt oder eine andere Hilfe gegeben wurde, braucht es Zeit, diese Hilfe auch zu verarbeiten. *Der Lehrer* kann vermutlich zu jedem Buchstaben des Alphabets den Vorgänger und den Nachfolger direkt angeben. *Er* kann im kleinen Einmaleins auf jede Position direkt zurückgreifen – seine Grundschüler können das (noch) nicht. Vielmehr benötigen sie Zeit, sich die Strukturen wieder ins Bewusstsein zu rufen. Eine zu frühe Hilfe ist nicht nur nicht förderlich, sondern kann in dreifacher Weise das Lernen behindern:

- Eine zu frühe Hilfe greift der Entscheidung des Kindes darüber, ob es Hilfe in Anspruch nehmen will, vor. Sie entmündigt das Kind in diesem Punkt.
- Eine zu frühe Hilfe unterbricht den Denkprozess des Kindes.
- Eine zu frühe Hilfe ist demotivierend, weil sie dem Kind verdeutlicht, dass *ihm* die Lösung nicht zugetraut wird.

Machen Sie sich bitte klar, dass eine zu frühe Hilfe schlechter sein kann als keine Hilfe: Wenn Sie bei einem Kreuzworträtsel nicht weiterkommen, dann bleibt Ihnen immerhin die Hoffnung, dass Sie das gesuchte Wort irgendwann (durch Hinweise aus anderen Zeilen oder Spalten) doch noch finden werden. Wenn Ihnen dagegen jemand das Lösungswort mitteilt, dann sind Sie gescheitert. Sie *können* nun nicht mehr selbst darauf kommen.

⑥ *Kontrollformen klären:*
Wenn Kinder eine begrenzte Verantwortung für ihr Lernen übernehmen, was durch offene Unterrichtsformen zumindest im Ansatz ermöglicht wird, dann ist es erforderlich, ihnen – ein Stück weit – auch die Kontrolle zu übertragen. Etwas zugespitzt kann man formulieren, dass zur Öffnung des Unterrichts auch eine Öffnung der Kontrolle gehört. Lernkontrollen sollen möglichst unspektakulär verlaufen. Um die negative Konnotation, mit der der Begriff ‚Kontrolle‘ im Allgemeinen behaftet ist, zu überwinden, sollten Kinder Lernkontrollen möglichst als Teil des eigentlichen Lern- oder Arbeitsvorganges erleben. Dafür müssen *geeignete Kontrollhilfen* zur Verfügung stehen, die den Kindern einerseits eine exakte Lösungskontrolle ermöglichen und ihnen andererseits implizit Eindrücke über die anzuwendenden Standards vermitteln. Analytisch lassen sich drei Formen der Kontrolle unterscheiden:

- Die *Sachkontrolle* ergibt sich oft als Funktion eines Materials oder einer Tätigkeit, zum Beispiel dadurch, dass etwas wie bei einem Puzzle „nicht passt". Beim Flötespielen ergibt sich die Sachkontrolle aus der erkennbaren Melodie, beim Schleifebinden dadurch, dass die Schleife „sitzt". Die Sachkontrolle ist vielen Montessori-Materialien inhärent: Die Richtigkeit der Lösung ergibt sich aus der Stimmigkeit der Anordnung. Eine weitere von außen ansetzende Kontrolle ist nicht erforderlich. Dieses Prinzip wurde auf viele Arbeitsmittel übertragen. Es sollte – wenn auch mit Abstrichen – möglichst auch bei der Gestaltung von Arbeitsblättern berücksichtigt werden.
- Die *Selbstkontrolle* kann mithilfe eines Lösungsbogens, einer Lösungsschablone oder ähnlicher Materialien durch die Kinder selbst erfolgen. Anders als bei der Sachkontrolle, die sich bereits während der Arbeit ergibt, muss die Arbeit erst abgeschlossen werden, ehe sie durch eine Selbstkontrolle überprüft wird. Im Prinzip hakt das Kind bei der Selbstkontrolle die richtigen oder falschen Lösungen wie eine Lehrerin oder ein Lehrer ab und führt anschließend selbstständig die notwendigen Korrekturen aus. Korrektursicherheit gewinnt das Kind durch die von der Lehrperson zur Verfügung gestellten Lösungs- oder Kontrollhilfen.
- Die *Fremdkontrolle* erfolgt in ähnlicher Weise. Wenn sie als Partnerarbeit organisiert wird, dann ist sie ebenfalls auf entsprechende Kontrollhilfen angewiesen. Bei der Fremdkontrolle erfährt das Kind zwar, welche Ergebnisse falsch waren und nachgebessert werden müssen, aber es hat die richtige Lösung noch nicht gesehen. Es kann diese also noch selbst finden. Dies zeigt, dass der pädagogische Wert der Fremdkontrolle nicht gering geschätzt werden sollte. Allerdings muss diese nicht immer durch die Lehrperson selbst erfolgen. Sie kann auch an vorher eingewiesene ‚Helfer' erfolgen. Komplexe Kontrollen müssen dagegen auch weiterhin von der Lehrperson vorgenommen werden.

**❼ *Kommunikation/Interaktion planen:***
Es ist unabdingbar, dass am Ende einer längeren Phase offenen Unterrichts die einzelnen Ergebnisse besprochen und in den thematischen Gesamtzusammenhang eingebettet werden. Als Organisationsform kann der Stuhlkreis gewählt werden. Je nach Art und Inhalt der Arbeit kann es sich aber auch um das Aufbauen einer Mini-Ausstellung (auf einem Ausstellungstisch oder auf der Fensterbank), um einen Rundgang in der Klasse (Stationen) oder um andere Formen handeln. Dieser abschließenden Aktivität kommt unter drei Gesichtspunkten Gewicht zu:

● Die Kinder lernen die Arbeiten der anderen kennen. Sie werden Ähnlichkeiten und Unterschiede feststellen. Sie lernen implizit, diese zu tolerieren und auszuhalten.

● Die Lehrperson sollte die abschließende Phase nutzen, das Gesamtergebnis der Arbeit zusammenzufassen und vielleicht in Form eines Tafelbildes, eines Wandposters, gegebenenfalls auch in Form eines „Merksatzes" strukturiert verfügbar zu machen. Es kann noch einmal verdeutlicht werden, wo die Schwerpunkte lagen, was die Kinder dazugelernt haben, was sie sich einprägen sollten und wozu sie es künftig (und sei es nur im weiteren Unterricht) verwenden können.

● Schließlich gibt die zusammenfassende Schlussrunde auch Gelegenheit zur Metakommunikation. Die Kinder können sich darüber austauschen, was ihnen Spaß gemacht hat, was sie schwer fanden usw. Es kann zur Sprache kommen, was sie sich vorgenommen hatten und was davon in der vorgegebenen Zeit erreichbar war.

### Resümee

In offene Lernsituationen sollen Kinder möglichst allmählich hineinwachsen. Eine klare Strukturierung der Arbeitssituation durch eine entsprechende Vorbereitung, Einführung und Begleitung durch die Lehrkraft soll die Kinder in die Lage versetzen, die folgenden Fragen zu beantworten:

❶ Was soll ich tun?
❷ Wie viel Zeit habe ich dafür?
❸ Was darf ich auswählen?
❹ Wie viel muss ich auswählen?
❺ Wie soll ich vorgehen?
❻ Welche Hilfen kann ich benutzen?
❼ Wie kann ich meine Arbeit überprüfen?
❽ Woran arbeiten andere Kinder?
❾ In welchem Zusammenhang steht meine Arbeit damit?
❿ Was kann ich in eventuell verbleibender Zeit tun?

## 6.2 Didaktische Orientierung für den traditionellen Unterricht

Auch der herkömmliche Unterricht bedarf der didaktischen Orientierung. Er findet sie in unterschiedlichen didaktischen Modellen. Hier spielen die lern-lehrtheoretische Didaktik, die von einer Gruppe um den Berliner Didaktiker Paul Heimann entwickelt wurde (daher „Berliner Didaktik"), und die bildungstheoretische Didaktik, vor allem die „Didaktische Analyse" und die „Kritisch-konstruktive Didaktik" von Wolfgang Klafki, eine herausragende Rolle (zur Darstellung dieser und weiterer Modelle vgl. u. a. PETERSSEN 1998; KRON 2000; HINZ 2002; KIPER/MEYER/TOPSCH 2002). Überlegungen, die sich auf konkrete Unterrichtspraxis beziehen, orientieren sich in weiten Teilen an der Berliner Didaktik/am Berliner Modell. Dies gilt auch für die nachfolgende didaktische Orientierung (vgl. zum Folgenden TOPSCH 2004, S. 129), die Gliederungspunkte beziehen sich auf die Abbildung 12, S. 116.

❶ *Kontext beachten:*
Unterricht findet immer unter bestimmten Kontextbedingungen statt (anthropogene und gesellschaftliche Voraussetzungen). Dabei erscheinen zwei Bereiche für die Grundschularbeit von besonderer Bedeutung:

- Die *Alters- und Entwicklungsorientierung* ist der erste und unverzichtbare Filter, durch den alle weiteren Überlegungen laufen müssen und der alle weiteren pädagogischen Entscheidungen und Umsetzungsschritte modifiziert.
- Ebenso unverzichtbar ist die *Berücksichtigung physiologischer Rhythmen* und Bedürfnisse. Wer unterrichtet, sollte berücksichtigen, dass Lernen eine körperliche Basis hat und physiologischen Rhythmen unterliegt. Diese sind „von außen" kaum erfassbar und den Betroffenen selbst oft nicht bewusst. Dennoch ist es nicht möglich, ihre Existenz auf Dauer zu negieren.

Alle Planungen und unterrichtlichen Entscheidungen (Ziele, Inhalte und Verfahren) werden letztlich von Annahmen über die alters- und entwicklungsbedingten Kompetenzen der Kinder und vom situativen Kontext – hierzu gehören auch die körperlichen Bedürfnisse der Kinder – überlagert.

❷ ❸ *Thema begründen und Vorwissen erweitern:*
Die Themen des Unterrichts ergeben sich aus Richtlinien, Schulbüchern, Standortplänen, jahreszeitlichen Bezügen, durch Medien oder aktuelle Anlässe. Lehrerinnen und Lehrer sind bei der Themenwahl in der Regel nicht frei, haben aber doch einen erheblichen Einfluss, der aktiv gestaltet und verantwortet werden muss. Eine Beschränkung auf den diffusen Eindruck, dass das Thema „passt", reicht nicht aus. Lehrerinnen und Lehrer sollten die Themenwahl in jedem Fall für sich selbst begründen können: Wer selbst nicht weiß, warum ein bestimmtes Thema unterrichtet werden soll, dem wird es schwer fallen, die Kinder zu motivieren.

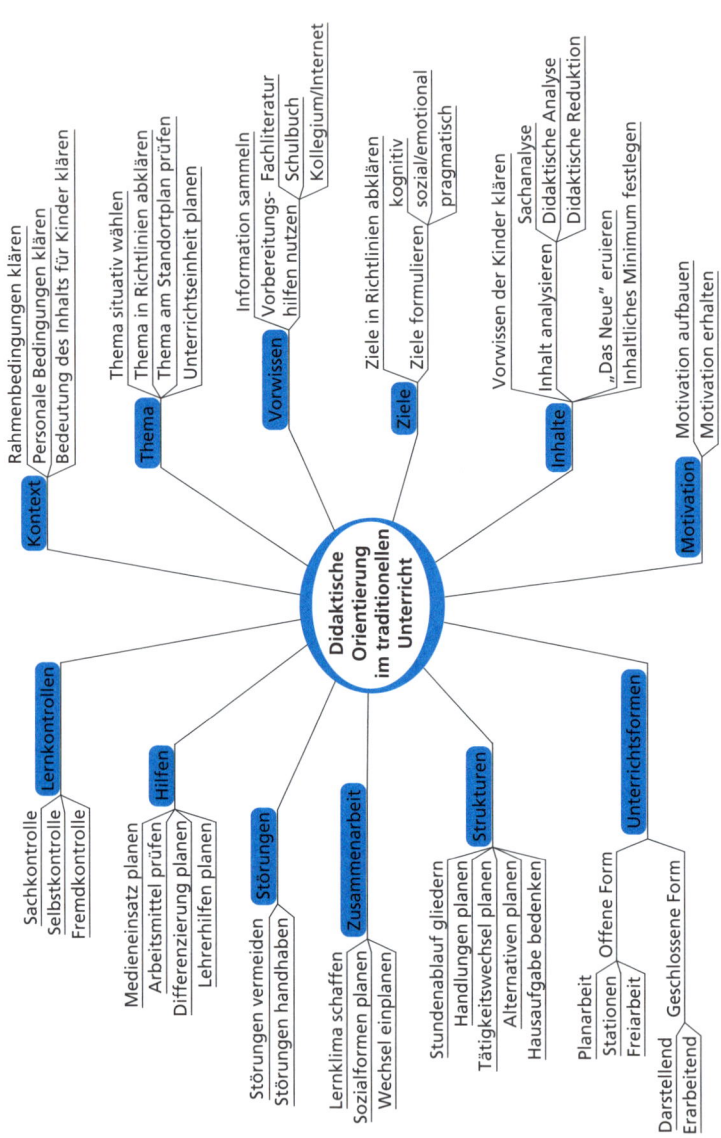

*Abbildung 14: Zwölf Schritte zur didaktischen Orientierung im traditionellen Unterricht (vgl. TOPSCH 2004, S. 130)*

Eine längerfristige Planung ermöglicht es, das eigene Faktenwissen zu einzelnen Themen aufzufrischen oder überhaupt erst ein ausreichendes Faktenwissen aufzubauen. Wer in der Grundschule unterrichtet, wird sich – anders als die meisten Fachlehrer im Gymnasium – mit vielen Themen befassen müssen, auf die er nicht durch das Lehramtsstudium vorbereitet wurde. Dies birgt die Gefahr in sich, dass Unterricht vor allem unter pragmatischen Gesichtspunkten vorbereitet und durchgeführt wird. Ein vorgefertigtes „gutes Arbeitsblatt" kann aber das erforderliche Sachwissen nicht ersetzen, weil sich individuelle Hilfen, Differenzierungen oder einsichtige Strukturierungen meist erst aus einem klarem Sachverständnis ergeben, über das die Lehrperson verfügt.[46]

| Thematik | Inhalte | Ziele | |
|---|---|---|---|
| Pflanzen und Tiere | Die Feuerbohne: Samen – Keimung – Wachstum | kognitiv | Teile der Pflanze benennen, Voraussetzungen für die Entwicklung der Pflanze kennen, Wachstum beobachten, Messtabelle führen |
| | | emotional | Achtung und Verantwortung gegenüber Pflanzen (und Tieren) entwickeln |
| | | pragmatisch | korrekte Pflanzenpflege in der Klasse oder im Schulgarten durchführen |

*Tabelle 20: Thematik, Inhalte, Ziele und Zieldimensionen im Unterricht*

❹ ❺ *Ziele bestimmen und Inhalte analysieren:*
Thematik, Inhalte und Ziele bilden in der Praxis häufig eine Einheit. Es ist aber zweckmäßig, sie in der didaktischen Orientierung zu trennen, weil sie Unterschiedliches in den Blick nehmen. Die Vertreter der lern-lehrtheoretischen Didaktik („Berliner Modell") haben die Unterscheidung von drei *Zieldimensionen (kognitiv, emotional, pragmatisch)* eingeführt (SCHULZ 1965, S. 27). Diese Unterscheidung der Zieldimensionen ist für die Analyse und Planung von Unterricht hilfreich. Sie leitet die Lehrperson dazu an, das intentionale Geflecht des Unterrichts genauer in den Blick zu nehmen.
Allerdings sollte auch nicht übersehen werden, dass Lehr- und Lernhandlungen selten eindimensional sind. Lehrer und Kinder verfolgen meist mehrere Ziele gleichzeitig: Ein Kind, das eine Informationsseite zum Thema „Dinosaurier" anlegt, interessiert sich vermutlich für dieses Thema. Sicherlich will es mit seiner freiwilligen Zusatzleistung aber auch Anerkennung gewinnen.

---

[46] Es gilt, worauf Edgar Dale schon in den Siebzigerjahren verwiesen hat: „You cannot see any further into a generalization then your knowledge of its details extends" (DALE 1972, S. 35).

Während die *Sachanalyse* das fachwissenschaftliche System auslotet, Details und Spezifikationen betrachtet, stellt die *Didaktische Analyse* die Perspektive des Kindes und die Zugänglichkeit der Sache in den Vordergrund (vgl. Klafki 1996, S. 251–284). Wichtige Fragen in diesem Zusammenhang sind: Welche Reduktion muss die fachliche Thematik durchlaufen, um ein Unterrichtsthema zu werden? Wie vertraut sind die Kinder bereits mit dem Sachverhalt? Was ist voraussichtlich das „Neue" an diesem Thema für die Kinder? Was sollen die Kinder nach dem Unterricht besser können, besser verstehen als vorher, und wie kommt es zum Ausdruck? In jedem Fall müssen die geltenden Richtlinien bei der Auswahl von Themen und bei der Analyse von Inhalten herangezogen werden. Sie schaffen Standards, die die Gesellschaft zu Recht von Schule und Unterricht erwartet, und lassen gleichzeitig Raum für Standortpläne und aktuelle Bezüge. Neuere Richtlinien enthalten oft mehr als gesellschaftliche und fachwissenschaftliche ‚Begründungslyrik'. Sie nennen Themen, nehmen deren Zuordnung zu Unterbereichen des Faches vor, formulieren Realisierungshinweise, benennen Mindestanforderungen und geben Hilfen zur Leistungsmessung.

**❻ *Motivation:***
Motivation ist eine wesentliche Voraussetzung für erfolgreichen Unterricht. Da Lehrerinnen und Lehrer bei geschlossenen Unterrichtsformen die ganze Klasse als Adressat betrachten müssen, stellt die Motivation ein komplexeres Problem dar als bei offenen Formen. Offene Situationen sehen häufiger individuelle Entscheidungen für die Kinder vor und bieten ihnen mehr Handlungsmöglichkeiten. Daher kann ein Lerninhalt von ihnen eher in einem motivierenden Kontext erlebt werden als beim geschlossenen Unterricht.

**❼ ❽ *Unterricht strukturieren:***
Da es im Grundschulunterricht in der Regel einen *Wechsel zwischen offenen und geschlossenen Unterrichtsformen* gibt, muss anhand konkreter Merkmale, Zeit, Materialien etc. zunächst eine Entscheidung darüber getroffen werden, ob der Unterricht eher lehrerzentriert oder in offener Form, etwa als Tagesplan, Wochenplanarbeit, Stationenarbeit, Projektarbeit oder Freiarbeit erfolgen soll. Aus dieser Entscheidung ergeben sich die weiteren Verfahrensschritte.

● *Unterrichtsphasen als Strukturierungsfaktor*
   Unterricht ist in der Regel in Phasen gegliedert. Die große Zahl der unterschiedlichen Gliederungsvorschläge lässt im Wesentlichen vier Phasen erkennen: Einführung – Darbietung/Erarbeitung – Übung – Anwendung. Häufig werden die letzten beiden Phasen auch als ‚Sicherung' zusammengefasst, sodass sich eine Gliederung in drei Phasen ergibt: Eingangsphase – Erarbeitungsphase – Sicherungsphase (Bönsch 1996, S. 144).

● *Inhalt als Strukturierungsfaktor*
Viele Sachverhalte enthalten Ablaufstrukturen, die der Unterricht nicht übergehen kann. Das ist häufig bei motorischen Abläufen der Fall, zum Beispiel beim Schreibenlernen, bei dem von wenig differenzierten Vorformen schrittweise zu teilweise stark differenzierten Endformen fortgeschritten wird (vgl. TOPSCH 2003, S. 776 ff.). Aber auch bestimmte Verfahrensabläufe, zum Beispiel beim schriftlichen Dividieren, die sich als Konvention durchgesetzt haben oder in Schulbüchern und Richtlinien vorgegeben werden, legen bei ihrer Einführung eine bestimmte Struktur des Unterrichts nahe.

● *Methodisches Vorgehen als Strukturierungsfaktor*
Arbeitsmethoden, Präsentationsformen, Medien und Sozialformen strukturieren den Unterricht. Ihr Wechsel wird von den Kindern meist als motivierend empfunden. Er gliedert den Ablauf des Unterrichts und trägt zur Belebung bei.

**⑨ ⑩** *Zusammenarbeit fördern und Störungen vermeiden:*
Seit der Reformpädagogik wird den sozialen Interaktionen im Klassenzimmer erhöhte Aufmerksamkeit gewidmet. Möglichkeiten zur Zusammenarbeit haben zweifellos eine motivierende Wirkung auf die Kinder. Im Anschluss an die ‚Berliner Didaktik' ist es üblich geworden, *Plenumsarbeit, Gruppenarbeit, Partnerarbeit* und *Einzelarbeit* zu unterscheiden.

● Vorteile der sozialen Interaktion von Kindern im Rahmen des traditionellen Unterrichts liegen in einer Erhöhung der Schüleraktivität, die mit einer Reduzierung der Lehrerdominanz verbunden ist.
● Nachteile oder Probleme können sich dann ergeben, wenn interne Gruppenkonflikte auftreten, Abhängigkeiten zwischen den Kindern entstehen oder wenn sich ungleiche Aktivitätsverteilungen verfestigen.

*Störungen* sind ein normaler Bestandteil von Unterricht: Eine planende Voraussicht auf Unterricht muss sich deshalb mit der Frage beschäftigen, an welchen Stellen des Unterrichts ablaufbedingt Störungen zu erwarten sind und welche Motivationshilfen sinnvoll eingesetzt werden können (s. Kap. 8).

**⑪ ⑫** *Hilfen und Kontrollen:*
Hilfen und Kontrollen in herkömmlichen Unterrichtsformen unterscheiden sich nicht prinzipiell von denen des offenen Unterrichts. Auch hier müssen die Kinder wissen, welche Hilfen ihnen zur Verfügung stehen und wie man sie benutzt. In vergleichbarer Weise kann man auch hier zwischen *Sachkontrolle, Selbstkontrolle* und *Fremdkontrolle* unterscheiden. Allerdings verschieben sich die Gewichte zwischen den Positionen. In der Regel dominiert die Fremdkontrolle durch die Lehrperson. Daher sollte auch im Rahmen herkömmlichen Unterrichts geprüft werden, ob und in welcher Form eine Balance zwischen den einzelnen Kontrollformen erreicht werden kann.

# 7 Leistung bewerten

*Leistungsbewertung gehört zu den besonders problematischen Bereichen in der Schule. In ihr fließen die unterschiedlichen Erwartungen der Beteiligten (Kinder, Eltern, Lehrer, Gesellschaft) zusammen. Die dabei vorausgesetzte Objektivität der Bewertung ist meist nicht zu gewährleisten, weil im Unterricht Beobachtung und Interpretation oft unmerklich ineinander übergehen. Lehrerinnen und Lehrer müssen sich daher darum bemühen, die Kategorien „Messen" und „Bewerten" klar voneinander zu trennen.*

## 7.1 Funktionen und Bezugssysteme

| Funktionen | Ziele |
|---|---|
| Bericht | Bericht über den erreichten Lernstand, Ermittlung von Rückständen, Rückmeldung an das Kind und seine Eltern |
| Beratung | Aufzeigen von Hindernissen und Hinweise auf deren Überwindung; Aufzeigen von Lern- und Handlungsperspektiven und Hinweise auf deren Realisierung |
| Berechtigung | Eröffnen erweiterter Möglichkeiten aufgrund von Qualifikationen, Zuweisung zu Institutionen und Stufen des Bildungssystems; Begründung eines speziellen Förderanspruchs; Zuweisung zu bestimmten Fördereinrichtungen |

*Tabelle 21: Funktionen der Leistungsbewertung in der Schule*

Zensuren können unterschiedliche Funktionen zugewiesen werden. Zusammenfassend lassen sich diese den Bereichen Bericht – Beratung – Berechtigung zuordnen. Die ersten beiden Funktionen sind auf *Diagnose, Rückmeldung* und *Lernsteuerung* ausgerichtet, während die dritte Funktion eher die *Selektionswirkung* der Schule in den Blick bringt. Die Tabelle zeigt aber, dass sich gesellschaftliche und pädagogische Erwartungen nicht klar voneinander trennen lassen: Beratung hat nicht nur eine pädagogische Funktion, sondern kann als Schullaufbahnberatung auch eine selektionsfördernde Wirkung haben. Umgekehrt bringt aber die Kategorie Berechtigung nicht ausschließlich die Selektion in den Blick, sondern auch den pädagogisch begründeten Anspruch auf besondere Fördermaßnahmen.

Wer Bewertungen vornimmt, bezieht sich implizit oder explizit auf eine Normvorstellung. Diese Bezugsnorm kann ganz unterschiedliche Ausrichtungen haben. Die schulische Leistungsbewertung orientiert sich in der Regel an einer Sozialnorm, einer Sachnorm oder einer Individualnorm.

● Bei der *Sozialnorm* wird auf eine Gruppe von vergleichbaren Kindern (meist die Kinder der eigenen Klasse) Bezug genommen. Diese Bezugsnorm ist in der Schule insgesamt weit verbreitet. Ihre Nachteile sind seit langem diskutiert worden (vgl. INGENKAMP [9]1995). Sie liegen vor allem in der Abhängigkeit von der Klassenzusammensetzung und der daraus resultierenden mangelnden Vergleichbarkeit der Bewertungen. Hinzu kommt die explizite oder implizite Orientierung an der Normalverteilungskurve (ZIELINSKI 1974, S. 905; WENGERT 2000, S. 244). Dabei wird der Bewertungsschlüssel so angepasst, dass in etwa eine ‚Normalverteilung' entsteht. Dieser Ansatz betont die Selektion und steht daher in einem klaren Zusammenhang mit der Berechtigungsfunktion.

● Als *Sachnorm* wird die Bezugnahme auf das Erreichen definierter Ziele verstanden. Hierbei kommt es nicht darauf an, wie ein Kind im Vergleich zu seiner Lerngruppe abschneidet, sondern darauf, in welchem Maße seine Leistung dem Unterrichtsziel entspricht. Insgesamt hat die Sachnorm eine gewisse Nähe zur Berichtsfunktion. Im Unterschied zur Sozialnorm wird die Zahl der guten und sehr guten Leistungen nicht durch die Normalverteilungsannahme begrenzt. Dies ist unter pädagogischen Gesichtspunkten unbestreitbar von Vorteil. Ein Nachteil liegt in der komplexen Handhabbarkeit der Sachnorm. Sie ergibt sich daraus, dass viele Leistungen nicht auf ein Kriterium (erreicht – nicht erreicht) beziehbar sind, sondern nur als Annäherung an das Ziel erfasst werden können.

● Von einer *Individualnorm* spricht man, wenn die aktuelle Leistung eines Kindes mit seinen früheren Leistungen in Beziehung gesetzt wird. Es ist nachvollziehbar, dass diese Form der Bewertung eine starke Affinität zur Beratungsfunktion aufweist. Der Vorteil dieses Ansatzes liegt darin, dass von der Orientierung am eigenen Lernfortschritt eine hohe Motivation ausgehen kann. Schiefele spricht in diesem Zusammenhang von einem motivationalen Primat (1993, S. 181 f.). Zugleich verliert eine Bewertung im Rahmen der Individualnorm aber an Prägnanz und Praktikabilität in anderen Bereichen.

## 7.2 Formen der Bewertung

„Alles pädagogische Geschehen in der Grundschule steht unter dem Anspruch der Förderung des Kindes" (FAUST-SIEHL u. a. 1996, S. 121). Dieser Anspruch gilt auch für die Leistungsbewertung. Sie kann in unterschiedlichen Formen erfolgen. Im Grundschulbereich haben Diskussionen über die Verbalbewertung

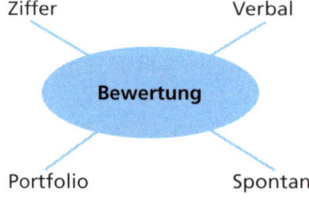

und die Ziffernbewertung Tradition. Seit dem Beschluss der Konferenz der Kultusminister zur Arbeit in der Grundschule vom 02.07.1970 ist eine Verbalbeurteilung zumindest in der ersten Klasse möglich. Zur „Beurteilung in freier Form" tritt in der Regel noch in der Grundschulzeit die Ziffernnote hinzu. In den einzelnen Bundesländern gibt es hierfür jedoch unterschiedliche Regelungen (vgl. REBITZKI 2003, S. 90 f.).

## Ziffernbewertung

Das Standardwerk zur „Fragwürdigkeit der Zensurengebung" (INGENKAMP 1971/⁹1995) hat die Zensurenkritik in den letzten Jahrzehnten stark beeinflusst. In einer Vielzahl von Einzeluntersuchungen wurden Mängel der Ziffernbewertung in folgenden Bereichen nachgewiesen:

- *Objektivität* (Leistung wird in verschiedenen Klassen unter unterschiedlichen Bedingungen erhoben und ausgewertet),
- *Reliabilität* oder Zuverlässigkeit (gleiche Leistungen werden unterschiedlich bewertet),
- *Validität* oder Gültigkeit (die Bewertung wird von sachfremden Momenten beeinflusst).

Im Schulalltag werden Zensuren in der Regel im Rahmen des klasseninternen Bezugssystems (*Sozialnorm*) vergeben. Wie eine Leistung bewertet wird, hängt daher nur zu einem Teil von der Leistung selbst ab. Das Abschneiden der anderen Kinder in der Klasse spielt eine wesentliche Rolle. „Das bedeutet, dass das Schulschicksal eines Kindes in erheblichem Maße von der Situation der Klasse abhängt, in die es mehr oder weniger zufällig hineingerät" (INGENKAMP 1989, S. 59; zu weiteren Kritikpunkten und Fehlerquellen vgl. SACHER 1996). Eine Ziffernbewertung kann jedoch auch unter der *Sachnorm* erfolgen. Die Problematik, die sich dabei ergibt, ist eine andere: Kinder erreichen das vorab festgelegte Leistungskriterium in der Regel nicht vollständig, sondern nur in Annäherungen. Diese Annäherung kann durch Punkte oder Prozentzahlen ausgedrückt werden, die dann der Notenskala zugeordnet werden müssen (s. Tabelle 22). Solche Umrechnungstabellen sehen recht exakt aus, lösen das Problem der Leistungsbewertung aber überhaupt nicht. Woran sollen Lehrerinnen und Lehrer nachvollziehbar und überprüfbar festmachen, ob sich ein Schüleraufsatz zu 81 Prozent oder nur zu 80 Prozent an das Ziel angenähert hat? Im ersten Fall sollte das Kind eine Zwei, im zweiten Fall eine Drei erhalten. Es kommt hinzu, dass die Prozentintervalle der Tabelle 22 unterschiedliche Spannweiten haben: In einer Zwei verbergen sich mehr als doppelt so viele Prozentpunkte wie in einer Eins – in einer Fünf sind es mehr als viermal so viele. Dies bedeutet, dass die Leistungen, die mit einer Eins bewertet werden, relativ homogen sind, während Leistungen, die mit einer schlechten Note bewertet werden, relativ weit streuen. Je nach der Gesamtzahl der Punkte treten technische Probleme hinzu: Wenn bei einer Arbeit maximal 32 Punkte erreicht werden können (100 Prozent), dann entsprechen 81 Prozent umgerechnet 25,9 Punkten (= 26 Punkte), und 80 Prozent entsprechen 25,6 Punkten (= 26 Punkte). Erreicht ein Kind also 26 von 32 Punkten, dann wäre seine Leistung *entweder* als Zwei *oder* als Drei zu bewerten – was die scheinbare Exaktheit der Skala ad absurdum führt. Zu bedenken ist schließlich, dass diese Einteilung nicht etwa ‚naturgegeben' ist, sondern eine Konvention darstellt – die in anderen Bundesländern keine Gültigkeit hat.

| Erreichte Leistung | Note | Prozentintervall |
|---|---|---|
| 100 v. H. bis 95 v. H. | 1 | 6 Prozentpunkte |
| 94 v. H. bis 81 v. H. | 2 | 14 Prozentpunkte |
| 80 v. H. bis 66 v. H. | 3 | 15 Prozentpunkte |
| 65 v. H. bis 51 v. H. | 4 | 15 Prozentpunkte |
| 50 v. H. bis 26 v. H. | 5 | 25 Prozentpunkte |
| 25 v. H. und weniger | 6 | 25 Prozentpunkte |

*Tabelle 22: Bewertungsschlüssel für Klassenarbeiten (vgl. KM Sachsen-Anhalt, RdErl. vom 02.07.2003)*

Insgesamt kann festgehalten werden: Die Ziffernbewertung bündelt und kategorisiert Leistungen. Sie ebnet bestehende Unterschiede ein und signalisiert damit Gleichheit, obwohl Ungleichheit besteht: Eine Drei kann man mit 66 Prozent oder mit 80 Prozent der Leistung erhalten. Hinter einer identischen Note können sich also pädagogisch bedeutsame Leistungsunterschiede verbergen. Die Anwendung der Ziffernbewertung auf die *Individualnorm* ist kaum praktikabel. Sie kann daher an dieser Stelle vernachlässigt werden.

## Verbalbewertung

Im Jahr 1970 hat die KMK den Weg für die Verbalbeurteilung in den ersten beiden Jahren der Grundschule mit folgenden Empfehlungen frei gemacht:

> „In der 1. und 2. Klasse ist eine allgemeine Aussage über die Leistungen eines Kindes im Hinblick auf das Ziel dieser Schulstufe bedeutsamer als die vorgebliche genaue Benotung der Leistungen in den einzelnen Teilgebieten des Unterrichts. In diesen beiden Klassen ist daher jeweils am Ende eines Schuljahres eine allgemeine Beurteilung des Kindes in freier Form im Zeugnis zu er-

teilen. Neben der Begutachtung des Sozial- und Arbeitsverhaltens sind Hinweise auf Interessen, besondere Fähigkeiten und Schwächen zu geben [...] Auf den folgenden Klassenstufen soll das Zeugnis neben einer allgemeinen Beurteilung auch Einzelzensuren enthalten" (Konferenz der Kultusminister 1970, S. 35).

Bei ihrer Einführung ist die Verbalbewertung mit vielen positiven Erwartungen belegt worden, die man in Anlehnung an Ingenkamps Kritik (1989, S. 100 ff.) in vier Leitthesen zusammenfassen kann:

- Ermutigung statt Leistungsdruck,
- Förderung der sozialen Kompetenz,
- Erhöhung der Chancengleichheit,
- Verbesserung der individuellen Förderung.

Die bloße Nennung dieser Punkte lässt erkennen, dass mit der Verbalbeurteilung sehr hohe Erwartungen geweckt wurden. Die Qualität der Leistungsmessung und der Leistungsbewertung hängt aber im Wesentlichen nicht von der Form der Bewertung ab, sondern von der diagnostischen Praxis. Auch die Verbalbeurteilung wurde in der Vergangenheit empirisch untersucht: Problematisch erscheint zum Beispiel, dass sie sich nicht auf die Leistungsdimension beschränkt, sondern auch Hinweise auf Sozialverhalten, Arbeitsverhalten, Interessen, Fähigkeiten, Schwächen usw. enthalten soll. Valtin merkt dazu an, dass auf diese Weise eine Art „Charaktergutachten" entsteht – „mit der Gefahr von Etikettierungen, Verletzungen und Entmutigungen der Schüler" (VALTIN 2002, S. 14). Jürgens verweist anhand empirischer Daten auf die Schwierigkeit der Lehrerinnen und Lehrer, verständliche Formulierungen zu finden (2001, S. 477). Benner/Ramseger haben im Rahmen einer Untersuchung Berichtszeugnisse ausgewertet (N = 450). Dabei haben sie vier Grundtypen ermittelt:

- das „normative" Zeugnis – es bezieht die Leistung implizit auf Normvorstellungen und arbeitet häufig mit einer verdeckten Ziffernbewertung, zum Beispiel „X zeigt insgesamt befriedigende Leistungen";
- das „schöne" Zeugnis – es stellt die positiven Aspekte der Schülerleistung und des Schülerverhaltens in den Vordergrund, verschweigt aber Mängel und Defizite und „beschönigt" auf diese Weise den Gesamteindruck;
- das „deskriptive" Zeugnis – es beschreibt distanziert und verzichtet auf Ermutigungen oder auf einen Entwicklungsausblick;
- den „pädagogischen Entwicklungsbericht" – er bezieht nicht nur Leistungen und Leistungsfortschritte des Kindes ein, sondern reflektiert auch die Lern- und Entwicklungssituation, in der die Leistungen entstanden sind (BENNER/RAMSEGER 1995, S. 205–236).

Erst in der letzten Form erscheint es möglich, den Erwartungen an die Verbalbeurteilung gerecht zu werden. Nach einer Sichtung einschlägiger Studien stellt Valtin allerdings fest, dass Berichtszeugnisse „so, wie sie heute realisiert werden, nur selten die in sie gesetzten Erwartungen" erfüllen (2002, S. 145). Ingenkamp kam schon Ende der Achtzigerjahre zu der Aussage, dass sich bei der Verbalbewertung im Kern „nur die Mitteilungsform geändert hat, ohne die diagnostische Praxis durch wesentlich mehr als beschwörende Appelle zu berühren" (INGENKAMP 1989, S. 123).

Auch wenn die Verbalbewertung die meisten Probleme, die sich bei der Ziffernbewertung ergeben, nicht lösen kann, lassen sich einige Punkte nennen, in denen die Verbalbewertung der Ziffernbewertung überlegen ist:

❶ Die Verbalbewertung muss sich nicht auf eine einzige Bezugsnorm begrenzen. Vielmehr kann sie alle drei Bezugsnormen nutzen und die Bezugnahme auf den Lernstoff, auf die Lerngruppe oder auf den individuellen Lernfortschritt entsprechend offen legen.

❷ Im gegenwärtigen System können weder für die Ziffernbewertung noch für die Verbalbewertung die Gütekriterien Objektivität, Reliabilität und Validität sichergestellt werden. Daher wäre es ein deutlicher Fortschritt, wenn zumindest die Umstände, unter denen Leistungen zustande gekommen sind, transparent gemacht würden. Dies kann zumindest der Tendenz nach mit verbalen Formulierungen eher erreicht werden als mit Ziffernnoten.

❸ Bei der schulischen Bewertung steht der kognitive Bereich im Vordergrund. Während eigenständige Leistungen und Problemlösungen im sozialen Bereich oder eine lern- und leistungsfördernde Kreativität in eine Ziffernbewertung nur implizit eingehen können, ist es der Verbalbewertung möglich, sie explizit anzusprechen.

❹ Während die Ziffernbewertung nur rückblickend erfolgt, können in der Verbalform darüber hinaus auch Anregungen gegeben, Perspektiven aufgezeigt und Prognosen formuliert werden.

Trotz einer insgesamt positiven Einschätzung der Verbalbeurteilung stellt Bartnitzky (1996, S. 47) einschränkend fest: „Natürlich *können* Worte dies alles leisten, sie *müssen* es nicht. Denn Worte können Kinder auch entmutigen, sie herabsetzen, in Konkurrenz bringen, sie können beschönigen oder die Kinder an unkindgemäßen Normen messen. Sie können Leerformeln sein." An anderer Stelle heißt es: „Worte können auch sehr verletzen, auf Dauer mutlos machen und oft mehr ‚unter die Haut gehen' als die neutrale Note" (S. 44).

## Portfoliobewertung – Direkte Leistungsvorlage (DLV)

Als Portfolio wird eine zielgerichtete Sammlung von Schülerarbeiten bezeichnet, die den Lernfortschritt und das Lernergebnis nachvollziehbar dokumentiert (vgl. LISSMANN 2001, S. 486–497).

Die *Direkte Leistungsvorlage* oder *Portfoliobewertung* stellt eine alternative Form zur bisherigen Bewertungspraxis dar, die der Individualnorm zugeordnet werden kann. Dieser Verfahrensvorschlag stützt sich auf die Überlegung, dass bei der herkömmlichen Leistungsbewertung – gleichgültig ob als Ziffern- oder Verbalbewertung – der Lehrer jeweils eine Art Interpretation der Leistung vornimmt. Den Adressaten (Eltern, Arbeitgeber) steht also nicht unmittelbar die Leistung zur Verfügung, sondern nur noch deren Interpretation. Die Portfoliobewertung sieht dagegen vor, dass jeder Schüler eine Mappe (ein Portfolio) anlegt, Originalarbeiten – ggf. mit der Hilfe und Unterstützung des Lehrers – sammelt und den Adressaten direkt vorlegt. Vierlinger hat daher vorgeschlagen, diese Form als *Direkte Leistungsvorlage* (DLV) zu bezeichnen. Dabei ist es wünschenswert, dass „der Lehrer die einzelnen Dokumente nicht nur signiert, sondern auch mit Kommentaren über das Zustandekommen der Arbeiten, den Arbeitsstil, die aufgewendete Mühe u. a. m. versieht" (VIERLINGER 2000, S. 88). Die Direkte Leistungsvorlage wendet sich von ihrem Ursprung her vorrangig an künftige Arbeitgeber. Dennoch können Portfolios auch für den Bereich der Grundschule fruchtbar eingesetzt werden, weil gerade hier mit vielen sammel- und darstellbaren Materialien gearbeitet wird. Von grundschultypischen Sammelmappen unterscheidet sich die Portfolio-Sammlung dadurch, dass eine gezielte Auswahl aus den kontinuierlich fortschreitenden Arbeitsmappen erfolgt. Kinder können eigenverantwortlich – zumindest aber mitverantwortlich – darüber entscheiden, welche Arbeiten und Leistungen exemplarisch gesammelt werden sollen. Als „Abnehmer" kommen Eltern und Lehrer (bei Lehrerwechsel, Schulwechsel, Wohnortwechsel) in Frage. Vor allem aber entsteht für das Kind selbst eine Dokumentation seines Lern- und Leistungsfortschritts.
An euphorischen Beschreibungen der Portfoliobewertung fehlt es nicht. So schreibt Vierlinger: „Die DLV stellt […] eine Art kopernikanische Wende dar: Sie bietet den Adressaten […] keinen Stellvertreter der Leistung an (Noten, Punktwerte, Lernbericht, Testergebnisse …), sondern diese selbst. Nicht der Lehrer fällt das Urteil, sondern der Adressat" (VIERLINGER 1999, S. 79). Sieht man die Eltern als Adressaten an, dann dürfte die Bedeutung des Portfolios hier allerdings überbewertet sein:

● Eltern haben in der Regel Gelegenheit, Leistungen häufiger und auf breiterer Grundlage einzusehen, als es das Portfolio ermöglicht.

- Es muss dahingestellt bleiben, ob die Eltern in der Lage sind, die isolierte Ergebnissammlung (isoliert von der Leistung anderer Kinder, von Art und Umfang des Unterrichts, von den Vorgaben der Richtlinien, von der Voraussicht auf künftige Leistungsansprüche etc.) einzuordnen.
- Eltern oder die Kinder können gleichermaßen zu hohe oder zu niedrige Maßstäbe anlegen und daher aus der Portfoliobewertung Schlüsse ziehen, die das Kind zu Unrecht belasten oder entlasten.

Für sich genommen ist das Portfolio also *nicht* geeignet, die Probleme der Leistungsbewertung in der Grundschule zu lösen. Als Leistungsdokumentation kann es aber für die Beratung von Kindern und Eltern genutzt werden.

## Spontane Bewertung

Angesichts der kontroversen Diskussion um Großformen der Bewertung werden die täglichen *Kleinformen* leicht übersehen. Dabei geht gerade von ihnen eine erhebliche Wirkung aus. Lehrerinnen und Lehrer treffen im Unterricht fortwährend Entscheidungen, zum Beispiel darüber, ob sie eine Hilfe formulieren, etwas an der Tafel festhalten, eine Frage erneut stellen, ob und welches Kind sie drannehmen usw. Sie tun dies auf der Grundlage einer impliziten Bewertung (vgl. SCHRADER/HELMKE 2001, S. 46). Dabei geben sie nahezu ununterbrochen Rückmeldungen und drücken damit teils verbal, teils nonverbal aus, was sie von einer Situation, einer Leistung oder gar einer bestimmten Person halten. Die Aufmerksamkeit, die der Bewertungsproblematik im Zusammenhang mit der Zensurengebung zuteil wird, verdeckt leicht, dass Sprache, Körpersprache und die gesamte Reaktion der Lehrperson in positiver wie in negativer Hinsicht hochwirksame Rückmeldungen darstellen.
Die nachfolgenden Anregungen beziehen sich vor allem auf Anerkennung, Ermutigung und Bestätigung als Formen der spontanen Bewertung. Sie enthalten aber auch Aspekte, die sich im allgemeinen Lernklima niederschlagen:

❶ *Zeit zum Nachdenken lassen*
Kinder benötigen in vielen Fällen mehr Zeit als Erwachsene, um einen Sachverhalt aufzufassen und zu durchdenken. Wenn das Ergebnis bewertet werden soll, muss den Kindern die erforderliche Zeit eingeräumt werden, damit sie überhaupt zu einem Ergebnis kommen können.

❷ *Kinder aussprechen lassen*
Gedanken entwickeln sich oft erst beim Sprechen. Daher ist es wichtig, Kinder aussprechen zu lassen. Auch wenn die Lehrperson längst zu wissen glaubt, was das Kind sagen will, soll sie die Aussage keinesfalls vorwegnehmen.

❸ *Rückmeldungen zeitnah zur Leistung geben*
Spontane Rückmeldungen kommen der Forderung entgegen, dass die Bewertung möglichst zeitnah zur Leistung erfolgen soll.

❹ *Kinder nie bloßstellen*
Lehrerinnen und Lehrer müssen auch (gerade) falsche Antworten korrekt behandeln. Kränkungen und Formulierungen, die das Kind insgesamt abwerten, sind hochgradig unprofessionell. Generell gilt: „Verstärken sollten wir in der Klasse, tadeln im privaten Gespräch" (Dubs 1995, S. 109).

❺ *Anerkennung auf das anzuerkennende Verhalten beziehen*
Anerkennung soll sich vorrangig auf die Leistung und nur in begründeten Ausnahmefällen auf die Person beziehen. (*Das ist eine hervorragende Lösung!* – nicht: *Du bist ein Genie!*) „Von großer Bedeutung ist dabei, dass die Verstärkung ehrlich gemeint ist, und dass das verbale und das nichtverbale Lehrerverhalten miteinander übereinstimmen" (Dubs 1995, S. 108).

❻ *Auf Vergleiche mit anderen Kindern verzichten*
Anerkennung sollte sich auf die individuellen Fortschritte, die das Kind vollzogen hat, ausrichten, nicht darauf, wie das Kind im Rahmen der Lerngruppe platziert ist. Als ungünstig kann es sich erweisen, ein Kind als Vorbild für die Klasse darzustellen. Dies kann soziale Konflikte zwischen den Kindern provozieren (Mietzel 2001, S. 159).

❼ *Angemessen loben und ermutigen*
Lob und Anerkennung müssen in einem angemessenen Verhältnis zur Leistung stehen. Es macht keinen Sinn, jede Kleinigkeit mit Überschwang zu loben. Wenn Leistung und Anerkennung nicht in einem nachvollziehbaren Verhältnis stehen, kann dies eher negativ wirken. „Gehäuft oder voraussetzungslos gegebenes Lob besitzt keinerlei Bedeutung. Ein unaufrichtiges Lob, das nicht mit den Erwartungen des Lehrers im Einklang steht, kann auf viele Schüler ungünstige Wirkungen haben" (Parsons zit. n. Mietzel 2001, S. 158). [47] Insgesamt gilt: „Lob und Belohnung können als Gnade und Gunst empfangen werden, die Herablassung ausdrücken. [...] So notwendig Lob ist – es muss mit Vorsicht gehandhabt werden" (Dreikurs 2003a, S. 93).

❽ *Hilfen geben*
Spontane Rückmeldungen können ggf. auch spontane Hilfen enthalten. Wenn ein Kind nicht weiterweiß, reicht es vielleicht aus, einen Impuls konkreter zu formulieren. Dabei kann die Lehrperson zusätzliche Informationen einbauen oder den Impuls auf einem niedrigeren Level ansiedeln.

---

[47] "Abundant or indiscriminate praise can be meaningless; insincere praise which does not cover with the teachers' expectation for the students can have a detrimental effect on many students" (Parsons u. a. 1982, S. 336).

**⑨** *Richtige Antwortteile bekräftigen – falsche korrigieren*
Wenn das Kind ein Verhalten zeigt, das teilweise richtig ist, sollte zunächst der richtige Anteil hervorgehoben und bestätigt werden (PERROTT 1982, S. 63). Die falschen Anteile sollten möglichst durch Rückfragen oder Hilfen korrigiert werden.

**⑩** *Differenzen in der Bewertung von Mädchen und Jungen vermeiden*
Frasch/Wagner haben festgestellt, dass Jungen im Unterricht häufiger gelobt oder getadelt werden als Mädchen (vgl. FRASCH/WAGNER 1982). Als gesichert gilt seit Jahren aber auch, dass Mädchen bessere Zensuren erhalten als Jungen, und zwar auch dann, wenn die Leistungen gleich sind (HADLEY 1971, S. 103 ff.; VALTIN 2002, S. 76).

## Resümee

Leistungsmessung und Leistungsbewertung tangieren einen besonders kritischen Bereich der pädagogischen Arbeit von Lehrerinnen und Lehrern. Im praktischen Umgang sollte man sich der Tatsache bewusst bleiben, dass Bewertungen immer nur einen Ausschnitt des Gesamtverhaltens eines Kindes in den Blick nehmen.

Wie entscheidend eine korrekte Leistungsbewertung ist, zeigt sich an ihrer Langzeitwirkung: Erwachsene erinnern sich oft noch nach Jahrzehnten daran, von welchen Lehrerinnen oder Lehrern sie im Laufe ihrer Grundschulzeit falsch oder ungerecht bewertet worden sind. Daher ist es erforderlich, sich um die Einhaltung von Standards zu bemühen. Ebenso wichtig ist es, für alle Beteiligten die Transparenz zu erhöhen. Klarheit kann unter sechs Gesichtspunkten erzielt werden:

| Gesichtspunkt | Fragestellung | Alternativen |
|---|---|---|
| Leistungsdimension | Welche Leistung wird erwartet? | kognitiv, sozial, affektiv, pragmatisch |
| Form der Messung | Wie soll die Leistung ermittelt werden? | Häufigkeit des Auftretens, Richtig-falsch-Entscheidung, Zielannäherung/Rating |
| Form der Bewertung | In welcher Form soll die Leistung bewertet werden? | Ziffernbewertung, Verbalbewertung, Portfoliobewertung |
| Bezugssystem der Bewertung | In welches Bezugssystem soll die Leistung eingeordnet werden? | Sozialnorm (Klasse), Sachnorm (Lehrplan), Individualnorm (Lernfortschritt) |
| Perspektive der Bewertung | Welchen Aussagewert soll die Leistungsbewertung haben? | retrospektive Wertung, Prognose von Entwicklungsmöglichkeiten |
| Funktion der Bewertung | Welche Funktion soll in der Bewertung dominieren? | Bericht, Beratung, Berechtigung |

*Tabelle 23: Gesichtspunkte für die Herstellung von Transparenz bei der Leistungsbewertung*

# 8 Störungen – Auffälligkeiten – Krisen in der Grundschule

*Störungen und Beeinträchtigungen sind potenziell in allen Kommunikationssituationen und Prozessverläufen möglich. Daher ist es sinnvoll, Störungswahrnehmungen und „Reibungsverluste" auch als Normalfall für den Unterrichtsprozess anzusehen. In jeder Klasse treffen Personen mit unterschiedlichen Interessen, Erwartungen, Motiven, Stimmungen, psychischen und physischen Zuständen etc. aufeinander. Es ist realistisch davon auszugehen, dass sich dies in Störungen, Auffälligkeiten und Krisen niederschlägt. Art und Umfang von Störungen können sich aber im subjektiven Erleben der Beteiligten deutlich unterscheiden.*

Jeder Unterricht ist im Kern ein kommunikativer Ablauf. Er vollzieht sich zwischen Lehrenden, Lernenden und/oder in der Auseinandersetzung mit Lehr-/Lernmaterialien. Wie in jedem Kommunikationsprozess, gibt es auch bei Unterrichtsprozessen Sender und Empfänger[48], zwischen denen Informationen, Befindlichkeitsbotschaften und Handlungsappelle ausgetauscht werden. Dabei kommt es durch Ungenauigkeiten bei den „Sendern", durch Unaufmerksamkeit, Ermüdung etc. bei den „Empfängern", durch die Wahl eines falschen „Kanals" oder durch Mängel der „Übermittlung" zu Mitteilungsverlusten. Im Unterricht können diese zu Missverständnissen, Fehlhandlungen, Motivationsmängeln und zu Störungen führen. Es kommt hinzu, dass die Begriffe Störung oder Beeinträchtigung auf Bewertungsmuster verweisen, denen individuelle Normvorstellungen zugrunde liegen. Das führt dazu, dass die Beteiligten in identischen Situationen unterschiedliche Störungserlebnisse haben können.

## 8.1 Begriffliche Annäherung

Der Störungsbegriff hat zwei Perspektiven: Einerseits bringt er die *Störung eines Prozesses* in den Blick, andererseits kann er sich aber auch dem *Störer* oder dem *Gestörten* zuwenden. Während der erste Gesichtspunkt eher die Unterrichtsführung und Unterrichtsorganisation betrifft, tangiert der zweite Aspekt

---

[48] Diese Formulierung schließt auch die Kommunikation zwischen den Kindern ein.

spezifische Pädagogikbereiche. Hinzu kommt, dass es keinen einheitlichen Sprachgebrauch gibt. Bei der Literaturdurchsicht findet man eine Reihe von Begriffen, die nur teilweise synonym verwendet werden, meist aber schon durch ihre Verwendung eine andere Akzentuierung mit sich bringen, zum Beispiel Disziplinkonflikte, Disziplinschwierigkeiten, Erziehungsschwierigkeiten, Lernschwierigkeiten (im umfassenderen Sinne), abweichendes Verhalten, Verhaltensauffälligkeiten, Verhaltensstörungen, Unterrichtsstörungen, Unterrichtskonflikte usw. Es ist unschwer zu erkennen, dass die Begriffe mehrdeutig sind und dass sich dahinter teilweise unterschiedliche Sichtweisen verbergen. In der sprachlichen Vielfalt lassen sich drei Konzepte aufzeigen:

## Disziplinschwierigkeiten

> „Disziplin ist die Bereitschaft und Fähigkeit, sein Denken, Tun und Wollen einer Aufgabe unterzuordnen, die nicht einer Neigung entspringt und daher durch Zwang durchgesetzt werden muss" (JETTER 2002, S. 32).

Der Begriff *Disziplin* ist ambivalent: Einerseits kann er im Zusammenhang mit Fremdkontrolle verwendet werden, andererseits wird er aber auch für Selbstkontrolle und Selbststeuerung verwendet (vgl. JETTER 2002, S. 32). Disziplin ist eine „Leistung eines disziplinierenden (in der Regel erwachsenen) Subjekts". In der Form von Selbstdisziplin kann sie aber auch eine Leistung „des zu erziehenden Subjekts selbst" sein (CLOER 1987, S. 310). Unter einer positiven Perspektive umreißt Disziplin die Bereitschaft, aus eigenem Antrieb seine Aktivitäten in die Bewältigung einer Aufgabe, einer Regel, einer Situation einzubringen – auch dann, wenn diese nicht den Erwartungen, Wünschen, Neigungen, Interessen oder Motiven entsprechen. Diese Bereitschaft entspringt der Einsicht in die situativen Erfordernisse und stellt eine freiwillige Unterordnung dar. Disziplin kann aber auch auf Macht, Kontrolle und Zwang beruhen. Diese Form der Disziplin stützt sich auf eine Unterwerfung unter äußere Zwänge und entspringt dem Wunsch oder der Notwendigkeit, Sanktionen zu entgehen.

Die Begriffe *Disziplinschwierigkeiten* oder *Disziplinkonflikte* nehmen nicht nur das Kind in den Blick. Sie qualifizieren nach traditionellem Verständnis auch die Lehrperson, die der Aufgabe, für Disziplin zu sorgen, nicht entsprechen kann. Mangelnde Disziplin von Kindern sagt (nach diesem Verständnis) gleichzeitig auch etwas über die Kompetenz der Lehrerin/des Lehrers aus. Der traditionelle Disziplinbegriff, der in einem Obrigkeitsstaat selbstverständlicher Auftrag der Schule war, ist in einem um Demokratisierung bemühten Unterricht, der die Befehlsstrukturen zumindest teilweise durch eine Verhandlungskultur ersetzen will, brüchig geworden. Lehrerinnen und Lehrer geraten dabei leicht in Widersprüche: Demokratisches Verhalten, Selbststeuerung der Schüler und deren Mitverantwortung sind langfristige Ziele, während die Entscheidungen erzieherischen Handelns oft kurzfristig, situativ oder aktuell getroffen werden müssen. Bereits in den Siebzigerjahren hatte Kounin festgestellt, dass Eigenschaften wie Freundlichkeit, Wärme, Geduld, Verständnis, Kinderliebe, so wünschenswert sie sind, allein „zur Führung einer Klasse nicht ausreichen"[49] (KOUNIN 1970, S. 144; 1976, S. 149). Auch heute wird der Zusammenhang zwischen „Schülerdisziplin und Lehrerkompetenz" – wenngleich in einem erweiterten Verständnis – diskutiert (NARR 2002, S. 126 ff.).

## Verhaltensauffälligkeiten

> Verhaltensauffälligkeit bezeichnet „keine mehr oder minder feststehende Eigenschaft einer Person, sondern eine Relation zwischen verschiedenen Personen – und zwar eine Diskrepanz zwischen der Erwartung eines Beurteilers und dem tatsächlichen Verhalten des Beurteilten, so daß der Grund der Auffälligkeit mit unterschiedlichen Anteilen sowohl auf Seiten des Beurteilten als auch auf Seiten des Beurteilers liegen kann" (BACH 1987, S. 56).

Mit der Kategorie *Verhaltensauffälligkeit* geraten die ‚schwierigen Kinder' in das Blickfeld. Eine solche Verschiebung der Ursachenzuweisung war insbesondere in den Siebziger- und Achtzigerjahren zu beobachten. Verbunden war sie mit dem Versuch, Auffälligkeiten medizinisch (als anlagebedingt/entwicklungsbedingt) oder soziologisch (als milieubedingt/gesellschaftlich bedingt) zu erklären. Entsprechend wurde von einem *deviance-approach* oder einem *labeling-approach* gesprochen (WINKEL 1996, S. 16). Damit wird die Ursächlichkeit eindeutig verlagert: Es ist nicht mehr der Lehrer, der keine Disziplin halten kann – es sind vielmehr die Kinder, die in ihrem Verhalten auffällig werden. Eine Entlastung der Schule durch Spezialisten wie Ärzte, Sozialpädagogen, Sonderpädagogen bietet sich unter dieser Perspektive als logische Konsequenz an. Zu den Büchern über „Schwierige Kinder" oder „Schwierige Schüler" (vgl. u. a. WINKEL 1994, GÖLDNER 1995, JÜRGENS 2000) sind in den letzten Jahren vermehrt Veröffentlichungen zum Themenkreis „Aufmerksamkeits-Defizit-Syndrom", kurz ADS oder ADHS (bei Verbindung mit Hyperaktivität), hinzugetreten (vgl. u. a. AMFT u. a. 2002; HILLENBRAND 2002; REIMANN-HÖHN 2002; IMHOF u. a. 2003; BRANDAU u. a. 2003). Sie stellen fast durchgängig eine klare Bezugnahme zum *deviance-approach* dar und transferieren die Diskussion um bestimmte Medikationen in den pädagogischen Bereich (vgl. DEGRANDPRE 2002; PORTMANN 2003).

---

[49] "These desirable attributes will not manage a classroom."

Zur Art der Auffälligkeiten haben Bach u. a. (1984) eine breit angelegte Lehrer-befragung in Rheinland-Pfalz durchgeführt (N = 3.933; einbezogen waren alle Schularten). Auf dieser Grundlage haben die Autoren eine Tabelle mit Auffäl-ligkeiten, die von Lehrerinnen und Lehrern genannt wurden, vorgelegt. Die Liste reicht von *Unkonzentriertheit* (22,4 Prozent) bis *Selbstmordversuch* (0,0002 Prozent). Tabelle 24 fasst die zehn häufigsten Nennungen zusammen.

| Art der Auffälligkeit in der Grundschule | Häufigkeit ausgeprägt | Häufigkeit belastend |
|---|---|---|
| Unkonzentriertheit | 18,8 % | 9,4 % |
| Ungenauigkeit | 16,1 % | 7,3 % |
| Motorische Unruhe | 16,0 % | 10,6 % |
| Interessenmangel | 9,6 % | 5,3 % |
| Faulheit | 9,3 % | 4,4 % |
| Verbale Aggression | 8,5 % | 4,0 % |
| Physische Aggression | 7,2 % | 4,6 % |
| Mangelndes Selbstvertrauen | 7,2 % | 2,1 % |
| Ungehorsam | 4,1 % | 3,0 % |
| Kontaktprobleme | 4,1 % | 1,6 % |

*Tabelle 24: Erwähnung bestimmter Auffälligkeiten und Grad der Ausprägung in Grundschulklassen (BACH u. a. 1984, S. 97 ff.)*

Im Grundschulbereich fallen die Nennung *motorische Unruhe* von der ersten bis zur vierten Klasse kontinuierlich ab, während die Nennung von *Ungenau-igkeit, Interessenmangel* und *Faulheit* kontinuierlich ansteigen (BACH 1987, S. 59). Zusammenfassend stellen die Autoren fest, dass in der Wahrnehmung der Lehrerinnen und Lehrer relativ harmlose Auffälligkeiten überwiegen und dass auffälliges Schülerverhalten keinen entscheidender Faktor in der beruf-lichen Totalbelastung darstellt. Zur Einordnung dieser Aussage sollte allerdings berücksichtigt werden, dass sich viele gesellschaftliche Prozesse seither deut-lich beschleunigt haben und dass sich die Aussagen auf Mittelwerte beziehen.[50]

## Störungen

„Alles, was den Prozess oder das Beziehungsgefüge von Unterrichtssituatio-nen unterbricht oder unterbrechen könnte, ist als konkrete oder potenzielle Unterrichtsstörung definierbar" (BILLER 1981, S. 28).

---

[50] Die Erhebung ist nicht aktuell. Sie muss aber weiter zur Kenntnis genommen werden, da es eine ähnlich flächendeckende und zugleich differenzierte aktuelle Untersuchung nicht gibt.

> „Unterrichtsstörungen lassen dasjenige Geschehen misslingen, das zur Lösung einer Lernaufgabe entwickelt worden ist" (Hensel 2000, S. 9).

Mit der Bezeichnung *Unterrichtsstörung* wird eine dritte begriffliche Annäherung an das Phänomen gesucht. Störung ist ein Begriff, der auch in der Alltagssprache vielfältige Verwendung findet. Die Konnotation des allgemeinen Störungsbegriffes weist auf Beeinträchtigung und/oder Unterbrechung hin. Dies gilt auch für den Begriff Unterrichtsstörung. Beim Störungsbegriff stehen nicht die am Konflikt beteiligten Personen im Mittelpunkt, sondern der Unterrichtsprozess selbst. Der Begriff *Unterrichtsstörung* ist deskriptiv. Neben den am Unterricht beteiligten Personen (Lehrperson/Kinder) kommen auch weitere potenzielle Störfaktoren in Betracht. Der Begriff Unterrichtsstörung erscheint Pfitzner aus zwei Gründen geeignet:

> „Erstens bezeichnet er als Ort des Verhaltens den Unterricht ... Zweitens betont er die Konsequenz, die daraus resultierende Störung. Denn es ist festzuhalten, dass das Verhalten selbst zunächst nicht das Problem ist, erst die Auswirkung auf den Unterricht durch die Interpretation von Lehrern und Schülern ist von entscheidender Bedeutung" (Pfitzner 2000, S. 64 f.).

Winkel (1976/1996) hat eine Auflistung unterschiedlicher Störungsformen vorgelegt. Dabei unterscheidet er sechs „Arten von Unterrichtsstörungen":

❶ „Disziplinstörungen,
❷ Provokationen,
❸ akustische oder visuelle Dauerstörungen (allgemeine Unruhe),
❹ Störungen aus dem Außenbereich des Unterrichts,
❺ Lernverweigerung und Passivität,
❻ neurotisch bedingte Störungen" (Winkel 1996, S. 80).

Die Kategorien dieser Aufzählung sind weder trennscharf noch konsistent: So hängt es weitgehend von der Wahrnehmung und Interpretation des Betrachters ab, wie etwa Schwatzen, Tuscheln oder Herumzappeln eingeordnet werden sollen. Vom Autor wird dieses Verhalten als „akustische oder visuelle Dauerstörung" bezeichnet (S. 82). Es könnte aber auch als Disziplinstörung („zum großen Teil unabsichtlich begangen") oder als Provokation („Bedürfnisse ohne Hemmungen befriedigen"; „langweilige Unterrichtsstunden provokativ unterbrechen"; S. 83) aufgefasst werden. Von ihrem Ursprung her sind die Kategorien uneinheitlich. Sie sind

- teils *deskriptiv* – sie beschreiben das *Verhalten* (zum Beispiel Passivität),
- teils *ätiologisch* – sie beschreiben die *Ursachen* (zum Beispiel neurotisch bedingte Störungen),
- teils *wertend* – sie interpretieren und bewerten eine *Situation* (zum Beispiel Provokation).

Eine andere Einteilung hat Biller (1979/1981) vorgenommen. Er hat Unterrichtsstörungen nach ihren Schweregraden gestuft. Auch dabei handelt es sich um eine subjektive Bewertung. Sie enthält insofern einen unterrichtspraktischen Ansatz, als sie den Blick auf die Störungssituation lenkt. Die Situationsanalyse bildet ein rationales Gerüst für die Entscheidung über eine Intervention der Lehrperson, denn die Frage „Ernstfall" oder „Bagatelle" lässt sich häufig nicht von der *Störungsform* her beantworten. Erst durch die Berücksichtigung der *Störungssituation* ergibt sich die unterrichtspraktische Relevanz.

| Grad der Störung | Formen der Störung |
|---|---|
| Bagatellstörungen | Albernheiten, Vergessen, Frechheiten, Schwätzen |
| indirekte ernsthafte Störungen (Belastung des Schulklimas insgesamt) | Beschädigungen von Einrichtungen, Verstöße gegen die Schulordnung, Überfälle auf schwächere Schüler |
| direkte ernsthafte Störungen (Belastung des Lehrer-Schüler-Verhältnisses) | Faulheit, Überforderung, Regelverstöße, Jähzorn, Stehlen |
| unbehebbare Störungen | Störungen in Anlage, Umwelt, Mitwelt der Kinder |
| unvermeidbare Störungen | schulische Gesamtsituation, Lehrer-Fehler |

*Tabelle 25: Schweregrade von Unterrichtsstörungen (vgl.* BILLER *1981, S. 34 ff.)*

Allerdings sollten Lehrerinnen und Lehrer sich der Tatsache bewusst bleiben, dass Wahrnehmung und Wertung von Unterrichtsstörungen durch die Lehrperson und die Schüler oft nicht übereinstimmen. Vielmehr können sich dabei deutliche Differenzen ergeben (PFITZNER/SCHOPPEK 2000, S. 352). Stellt man das Gelingen einer spezifischen Lernsituation (einer Lernaufgabe) in den Vordergrund, dann fällt es unter Umständen schwer, dort von Unterrichtsstörungen zu sprechen, wo die Lernaufgaben weiterhin bewältigt werden (HENSEL 2000, S. 9).

## 8.2 Verstehen, Handeln und Prävention

Grundsätzlich können Unterrichtsstörungen von den beteiligten Personen (Lehrer, Schüler etc.), von situativen Gegebenheiten (Verkehrslärm, Wetterumschwung etc.), vom Reglement der Institution Schule (Stundeneinteilung, Pausenregelungen etc.) und von der gesellschaftlichen Rahmung des Unterrichts (Familie, Wohnbereich, soziale Lage etc.) ausgehen. Für die Bewältigung des Unterrichtsalltages dürfte aber der Personenbezug von Störungen die größte Bedeutung haben.

### Perspektive: das Kind

Im Unterrichtsprozess werden Lehrerinnen und Lehrer vermutlich überwiegend das Verhalten von Kindern als Störquelle identifizieren. Das ist angesichts der Tatsache, dass die Kinder mit eigenen Zielen und Motiven am Unterricht teilnehmen, eine relativ plausible Annahme. Dabei ist das, was Lehrerinnen und Lehrern als gezielte Störung erscheint, oft lediglich Ausdruck abweichender Interessenlagen oder der eigenständigen Zielorientierung, und es ist von Kindern meist nicht als Störung „gemeint". In vielen Fällen kann man davon ausgehen, dass sich die Kinder ihrer Zielsetzungen selbst nicht bewusst sind: „Im Allgemeinen erreicht nur ein kleiner Teil der Absichten die Bewusstseinsebene. Wir tun, was wir wollen, wozu wir Lust haben, ohne zu wissen, warum wir dazu neigen" (DREIKURS 2003b, S. 19). Eine solche Sichtweise auf Unterrichtsstörungen relativiert nicht deren Folgen. Aber schon die Erkenntnis, dass sich die Störung wahrscheinlich nicht „bewusst" gegen ihre Person oder ihren Unterricht richtet, kann der Lehrperson zu einem weniger emotionalen Umgang mit einer Störung verhelfen.

Aufbauend auf der *Individualpsychologie* Alfred Adlers[51] (1870–1937) hatte sich Rudolf Dreikurs (1897–1972) bereits vor mehreren Jahrzehnten mit Unterrichtsstörungen beschäftigt. Seine Arbeiten zeichnen sich durch einen nachvollziehbaren theoretischen Rahmen, durch plausible Folgerungen und durch praktische Relevanz aus. Viele Autoren haben seither explizit oder implizit auf Dreikurs Bezug genommen. Seinen Ausführungen liegen zwei Annahmen zugrunde (vgl. DREIKURS 2003b, S. 18 ff.; 2003a, S. 45 ff.):

---

[51] Begründer der Individualpsychologie, erklärte viele seelische Störungen aus mangelhaft befriedigtem Geltungsstreben

- Die Handlungen eines Kindes sind zweckmäßig und zielgerichtet – auch dann, wenn sich das Kind seiner Ziele nicht bewusst ist.
- Menschen sind soziale Wesen. Das grundlegende Ziel des Kindes ist es daher, dazuzugehören und in der Gruppe einen Platz zu finden.

Auf dieser Grundlage entwickelt das Kind nach Dreikurs einen längerfristigen Lebensstil, der ihm die Bewältigung seiner sozialen Lage ermöglicht und einen Bezugsrahmen für „Nahziele" darstellt. Als Ursache und Auslöser störenden Verhaltens unterscheidet Dreikurs vier Ziele:

„1. Aufmerksamkeit erreichen wollen,
 2. Macht, Überlegenheit erlangen,
 3. Rache, Vergeltung üben,
 4. Unfähigkeit zur Schau stellen" (2003b, S. 21).

Der Autor schränkt diese Auflistung auf Kinder ein, die Probleme haben oder Probleme verursachen (DREIKURS 2003b, S. 30 f.). Bei jüngeren Kindern steht das Ziel „Aufmerksamkeit erlangen" im Vordergrund. Auch diese Kategorien lassen natürlich viel Spielraum für die Interpretation. Dennoch ergibt sich hier ein relativ leicht handhabbares Analyseschema.

Die wichtigste Botschaft aus Dreikurs' Ansatz lässt sich in einem Zitat zusammenfassen:

> „Das Kind, das unerwünschtes Verhalten zeigt, glaubt nicht mehr daran, dass es die Zugehörigkeit und Anerkennung, die es gewinnen möchte, erreichen kann, und hofft nun irrtümlich, die Anerkennung durch provokatives Verhalten erhalten zu können" (2003b, S. 22).

Der Umgang mit aktuellen Störungen vollzieht sich in drei Schritten, von denen die ersten beiden typisch für den Ansatz Dreikurs' sind, während der dritte Schritt auch bei anderen Autoren, teils in ähnlicher Form, zu finden ist.

❶ *Ziele des Kindes erkennen*:
 Die Analyse der Ziele des störenden Kindes steht bei Dreikurs im Vordergrund. Welches Ziel überwiegt, zeigt sich oft erst an den Reaktionen auf eine Intervention. Erst wenn die Lehrperson das dominierende Ziel des Kindes erkannt hat, kann sie effektiv auf das Kind einwirken.

❷ *Ziele des Kindes aufdecken*:
 Dreikurs geht davon aus, dass dem Kind die eigenen Ziele oft nicht bewusst sind. Um eine Veränderung des Verhaltens zu erreichen, ist es daher erforderlich, diese unbewussten Ziele für das Kind erkennbar zu machen. Dabei geht es nicht um Konfrontation oder Anklage, sondern um eine Gesprächs-

| Intention | Verhalten des Kindes | Interpretation |
|---|---|---|
| Aufmerksamkeit | ist lästig, gibt an, ist faul, stellt andere in seinen Dienst, beschäftigt den Lehrer | • sucht Bestätigung seiner Einstellungen oder seines Status;<br>• denkt: „Ich habe nur dann meinen Platz, wenn man mich beachtet";<br>• wird aufhören, wenn es getadelt wird oder ihm Aufmerksamkeit geschenkt wird |
| Macht | ist stur, widerspricht häufig, muss gewinnen, muss der Boss sein, lügt häufig, ist ungehorsam; tut das Gegenteil von dem, was es soll, verweigert jede Arbeit | • ähnlich wie negativ auffallen, aber intensiver;<br>• denkt: „Ich zähle nur, wenn andere tun, was ich will";<br>• muss jede Situation kontrollieren;<br>• Tadel verstärkt das schlechte Benehmen |
| Rache | stiehlt, ist boshaft, gemein, verletzt Kinder und Tiere, ist destruktiv, lügt, schmollt häufig und beklagt sich über andere | • glaubt, dass niemand es mag;<br>• möchte sich für Verletzungen rächen |
| Unfähigkeit | fühlt sich hilflos, fühlt sich dumm im Vergleich zu anderen, gibt auf, nimmt an keiner Aktivität teil; fühlt sich am wohlsten, wenn es in Ruhe gelassen wird und nichts von ihm gefordert wird | • gibt echten oder eingebildeten Mangel vor, um Prestige zu schützen;<br>• setzt sich selbst zu hohe Ziele |

*Tabelle 26: Ziele und Verhalten des Kindes (zusammengestellt nach* DREIKURS *1975, S. 34 f. und 2003b, S. 23)*

form, die das Kind mit einbezieht. Dreikurs gibt hier relativ strikte Gesprächsregeln vor (zum Beispiel: „Könnte es sein, dass du ... möchtest, dass ich dich mehr beachte? ... dass du mir zeigen willst, dass ich dich nicht zwingen kann? ... dass du dich rächen willst?" 2003b, S. 32 f.).

❸ *Ziele des Kindes verändern*:
Die Einflussnahme auf die Ziele des Kindes kann in unterschiedlicher Weise

erfolgen. Sie reicht vom Ignorieren des Verhaltens über das Vereinbaren von Regeln und die Reduzierung äußerer Verursachung bis zum Abhalten eines Klassenrates. Viele dieser Vorschläge sind auch dann bedenkenswert, wenn man das theoretische Gerüst an der einen oder anderen Stelle mit Skepsis betrachtet.

Längerfristig kommt es in der Schule aber darauf an, einen Ausgleich zwischen den Ansprüchen der Erwachsenenwelt und den Ansprüchen der Kinder zu finden. Dies kann nur durch Anerkennung, Mitentscheidung und Mitverantwortung erreicht werden.

### Perspektive: die Lehrperson

Dass auch die Lehrperson die spezielle Kommunikationsform „Unterricht" durch ihr Verhalten stören kann, versteht sich von selbst. Von der Reinigung des Aquariums während der Stillarbeit über Planungsmängel und unzureichende sachliche Vorbereitung bis hin zu schlechtem Kommunikationsverhalten gibt es eine Fülle von möglichen Störhandlungen und Störquellen, die direkt mit der Lehrperson zusammenhängen. Eine bewusste Beachtung des eigenen Kommunikationsstils trägt nicht nur zur Entwicklung eines besseren Lernklimas bei, sie ist auch im Konfliktfall von ausschlaggebender Bedeutung. Lohmann hat für eine Reihe von Standardsituationen[52] ungünstige und günstige Kommunikationsformen gegenübergestellt (Tabelle 27). Anders als den Kindern, die in Schule und Familie oft im Übermaß auf ihr Verhalten hingewiesen werden, fehlt es der Lehrperson meist an jeglicher Außenkontrolle. Lehrerinnen und Lehrer sind daher in stärkerem Maße auf Selbstkontrolle, Selbstreflexion und Selbstkritik angewiesen.

Dabei dürfte es besonders darauf ankommen, in bestimmten Situationen auch die Schülerperspektive mitzubedenken. Manche Situationen stellen sich aus dem Blickwinkel der schwächeren und erfolgsärmeren Kinder oft ganz anders dar: ‚Mathe-König-Spiele' oder ‚Lese-König-Spiele' sind motivierend – besonders für die Guten, Schnellen und Erfolgreichen. Für ständige Verlierer sind sie frustrierend und insofern potenziell ein Anlass zu Störverhalten. Generell empfiehlt es sich zu prüfen, ob es eine andere Situationsinterpretation gibt als die, die aus Sicht der Lehrperson nahe liegt. Lohmann empfiehlt, in kritischen Fällen nach Möglichkeit eine dritte Person als ‚neutralen Beobachter' einzubeziehen. In Gesprächen mit beiden Seiten (Lehrperson vs. Schüler/Klasse) kann

---

[52] Aus einer umfangreicheren Liste habe ich solche Situationen ausgewählt, die ich bei der Praktikumsbetreuung sowohl bei Lehrerinnen und Lehrern wie auch bei Lehramtsstudierenden wiederholt beobachten konnte.

| Ungünstige Kommunikationsform | | Günstige Kommunikationsform | |
|---|---|---|---|
| Bezeichnung | Beispiel | Bezeichnung | Beispiel |
| Du-Botschaft senden | Du nervst! | Ich-Botschaft senden | Ich ärgere mich über Unterbrechungen, weil ich dann den Faden verliere. |
| ablehnen | Jetzt stell dich mal nicht so an! | akzeptieren | Ich verstehe, dass das ein Problem für dich ist. Mir ging es ähnlich, als ... |
| moralisieren, predigen | So was macht man nicht! Wie oft habe ich euch schon gesagt ...! | konfrontieren, Selbstevaluation fördern | Versetz dich doch mal in die Lage von ..., wie würdest du dich fühlen? |
| unspezifisch loben | Du bist der Beste! Super! | Bemühungen und Ergebnisse beschreibend loben | Du hast dir viel Mühe gegeben, aber hieran müssen wir noch hart arbeiten und dann schaffen wir das. |
| destruktiv kritisieren (Schwächen hervorheben) | Deine Rechtschreibung ist eine einzige Katastrophe! | konstruktiv kritisieren (Stärken hervorheben) | Du hast dich im Vergleich zur letzten Arbeit etwas verbessert. |
| Machtanspruch durchsetzen | Wenn ich dir sage, dass du nachsitzt, dann hast du zu erscheinen! | überzeugen, Einfluss ausüben | Du hast diesen Regeln zugestimmt, sollen sie für alle gelten oder nur für die anderen? |

*Tabelle 27: Gegenüberstellung von ungünstigen und günstigen Kommunikationsformen (nach: LOHMANN 2003, S. 99 f.; Auswahl)*

sie eine zusätzliche Perspektive einbringen und damit zu einer objektiveren Betrachtung beitragen" (LOHMANN 2003, S. 57).

Aufgrund der differenzierten Unterrichts- und Beziehungssituationen kann es für Störungen und Konflikte kaum verbindliche Rezepte geben. Eine Ausnahme dürfte die Regel darstellen, im akuten Fall nicht sofort (spontan) zu reagieren. Natürlich gibt es Krisensituationen, in denen, zum Beispiel zum Schutz eines Kindes, unverzüglich gehandelt werden muss. Dies dürften aber die Ausnahmen sein. Bei einer normalen Unterrichtsstörung – auch dann, wenn eine alsbaldige Entscheidung erforderlich ist – sollte der Intervention immer eine zumindest minimale Bedenkzeit vorausgehen:

| Schritt | Ziel | Hinweis |
|---|---|---|
| ❶ Auszeit | Nicht reflexartig handeln, sondern Rationalität bewahren oder zurückgewinnen | Individuelle Technik anwenden, zum Beispiel Blick abwenden, einige Male stoßweise ausatmen, innerlich bis drei zählen etc. |
| ❷ Selbstanalyse | Prüfen, inwieweit man selbst betroffen ist | In welcher Weise bin ich selbst involviert, verletzt, provoziert? Stört das Verhalten vor allem mich oder stört es andere? Bin ich der Auslöser? |
| ❸ Situationsanalyse | Abschätzen der Störungsfolgen | Handelt es sich um eine isolierte Störung oder wird sie schnell um sich greifen? |
| ❹ Entscheidung | Intervenieren oder auf Intervention verzichten | Sind Art und Umfang der Intervention der Störung angemessen? |
| ❺ Reflexion | Erfahrungen mit der Unterrichtsstörung und der eigenen Reaktion auswerten | Was habe ich über mich selbst gelernt? Was habe ich über die Kinder gelernt? Was haben die Kinder über mich gelernt? |

*Tabelle 28: Fünf Schritte im Umgang mit Unterrichtsstörungen*

Eine Schrittfolge wie diese – ohne Kenntnis der spezifischen Situation – ist notwendigerweise abstrakt. Dennoch ist sie nicht wertlos. Schon die Tatsache, dass man sie als grobes Gerüst für konkretes Handeln in krisenhaften Situationen anerkennen oder verwerfen kann, schafft eine gewisse Distanz zu reflexartigen Reaktionen. Aus meiner Sicht sollte die Verarbeitung von Unterrichtsstörungen *immer* in die nachträglich gestellte Frage „Was lerne ich daraus?" einmünden. Sie ist so wichtig wie die Bedenkzeit am Anfang: Die Mini-Auszeit am Anfang soll reflexhafte Reaktionen vermeiden. Die nachträgliche Frage nach dem persönlichen Lernertrag für die Lehrperson leitet das Nachdenken über Prävention ein.

## Prävention durch Klassenführung

„Entscheidend ist nicht die Reaktion auf bereits eingetretene Disziplinprobleme, entscheidend ist die *Prävention* … Die wirksamen Verhaltensweisen sind in hohem Maße ganz *unauffällige, kaum merkliche* Gewohnheiten, zum großen Teil nonverbaler Natur" (NOLTING 2002, S. 41).

Im Zusammenhang mit den Themen Unterrichtsstörung und *classroom management* wird in fast allen einschlägigen Veröffentlichungen auf die Arbeit von Jacob S. Kounin „Techniken der Klassenführung" verwiesen (vgl. u. a. JÜRGENS 2000; NOLTING 2002; KIPER 2002; APEL 2002; LOHMANN 2003). Obwohl die Untersuchung bereits vor Jahrzehnten erfolgte und ursprünglich einer anderen Fragestellung galt, gehört Kounins Arbeit bis heute zu den Klassikern in diesem Bereich (KOUNIN 1976). Ausgelöst wurden Kounins Arbeiten durch die Beobachtung, dass die öffentliche Zurechtweisung eines Studenten das Verhalten der *anderen* Studierenden merklich veränderte. Kounin begann zu untersuchen, ob und wie die Qualität von Zurechtweisungen im Unterricht die *nicht betroffenen* Mitschüler beeinflusst. Seine Ergebnisse zeigten, dass die Wirkung von Zurechtweisungen in ein unübersehbares Netz von Beziehungen eingebettet ist. Abhängig von Schultyp, pädagogischer Situation, Einfluss des Elternhauses, Motivation des Schülers, Beliebtheit des Lehrers etc. kam es zu unterschiedlichen Effekten. Nach fünfjähriger Forschungsarbeit zum Problem der Disziplinierung standen Kounin und seine Mitarbeiter vor einem insgesamt unbefriedigenden Ergebnis. Die zentrale Aussage dieser Untersuchungen hat Kounin in einem Satz zusammengefasst: „Alle Studien rechtfertigen […] die Behauptung, es sei *nicht* von der Zurechtweisungsmethode als solcher abhängig, ob eine Zurechtweisung effektiv oder ineffektiv ausfällt […], sondern vielmehr abhängig von anderen Dimensionen der Klassenführung"[53] (KOUNIN 1976, S. 84).

Dieser Satz markierte die Wende in Kounins Untersuchungen. In der Folgezeit entwickelte er anhand der Auswertung von Videoaufnahmen fünf bedeutsame Dimensionen der Unterrichtsführung[54], die zur Prävention von Unterrichtsstörungen beitragen. Kounin beschreibt diese fünf Dimensionen wie folgt:

---

[53] These studies do justify the statement „That whether a desist is effective or ineffective is not dependent upon the qualities of the desist technique as such […] but rather upon other dimensions of classroom management"    143
(Kounin 1970, S. 73).

[54] Der von Kounin verwendete Begriff ‚classroom management' wird im Allgemeinen mit ‚Klassenführung' übersetzt. Da es aber überwiegend um das Lehrerverhalten beim Unterrichten geht, ver-

❶ *„Allgegenwärtigkeit und Überlappung;* diese Dimensionen betreffen die Fähigkeit des Lehrers, den Schülern mitzuteilen, dass er über ihr Verhalten informiert sei, sowie seine Fähigkeit, bei zwei gleichzeitig auftretenden Problemen beiden simultan seine Aufmerksamkeit zuzuwenden.

❷ *Reibungslosigkeit und Schwung;* beide Parameter messen die Fähigkeit des Lehrers, den Unterrichtsablauf bei Übungen und an Übergangsstellen zu steuern.

❸ *Gruppenmobilität und Rechenschaftsprinzip;* diese Aspekte betreffen die Fähigkeit des Lehrers, in Übergängen den Gruppen-Fokus zu wahren (Gegensatz: Völliges Aufgehen in der Beschäftigung mit einem einzelnen Schüler).

❹ *Valenz und intellektuelle Herausforderung.*

❺ *Abwechslung und Herausforderung bei der Stillarbeit;* diese Dimension bezieht sich auf die Programmierung von Lernaktivitäten mit Abwechslung und intellektuellem Herausforderungscharakter insbesondere im Rahmen der Stillarbeiten"* (KOUNIN 1976, S. 148).

## Allgegenwärtigkeit (Withitness) und Überlappung

Kounin hat die Wortschöpfung „Withitness" verwendet (1970, S. 74). Sie ist als *Allgegenwärtigkeit* ins Deutsche übersetzt worden, was nicht sonderlich glücklich erscheint. Inhaltlich meint der Begriff, dass die Lehrkraft an die Prozesse, die in der Klasse ablaufen, angekoppelt sein muss. Es geht um eine permanente, auf das Handeln der Kinder ausgerichtete, intellektuelle Lehrerpräsenz, deren Ziel es ist, gegebenenfalls frühzeitig und an der Quelle zu intervenieren.

‚Withitness' (Dabeisein/Allgegenwärtigkeit) ist eine Grunddimension professionellen Lehrerhandelns, die ihre positive Bedeutung vor allem in offenen Unterrichtssituationen entfaltet. Die Lehrperson achtet darauf, wie die Kinder mit den Fragestellungen und Aufgaben des Unterrichts zurechtkommen, ob sie das Material richtig verwenden, ob sie Hilfe benötigen. Dabei sendet die Lehrperson verbale oder nonverbale *Präsenzsignale* aus (NOLTING 2002, S. 67 ff.) – und beugt auf diese Weise Störungen vor.

*Überlappung* meint, dass die Lehrperson in der Lage sein muss, zwei Vorgänge gleichzeitig zu steuern. Kounin selbst hat beispielhaft eine Szene beschrieben, die sich mehr als drei Jahrzehnte später in vielen Grundschulklassen nahezu an jedem Tag in gleicher Weise abspielen könnte: Eine Lehrerin sitzt im Lesekreis und hört einem Mädchen zu, das vorliest, während sich ein Junge mit seinem Arbeitsheft (oder Arbeitsblatt) nähert.

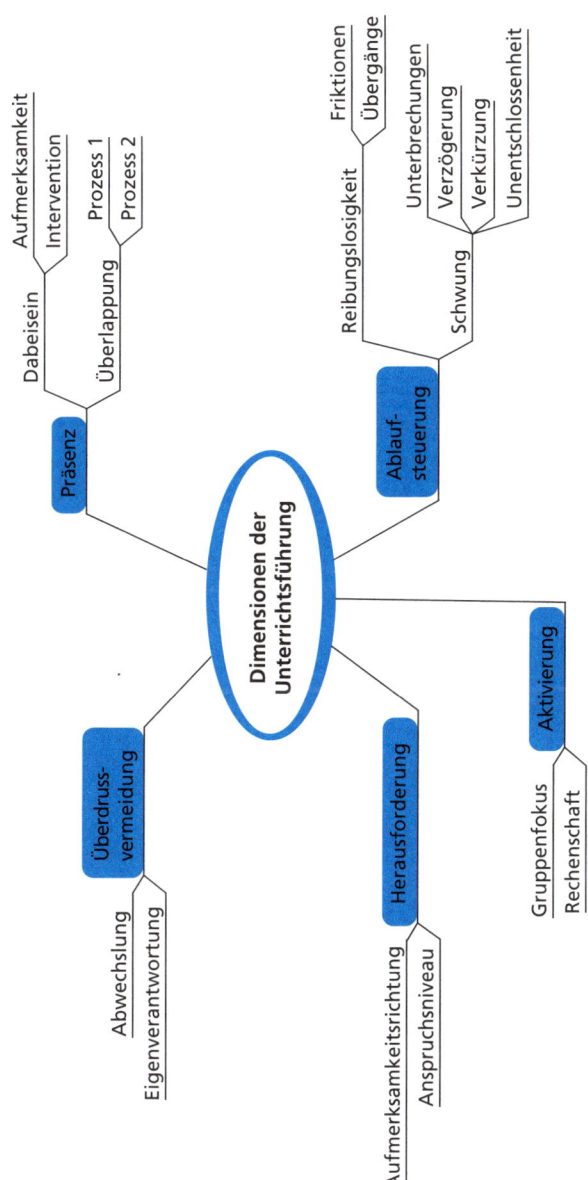

*Abbildung 16: Dimensionen erfolgreicher Unterrichtsführung (nach* KOUNIN *1976)*

Die Lehrerin bleibt sitzen, nickt dem lesenden Kind zu und nimmt gleichzeitig das Heft zur Hand. Setzt ein Häkchen zu einer Aufgabe und schaut den Jungen an. Dann wendet sie sich an das Mädchen und sagt: „Das war ein schwieriges Wort, Lucy, du hast es richtig gelesen." Danach hakt sie noch drei weitere Aufgaben im Arbeitsheft des Jungen ab und sagt dabei: „Sehr schön, du kannst jetzt mit der nächsten Seite weitermachen." Dann sieht sie wieder in ihr Lesebuch, während Lucy weiterliest (vgl. KOUNIN 1970, S. 84).

**Reibungslosigkeit und Schwung**
Unterricht benötigt einen inneren Spannungsbogen. Klare Aufgabenstellungen, nachvollziehbare Regelungen, verständliche Strukturierungshilfen sind hier ebenso hilfreich wie eine realistische Abschätzung der benötigten Arbeitszeit. Kounin hat eine ganze Reihe von Negativformen aufgeführt, die sich nachteilig auf den Unterricht auswirken (vgl. 1976, S. 101 ff.):

- *Thematische Inkonsequenz und Unentschlossenheit*: „Abbrechen der Rechenübung, Beginnen des Leseunterrichts, Zurückkommen auf das Rechnen";
- *Verkürzungen*: angefangene Tätigkeit unterbrechen, auf neue Tätigkeit umsteuern, angefangene Tätigkeit nicht wieder aufnehmen;
- *Sprunghaftigkeit*: Themen, zum Beispiel aufgrund von Minimalstörungen (Herumliegen von Papier auf dem Fußboden), unvermittelt aufgreifen;
- *Überproblematisierung*: intensivere Problemerörterungen als für den aktuellen Unterricht erforderlich;
- *Fragmentierung*: überflüssige Zerlegung von Anweisungen oder Handlungseinheiten.

Ziel ist es, ein möglichst hohes Aktivierungsniveau zu erhalten (1976, S. 116).

**Gruppenmobilisierung und Rechenschaftsprinzip**
Lehrerinnen und Lehrer müssen die Fähigkeit entwickeln, die Klasse insgesamt anzusprechen und in Denk- oder Handlungsprozesse einzubeziehen. Kounin nennt dies *Gruppenmobilisierung*. Nolting spricht im gleichen Zusammenhang von einer „breiten Aktivierung", bei der möglichst alle Kinder zum Mitmachen veranlasst werden (2002, S. 43).

> **BEISPIEL ▶** Mit der Aufforderung „Nenne einige Aufgaben des Hausmeisters unserer Schule" wird eine breitere Aktivierung erreicht als mit der Frage „Wer versorgt die Heizung unserer Schule?". Im ersten Fall gibt es mehrere Antworten, und es lohnt sich, weiter nachzudenken und mitzuarbeiten, wenn die erste Antwort gefallen ist. Im zweiten Fall gibt es nur eine Antwort. Nur ein Kind kann erfolgreich antworten. Daher lohnt es sich für viele Kinder nicht, sich aktiv zu beteiligen. ◀

Der Begriff *Rechenschaftsprinzip* wirkt zunächst eher negativ. Allerdings muss der Schwerpunkt nicht zwingend auf Kontrolle liegen. Kinder suchen in der Regel nach Gelegenheiten, ihre Arbeiten und Ergebnisse vorweisen zu können, um Anerkennung und Bestätigung zu erhalten. Das Rechenschaftsprinzip hat also zwei Gesichter: „Der Lehrer erfährt, womit sich das Kind beschäftigt, und der Schüler wiederum erfährt, dass der Lehrer über sein Tun im Hinblick auf eine bestimmte Arbeit informiert ist" (KOUNIN 1976, S. 119).

**Intellektuelle Herausforderung und Vermeidung von Langeweile**
Von entscheidender Bedeutung für einen störungsarmen Unterricht sind *Abwechslung* und *intellektuelle Herausforderung*. Kinder folgen dem Unterricht intensiver, wenn sie moderat gefordert werden. Dabei scheint es einen positiven Effekt zu haben, wenn die Lehrperson Hinweise gibt und verbale Hervorhebungen macht, zum Beispiel: „Jetzt kommt etwas Wichtiges"; „...etwas Lustiges", „... eine Schwierigkeit, bei der man ganz besonders aufpassen muss" etc. (vgl. KOUNIN 1976, S. 136).

### Resümee

- Im Zusammenhang mit einer erfolgreichen Unterrichtsführung und dem Umgang mit Unterrichtsstörungen ist ganz klar von einem Primat der Prävention auszugehen.
- Kounin hat fünf Dimensionen einer erfolgreichen Unterrichtsführung aufgezeigt und ihre Wirksamkeit empirisch belegt. Diese Dimensionen sind von grundlegender Bedeutung: Sie gelten „gleichermaßen für emotional gestörte Kinder in regulären Klassen wie für nicht gestörte Kinder, für Jungen wie für Mädchen". Nolting weist ergänzend darauf hin, dass die Klassengröße in den Untersuchungen zwischen 21 und 39 Kindern schwankte. Er folgert daraus, dass die Klassengröße keinen entscheidenden Einfluss hatte. „Das heißt: Wer die wirksamen Verhaltensweisen nicht beherrscht, dem nützt auch eine kleine Klasse nichts" (2002, S. 40).
- Gerade Formen des offenen Unterrichts, in denen die Kinder mit einem größeren Grad an Selbststeuerung und Eigenverantwortung beteiligt sind, sind auf ein effektives Gruppenmanagement angewiesen. Erst eine geordnete und entspannte Arbeitsatmosphäre ermöglicht es, störungsfrei unterschiedlichen Gruppenaktivitäten nachzugehen, Individualisierung zu praktizieren und Einzelzuwendung zu realisieren. Kounin hat diesen Zusammenhang bereits im Jahr 1970 mit den Worten umrissen: „If there is a climate of work involvement and freedom from deviancy, different groups of children may be doing different things, and the teacher is free to help individual children if she so chooses" (ebd., S. 145).

## 8.3 Benachteiligungen

### Förderung von Mädchen und Jungen

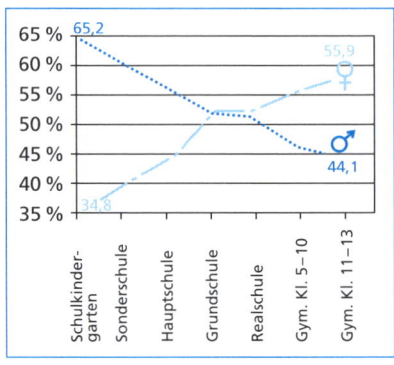

Die Geschichte der Schule war lange Zeit implizit auch die Geschichte der Ausgrenzung von Mädchen von der Teilhabe am Bildungssystem. Noch vor wenigen Jahrzehnten war es gesellschaftlich toleriert, dass Mädchen in höheren Schulen und bei allen höheren Abschlüssen des Bildungssystems deutlich unterrepräsentiert waren. Daher war es in der pädagogischen Diskussion geboten, zunächst die Aufmerksamkeit auf den Schulerfolg von Mädchen zu fokussieren. Angesichts der erkennbaren Ungleichverteilung der Geschlechter im Bildungssystem kann die Koedukationsdebatte aber auch heute nicht als abgeschlossen betrachtet werden.

Die Genugtuung darüber, dass es der Gesellschaft und dem Bildungssystem gelungen ist, ein Jahrhunderte währendes Unrecht Mädchen und Frauen gegenüber zu beenden, darf nicht den Blick dafür verstellen, dass unter den gegenwärtigen Bedingungen Jungen im Schulsystem benachteiligt werden. Die Bildungsstatistik weist unzweifelhaft aus, dass Jungen in allen Bereichen, die einen minderen Schulerfolg signalisieren, überrepräsentiert und in allen Bereichen, die einen höheren Erfolg ausweisen, unterrepräsentiert sind. Dies wird sowohl in den Besuchszahlen der einzelnen Schulformen wie auch bei den Abschlüssen deutlich.

|  | Jungen % | Mädchen % |
|---|---|---|
| Schulkindergarten | 65,2 | 34,8 |
| Sonderschule | 61,4 | 38,6 |
| Hauptschule | 56,2 | 43,8 |
| Grundschule | 51,0 | 49,0 |
| Realschule | 49,0 | 51,0 |
| Gymnasium Kl. 5–10 | 46,2 | 53,8 |
| Gymnasium Kl. 11–13 | 44,1 | 55,9 |

*Tabelle 29: Geschlechterverteilung im Schulsystem (nach: Bundesministerium für Bildung und Forschung 2002, S. 56–65)*

Setzt man eine vergleichbare geistige Leistungsfähigkeit der Geschlechter voraus (TIEDEMANN/FABER 1994, S. 104), dann kann man die Gründe für das schlechtere Abschneiden von Jungen im außerschulischen Bereich und/oder im schulischen Bereich suchen. Für den schulischen Bereich können zumindest zwei Wirkfaktoren vermutet werden:

● Das Schulsystem favorisiert Leistungen (Sprache, Rechtschreiben, Fremdsprache), in denen Jungen schlechtere Leistungen erbringen,
● Jungen werden bei gleicher Leistung schlechter bewertet.

In beiden Fällen sind Konsequenzen zu bedenken, die den Bereich der Grundschule tangieren. Wenn sich Jungen in ihren Orthografieleistungen langsamer entwickeln als Mädchen, wie es die IGLU-Studie erneut ausgewiesen hat (BOS u. a. 2003, S. 249 ff.), dann ist zu erwarten, dass sich dies im Schulerfolg der ersten Schuljahre niederschlägt. Auf diesen Zusammenhang muss die Grundschule durch stärkere Individualisierung, frühere Intervention und verbesserte Förderung reagieren. Wenn es Tendenzen gibt, Mädchen bei gleicher Leistung besser zu bewerten (VALTIN 2002, S. 76 [55]), dann ist zu prüfen, welche Umstände dazu führen, dass Jungen auch dann schlechter bewertet werden, wenn sie vergleichbare Leistungen zeigen. Der Anspruch, dass niemand wegen seines Geschlechtes benachteiligt werden darf, muss auch im täglichen Widerspruch aktueller Interessen eingelöst werden. Die Forderung nach gleichberechtigtem Zusammenleben der Geschlechter in der Schule schließt den Anspruch auf Chancengerechtigkeit bei der Teilhabe an Schul- und Bildungsabschlüssen mit ein.

## Förderung behinderter Kinder

Die gemeinsame Unterrichtung von behinderten und nicht behinderten Kindern im Rahmen der Grundschule ist seit Jahrzehnten in zahlreichen Integrationsmodellen erprobt worden. Dabei stand häufig, jedoch nicht durchgehend, der Leistungsaspekt im Vordergrund. Wocken (1987, S. 280 ff.) hat mögliche Annahmen, Hoffnungen und Befürchtungen zusammengestellt.
Dabei unterscheidet er fünf Formen:

● *Deprivationshypothese*: Sie geht davon aus, dass die Integration der behinderten Kinder in die Regelklasse zur Verminderung der Leistungsmöglichkeiten der nicht behinderten Kinder führt.

---

[55] „Es ist zu vermuten, dass bei Mädchen eher leistungsfremde Gesichtspunkte in die Beurteilung eingehen als bei Jungen (zum Beispiel die Handschrift) und dass bei ihnen ihre stärkere Anpassung an schulische Normen, aber auch größere Schulfreude bei der Notengebung eine Rolle spielen" (ebd.).

● *Optimierungshypothese*: Ausgehend von der Erfahrung, dass Integrationsklassen in der Regel eher von engagierten und erfahrenen Lehrerinnen und Lehrern geführt werden, werden positive Aspekte erwartet.

● *Nivellierungshypothese*: Die permanente Rücksichtnahme auf leistungsschwache Kinder könnte dazu führen, dass die leistungsstärkeren Kinder nicht ihren Möglichkeiten entsprechend gefördert werden.

● *Homogenisierungshypothese*: Sie verbindet die Einschätzung der Nivellierungshypothese mit einer positiven Annahme zugunsten der behinderten Kinder.

● *Patthypothese*: Sie nimmt an, dass sich hinsichtlich der Leistungsfähigkeit von Integrationsklassen und Regelklassen keine signifikanten Differenzen ergeben.

Inzwischen liegen teils sehr differenzierte Ergebnisse aus diversen Schulversuchen vor. „Aus diesen Berichten wird vor allem deutlich, wie groß der Gewinn für alle Kinder ist, wenn sie in heterogenen Gruppen lernen, gemeinsam mit hoch begabten, durchschnittlich begabten, lernbehinderten, verhaltensauffälligen, aber auch geistig und körperlich behinderten Kindern" (GRAUMANN 2002, S. 100).

## Sonderschulen als Förderort

Der Ausbau des Sonderschulwesens in den Fünfziger- und vor allem in den Sechzigerjahren wurde von dem Gedanken getragen, dass behinderte Kinder und Jugendliche in Sonderschulen [56] besser als in der Regelschule gefördert werden können. Mehr oder weniger unkontrolliert etablierte sich im schulischen Bereich eine Gleichsetzung der Bezeichnungen „behindert" und „sonderschulbedürftig". Entsprechend der „Empfehlung zur Ordnung des Sonderschulwesens" (16.03.1972) und der „Empfehlung zur sonderpädagogischen Förderung" (06.05.1994) gliedert sich das Sonderschulwesen der Bundesrepublik Deutschland in zehn unterschiedliche Sonderschultypen, und zwar in Schulen für *Blinde*, für *Gehörlose*, für *Geistigbehinderte*, für *Körperbehinderte*, für *Lernbehinderte* (Schulen für Lernhilfe; Förderschule; Allgemeine Förderschule; Förderschule für Lernbehinderte), für *Sehbehinderte*, für *Schwerhörige*, für *Sprachbehinderte*, für *Verhaltensgestörte* (Schule für Erziehungshilfe), für *Kranke* [57] sowie auch Hausunterricht.

---

[56] Für Sonderschulen gibt es in den einzelnen Bundesländern unterschiedliche Bezeichnungen. Verwendung findet auch der Begriff ‚Förderschule' (vgl. SCHRÖDER 2000, S. 85 ff.).

[57] Sie erteilen Unterricht für Kinder und Jugendliche, die längerfristig in Krankenhäusern, Kliniken oder Heilstätten untergebracht sind. Zur Wiedereingliederung in die Schule kann Hausunterricht erfolgen.

In die Sonderschule sollten Kinder und Jugendliche aufgenommen werden, „die infolge einer Schädigung in ihrer Entwicklung und in ihrem Lernen so beeinträchtigt sind, dass sie in allgemeinen Schulen nicht oder nicht ausreichend gefördert werden können" (KMK 1960, S. 7). Der stürmische Ausbau des Sonderschulwesens (vgl. TOPSCH 1975, S. 43 ff.) wurde in den Sechzigerjahren aber nicht nur pädagogisch, sondern auch ökonomisch gerechtfertigt. So hieß es etwa: „Mittel, die heute für Sonderschulen ausgegeben werden, werden später in vielfacher Höhe bei den Ausgaben für Unterstützungen, Gefängnisse und Heilanstalten eingespart" (KMK 1960, S. 8). Eine inhaltliche Wende brachte erst die Empfehlung des Deutschen Bildungsrates „Zur pädagogischen Förderung behinderter und von Behinderung bedrohter Kinder und Jugendlicher" (1973). An die Stelle der „Sonderschulbedürftigkeit" trat das *Konzept eines spezifischen Förderbedarfs*. Gleichzeitig wurde die Integration als Zielvorstellung formuliert. Nach Auffassung des Bildungsrates waren Sonderschulen zwar nicht überflüssig, doch sollte dem sonderpädagogischen Förderbedarf prinzipiell auch in anderen institutionellen Formen entsprochen werden können. Diesem Förderverständnis hat sich – rund zwanzig Jahre später – auch die Kultusministerkonferenz angeschlossen. Schon der Titel der KMK-Empfehlung von 1994 bringt dies zum Ausdruck: Handelte es sich 1972 noch um eine „Empfehlung zur Ordnung des Sonderschulwesens", spricht die KMK 1994 von einer „Empfehlung zur sonderpädagogischen Förderung". Darin wird bereits im Vorwort ausgeführt, dass sonderpädagogischer Förderbedarf „nicht an Sonderschulen gebunden" ist. Ihm kann vielmehr „auch in allgemeinen Schulen […] vermehrt entsprochen werden" (1994, S. 2). Der Begriff des sonderpädagogischen Förderbedarfs hat sich inzwischen allgemein durchgesetzt (zur ausführlicheren Diskussion vgl. SCHRÖDER 2000, S. 76 ff.).

## Flexible Förderung

Seit den Siebzigerjahren wurden zahlreiche Versuche zur Integration behinderter Kinder in die allgemeine Schule durchgeführt (vgl. MUTH u. a. 1976). Sie bezogen sich auf jede Schulstufe, schlossen (vereinfachend formuliert) jegliche Behinderungsart ein und erprobten unterschiedliche Grade der Integration. Hierfür hatte der Bildungsrat mit seinem Vorschlag eines abgestuften Systems, das von der additiven Angliederung über Formen der Teilintegration bis zur vollen Integration reichte, schon 1973 einen Rahmen vorgegeben. Auch die KMK-Empfehlung aus dem Jahr 1994 sieht vor, dass dem sonderpädagogischen Förderbedarf in differenzierter Form entsprochen werden soll. Dabei ergeben sich vier Hauptrichtungen:

**❶ *Prävention***

Präventionsmaßnahmen haben das Ziel, Behinderungen vorzubeugen und der Verfestigung und Vertiefung bestehender Behinderungen entgegenzuwirken. Wesentlichen Anteil am Gelingen von Präventionsmaßnahmen kommen der Früherkennung und Frühförderung im vorschulischen Bereich zu. In der Grundschule muss sich Prävention auf eine umfassende, auf Integration ausgerichtete Diagnostik stützen (vgl. BOBAN/HINZ 1998, S. 151 ff.). Prävention kann sich aber auch in der kollegialen Beratung von Grundschullehrerinnen und Grundschullehrern durch Sonderpädagogen oder durch eine gemeinsame Beratung der Eltern durch Grundschullehrer und Sonderpädagogen realisieren.

**❷ *Förderung in der allgemeinen Schule***

Viele Eltern, die eine erfolgreiche Mitarbeit ihres behinderten Kindes in einem Integrations-Kindergarten erlebt haben, drängen darauf, ihr Kind in eine allgemeine Grundschule einzuschulen und auf diese Weise zumindest den Versuch einer schulischen Integration zu unternehmen. In solchen Fällen tritt zur allgemeinen Förderung durch die Grundschule eine spezifische sonderpädagogische Versorgung und Förderung hinzu. Hierzu ist eine Sicherung der notwendigen Rahmenbedingungen (Beleuchtung, Hörhilfen, bauliche Maßnahmen etc.) ebenso notwendig wie die regelmäßige, abgestimmte Zusammenarbeit zwischen Sonderpädagogen, Sozialpädagogen und den am Grundschulunterricht beteiligten Fach- und Lehrkräften. Bei der Umsetzung gibt es erwartungsgemäß deutliche Häufigkeitsdifferenzen zwischen den einzelnen Behinderungsarten. Dennoch kann man festhalten, dass sich die Integration in der Grundschule auf alle Behinderungsarten erstreckt.

**❸ *Förderung in kooperativer Form***

Eine differenzierte Erörterung möglicher Kooperationsformen hatte der Deutsche Bildungsrat bereits 1973 vorgelegt (s. Abbildung 14). Er empfahl die Einrichtung von *Kooperativen Schulzentren*, in denen jeweils eine allgemeine Schule (Regelschule) und eine Schule für Behinderte organisatorisch zusammengefasst werden sollten. Ziel war es, einen Organisationsrahmen zur Realisierung einer abgestuften Integration bereitzustellen und auf diese Weise einen zeitweiligen oder dauerhaften Wechsel zwischen der allgemeinen Schule und der Behindertenschule zu ermöglichen. Am Beispiel der Zusammenfassung einer allgemeinen Schule und einer Schule für Körperbehinderte zu einem Kooperativen Schulzentrum wurde ausgeführt:

„Die verwaltungsmäßige Zuordnung eines behinderten Kindes zur allgemeinen Schule oder zur Schule für Behinderte richtet sich nach den überwiegenden Stundenanteilen, in der einen oder anderen Form. Ist ein körperbehinderter Schüler beispielsweise voll in den allgemeinen Unterricht integriert, so gehört er im Schulzentrum zur allgemeinen Schule, obwohl er durch Sonderpädagogen der Schule für Behinderte behinderungsspezifische Hilfe erhält. Bei Teilintegration ergibt sich eine Zuordnung zur allgemeinen Schule oder zur Schule für Behinderte je nach den Stundenanteilen" (1973, S. 87).

Daneben sollte aber auch die ausschließliche Unterrichtung in der Behindertenschule für Kinder möglich sein, wenn sich Formen der Teilintegration für ein Kind als nicht förderlich erwiesen. Auch in diesem Fall „sollen Gelegenheiten zu Kontakten im Rahmen des allgemeinen Schullebens geschaffen werden" (DEUTSCHER BILDUNGSRAT 1973, S. 91), was im Rahmen eines Kooperativen Schulzentrums leichter zu realisieren war als bei einer Trennung der Institutionen. Da der Ausbau des Sonderschulwesens Anfang der Siebzigerjahre als relativ abgeschlossen gelten konnte, verstand sich der Vorschlag zur Einrichtung Kooperativer Schulzentren durch den Bildungsrat im Wesentlichen als eine nützliche Utopie. In dieser Form hat der Bildungsrat mit seiner Integrations-Empfehlung wesentlich zur Veränderung des Bewusstseins beigetragen. Vor allem hat er einen Handlungsrahmen für viele Initiativen ‚von unten' geschaffen.

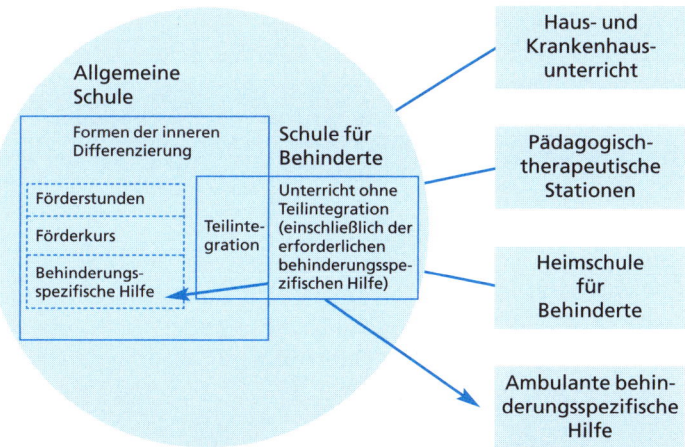

*Abbildung 17: Strukturvorschlag des Deutschen Bildungsrates zur Integration behinderter Kinder und Jugendlicher (1973, S. 79)*

❹ *Förderung in Sonderschulen oder sonderpädagogischen Zentren*
Gegenwärtig findet die Förderung behinderter Kinder zum großen Teil weiterhin in Schulen für Behinderte statt. Dies ist immer dann erforderlich, wenn die Förderung eines behinderten Kindes „in einer allgemeinen Schu-

le nicht ausreichend gewährleistet werden kann (Konferenz der Kultusminister 1994, S. 15). Engere Vorgaben für die Entscheidung darüber, wie der „sonderpädagogische Förderbedarf" organisiert werden soll, lassen sich teilweise aus der entsprechenden Ländergesetzgebung ableiten. Darüber hinaus werden von der KMK *Sonderpädagogische Förderzentren* angesprochen, die je nach Grad und Umfang der Behinderung auch eine möglichst wohnortnahe stationäre Förderung gewährleisten sollen.

Sonderschulen gehören – mit Ausnahme der Einrichtungen zur beruflichen Bildung – zu den allgemein bildenden Schulen. Für sie gelten im Prinzip die gleichen Lehrpläne wie für die allgemeinen Schulen (Regelschulen) und sie vermitteln die gleichen Abschlüsse. Ausnahmen hiervon stellen die Schule für Lernbehinderte und die Schule für Geistigbehinderte dar, deren Unterricht jeweils eigene Ziele, Inhalte und Leistungsanforderungen zugrunde liegen. Die Dauer der Schulpflicht kann für Kinder, die auf sonderpädagogische Förderung angewiesen sind, ausgedehnt werden und von der allgemeinen Schulpflicht abweichen.

| Gymnasium / Realschule / Hauptschule | Blinde, Sehbehinderte | Gehörlose, Schwerhörige | Körperbehinderte | Sprachbehinderte | Verhaltensauffällige | | |
|---|---|---|---|---|---|---|---|
| Sonderschule L | | | | | | Lernbehinderte | |
| Sonderschule G | | | | | | | Geistigbehinderte |

*Tabelle 30: Abschlüsse im Schulsystem*

Mit Ausnahme der Lernbehindertenschule und der Geistigbehindertenschule ermöglichen Sonderschulen grundsätzlich die gleichen Abschlüsse wie die allgemeinen Schulen. In Schulen für Lernbehinderte kann je nach Bundesland der Abschluss der Lernbehindertenschule nach der 9. Klasse, nach der 10. Klasse oder der Hauptschulabschluss erworben werden. Auch für die Schule für Geistigbehinderte gibt es länderspezifische Regelungen. Trotz der positiven Veränderungen, die sich bei der schulischen Förderung von behinderten Kindern abzeichnen, ist die Integration in die Regelschule noch längst keine Selbstverständlichkeit. Jakob Muth (1927–1993)[58] hat in Fallstudien aufgezeigt, wie

---

[58] Er war Mitglied der Bildungskommission des Deutschen Bildungsrates und Vorsitzender des Ausschusses „Sonderpädagogik", der die „Empfehlung zur pädagogischen Förderung behinderter und von Behinderung bedrohter Kinder und Jugendlicher" (1973) erarbeitete.

viele mentale und physische Hindernisse überwunden werden müssen, um die Eingliederung eines behinderten Kindes in eine allgemeine Schule zu realisieren (vgl. MUTH 1991). Aber auch der Besuch einer Integrationsklasse kann mit organisatorischen Problemen belastet sein, die die Eltern vor schwierige Entscheidungen stellen. Schon vor der Schulaufnahme ist die Frage zu klären, ob es für das Kind günstiger ist, es ein weiteres Jahr in einer vorschulischen Einrichtung zu belassen, in eine Sonderschule oder in eine Regelschule mit einer Integrationsklasse einzuschulen. Die Problematik setzt sich mit Bewertungsfragen (Zensuren, Zeugnisse) fort und verschärft sich erheblich, wenn in der Schule „Sitzenbleiben" praktiziert wird. „Bereits in der Grundschule kann es in einer Integrationsklasse zum Problem werden, wenn als Normalität von der Schule verstanden wird, dass Kinder mit Lernschwierigkeiten die Klasse wiederholen müssen, [...] während die mit offiziellem ‚Behindertenstatus' ver-

| Förderschwerpunkt | Schüler mit sonderpädagogischer Förderung | | | | Prozentanteil an den | |
|---|---|---|---|---|---|---|
| | in allgemeinen Schulen | | in Sonderschulen | | zusammen | sonderpäd. Geförderten | Vollzeitschulpflichtigen* |
| Lernen | 30.382 | 11,6 % | 231.092 | 88,4 % | 261.474 | 53,58 | 2,865 |
| Sehen | 1.765 | 29.4 % | 4.235 | 70,6 % | 6.000 | 1,23 | 0,066 |
| Hören | 3.053 | 22,6 % | 10.475 | 74,4 % | 13.528 | 2,77 | 0,148 |
| Sprache | 9.267 | 21,3 % | 34.335 | 78,7 % | 43.602 | 8,93 | 0,478 |
| Körperliche und motorische Entwicklung | 4.214 | 16,2 % | 21.760 | 83,8 % | 25.974 | 5,32 | 0,285 |
| Geistige Entwicklung | 1.885 | 2,7 % | 66.911 | 97,3 % | 68.796 | 14,10 | 0,754 |
| Emotionale und soziale Entwicklung | 10.634 | 27,6 % | 27.843 | 72,4 % | 38.477 | 7,89 | 0,422 |
| Kranke | 207 | 2,1 % | 9.592 | 97,9 % | 9.799 | 1,39 | 0,107 |
| Übergreifend oder ohne Schwerpunkt | 1.854 | 9,1 % | 18.450 | 90,9 % | 20.304 | 4,17 | 0,222 |
| Summe | 63.261 | | 424.693 | | 487.954 | 99,38 | 5,347 |

*Tabelle 31: Schülerinnen und Schüler mit sonderpädagogischer Förderung* [59]

---

[59] In unterschiedlichen Darstellungen gibt es minimale Differenzen bei der Gesamtzahl.
* Jahrgangsstufen 1–10 und Sonderschulen.

sehenen Mitschülerinnen und Mitschüler auch dann in der Klasse bleiben" (SCHÖLER 1999, S. 70). Als problematisch erweist sich ferner, dass Grundschulen normalerweise nur eine Halbtagsbetreuung anbieten können, während behinderte Kinder oft eine längere tägliche Förderungszeit benötigen und zumindest auf eine Hausaufgabenbetreuung angewiesen sind.

Trotz der genannten Probleme erfolgte im Schuljahr 2001/2002 für mehr als 63.000 Schülerinnen und Schüler die sonderpädagogische Förderung an allgemeinen Schulen (s. Tabelle 31). Über 70 Prozent davon wurden in einer Grundschule gefördert (Konferenz der Kultusminister Dok. 159, 2002, IX). Den höchsten prozentualen Förderanteil an allgemeinen Schulen stellten Kinder und Jugendliche mit Sehbeeinträchtigungen. Fast 30 Prozent der Kinder dieser Gruppe besuchen eine Regelschule. Auch Kinder und Jugendliche mit Hörbeeinträchtigungen (vgl. HOLLWEG 1999; DÜRR 2001) und Sprachbeeinträchtigungen nehmen bei der Förderung in Integrationsklassen einen relativ hohen Rangplatz ein, während Kinder und Jugendliche mit Beeinträchtigungen des Lernens und der geistigen Entwicklung unter den Bedingungen des derzeitigen Schulsystems offensichtlich seltener integriert werden.

Inzwischen wird auch innerhalb der Sonderpädagogik der Behinderungsbegriff kontrovers diskutiert. Dies führt dazu, dass sich eine *Integrationspädagogik* etablierte, die einen erweiterten Begriff von Unterricht angewendet wissen will. Sie geht davon aus, dass Unterrichten ganz generell unter dem Anspruch erfolgen muss, „Schwierigkeiten beim Lernen zu diagnostizieren sowie angemessene Lernhilfen zu deren Überwindung anzubieten" (EBERWEIN/KNAUER 2002, S. 31). Ihr liegt ferner die Überzeugung zugrunde, dass es keine Schüler gibt, deren Lernbeeinträchtigungen sich über alle Lernbereiche hinweg erstrecken. Von daher hält sie eine Separierung weder für geboten noch für verantwortbar. Folgerichtig fordert sie einen Ausbau der sonderpädagogischen Unterstützung, die auf Nichtaussonderung zielt und so umfassend sein muss, dass alle Kinder erfolgreich in der allgemeinen Schule mitarbeiten können. „Die verhängnisvolle, heute nicht mehr zu rechtfertigende Trennung von Pädagogik und Sonderpädagogik muss durch die Integration so genannter sonderpädagogischer Problemstellungen in die Allgemeine Erziehungswissenschaft überwunden werden" (EBERWEIN/KNAUER 2002, S. 27). Dies ist eine Zielrichtung, der sich auch die *Grundschule als Schule aller Kinder* verpflichtet fühlt. Zugleich entwirft sie eine humane Entwicklungsperspektive, der sich die Schulpädagogik insgesamt und die *Grundschulpädagogik* in besonderem Maß stellen müssen.

# Literatur

Titel mit diesem Logo werden zur vertiefenden Lektüre empfohlen. Sie vermitteln – bei unterschiedlicher Schwerpunktsetzung – einen Überblick über die Breite und die inhaltliche Vielfalt grundschulpädagogischer Handlungsfelder. Einige Grundsatztitel mit psychologischer, soziologischer oder sozialpädagogischer Ausrichtung werden ergänzend einbezogen.

AEBLI, HANS: Zwölf Grundformen des Lehrens. Eine allgemeine Didaktik auf psychologischer Grundlage. Medien und Inhalte didaktischer Kommunikation, der Lernzyklus. 11. Aufl. Stuttgart: Klett-Cotta 2001.

ALT, CHRISTIAN: Wandel familialer Lebensverhältnisse minderjähriger Kinder in Zeiten der Pluralisierung. In: BIEN, WALTER/MARBACH, JAN H. (Hrsg.): Partnerschaft und Familiengründung. Ergebnisse der dritten Welle des Familien-Survey. Opladen: Leske + Budrich 2003, 219–244.

ALTENBURG, ERIKA/ARNOLD, GISELA/SCHÜÜRMANN, ANJA: Stationenlernen im fächerübergreifenden Sachunterricht. Donauwörth: Auer 2000.

AMFT, HARTMUT/GERSPACH, MANFRED/MATTNER, DIETER: Kinder mit gestörter Aufmerksamkeit. ADS als Herausforderung für Pädagogik und Therapie. Stuttgart, Berlin, Köln: Kohlhammer 2002.

APEL, HANS JÜRGEN: Herausforderung Schulklasse. Klassen führen – Schüler aktivieren. Bad Heilbrunn: Klinkhardt 2002.

APEL, MAX: Die Volksschule als Einheitsschule. Berlin: Buchhandlung Vorwärts Paul Singer 1919.

ARIÈS, PHILIPPE: Geschichte der Kindheit. Mit einem Vorwort von Hartmut von Hentig. München: Deutscher Taschenbuchverlag 1978.

ARNOLD, GISELA/RETTERATH, GERHARD/SCHÜÜRMANN, ANJA/WUNDERLICH, BETTINA: Lernstationen planen können. In: Grundschule 30. Jg. (1998) 12, 50–51.

ASCHERSLEBEN, KARL: Einführung in die Unterrichtsmethodik. 2., unveränd. Aufl. Stuttgart u. a.: Kohlhammer 1976.

ASCHERSLEBEN, KARL: Frontalunterricht – klassisch und modern. Neuwied, Kriftel: Luchterhand 1999.

AUSGEWÄHLTE ERGEBNISSE DER SCHULEINGANGSUNTERSUCHUNGEN KÖLN 1995–1999. [http://www.stadt-koeln.de/imperia/md/content/pdfdateien/pdf532/schulgesundheitsdienst/5.pdf]

BAACKE, DIETER: Die 0- bis 5jährigen. Einführung in die Probleme der frühen Kindheit. Weinheim und Basel: Beltz 1999.

🔵 BAACKE, DIETER: Die 6- bis 12jährigen. Einführung in die Probleme des Kindesalters. Vollst. überarb. Neuausg. der 6. Aufl. 1998. Weinheim und Basel 2001.

BACH, HEINZ/KNÖBEL, ROLF/ARENZ-MORCH, ANGELIKA/ROSNER, ANTON: Verhaltensauffälligkeiten in der Schule. Statistik, Hintergründe, Folgerungen. Mainz: v. Hase und Koehler 1984.

BACH, HEINZ: Wie viele verhaltensauffällige Schüler gibt es tatsächlich? Verhaltensauffälligkeit im Spiegel empirischer Untersuchung. In: LUDWIG, OTTO u. a. (Hrsg.): Unterrichtsstörungen – Dokumentation, Entzifferung, Produktives Gestalten. Seelze: Friedrich 1987 (= Friedrich Jahresheft 5), 56–62.

BAIRLEIN, SIGRID: Freies Arbeiten – Wie steige ich ein? In: HELL, PETER (Hrsg.): Öffnung des Unterrichts in der Grundschule. Wochenplanarbeit – Stationentraining – Schuldruckerei. Donauwörth: Auer 1993, 73–85.

BARTNITZKY, HORST: Grundschule als pädagogische Leistungsschule. In: BAMBACH, HEIDE/BARTNITZKY, HORST/ILSEMANN, CORNELIA VON/OTTO, GUNTHER (Hrsg.): Prüfen und Beurteilen. Zwischen Fördern und Zensieren. Jahresheft 14 (1996). Seelze: Velber 1996, 44–47.

BASTIAN, JOHANNES: Zehn Merkmale offenen Unterrichts. In: Pädagogik, 47 (1995) 12, 6–11.

BAUER, ROLAND: Offenere Unterrichtsformen. In: BAUER, ROLAND (Hrsg.): Offenes Arbeiten in der Sekundarstufe I. Ein Praxishandbuch. Berlin: Cornelsen Verlag Scriptor 2003, 41–58.

BAUMERT, JÜRGEN u. a. (Hrsg.) [Deutsches PISA-Konsortium]: PISA 2000. Basiskompetenzen von Schülerinnen und Schülern im internationalen Vergleich. Opladen: Leske + Budrich 2003.

BECKER, GEORG E./CLEMENS-LODDE, BEATE/KÖHL, KARL: Unterrichtssituationen III. Üben und Experimentieren. München, Berlin, Wien: Urban Schwarzenberg 1976.

BECKER, GEORG E.: Planung von Unterricht. Handlungsorientierte Didaktik. Teil I. 6. Aufl. Weinheim, Basel 1984.

BENKEL, ASTRID/BENKEL, HANS: „Kann man mit den Fingern sehen?" – „Lernen an Stationen" in einem 2. Schuljahr. In: HEGELE, IRMINTRAUT (Hrsg.): Lernziel: Stationenarbeit. Eine neue Form des offenen Unterrichts. 4., neu ausgest. Aufl. Weinheim, Basel: Beltz 1999, 56–75.

BENNER, DIETRICH/RAMSEGER, JÖRG: Wenn Schule sich öffnet. Erfahrungen aus dem Grundschulprojekt Gievenbeck. München: Juventa 1981.

BENNER, DIETRICH (gemeinsam mit JÖRG RAMSEGER): Zwischen Ziffernzensur und pädagogischem Entwicklungsbericht. Zeugnisse ohne Noten in der Grundschule. In: BENNER, DIETRICH: Studien zur Didaktik und Schultheorie. Weinheim, München: Juventa 1995, 205–236.

BILDUNGSKOMMISSION NRW: Die Zukunft der Bildung. Schule der Zukunft. Luchterhand 1995.

BILLER, KARL: Unterrichtsstörungen. 2., korr. Aufl. Stuttgart: Klett 1981.

BLOOM, BENJAMIN (Hrsg.): Taxonomie von Lernzielen im kognitiven Bereich. Übersetzt von Eugen Fünter und Ralf Horn. Mit einem Nachwort von Rudolf Messner. Weinheim und Basel: Beltz 1972.

BOBAN, INES/HINZ, ANDREAS: Diagnostik für Integrative Pädagogik. In: EBERWEIN, HANS/KNAUER, SABINE (Hrsg.): Handbuch Lernprozesse verstehen. Wege einer neuen (sonder-)pädagogischen Diagnostik. Weinheim, Basel: Beltz, 1998, 151–164.

BÖHNISCH, LOTHAR: Sozialpädagogik der Lebensalter. Eine Einführung. 3. überarbeitete und erweiterte Auflage. Weinheim, München: Juventa 2001.

BÖNSCH, MANFRED: Didaktisches Minimum. Prüfungsanforderungen an LehramtsstudentInnen. Neuwied, Kriftel, Berlin: Luchterhand 1996.

BÖNSCH, MANFRED (Hrsg.): Selbstgesteuertes Lernen in der Schule. Praxisbeispiele aus unterschiedlichen Schulformen. Neuwied, Kriftel: Luchterhand 2002.

BOS, WILFRIED u. a. (Hrsg.): Erste Ergebnisse aus IGLU. Schülerleistungen am Ende der vierten Jahrgangsstufe im internationalen Vergleich. Münster u. a.: Waxmann 2003.

BOURNE, LYLE E./EKSTRAND, BRUCE R.: Einführung in die Psychologie. Eschborn: Klotz 1992.

BRANDAU, HANNES/PRETIS, MANFRED/KASCHNITZ, WOLFGANG: ADHS bei Klein- und Vorschulkindern. Mit 19 Abbildungen und 13 Tabellen. München, Basel: Reinhardt 2003.

BREUER, HELMUT/WEUFFEN, MARIA: Lernschwierigkeiten am Schulanfang. Schuleingangsdiagnostik zur Früherkennung und Frühförderung. Weinheim, Basel: Beltz 1999.

BRIERLEY, JOHN: Give Me a Child Until He is Seven. Brain Studies and Early Childhood Education. London, New York, Philadelphia: The Falmer Press 1987.

BRÜGELMANN, HANS: Öffnung des Unterrichts. Befunde und Probleme der empirischen Forschung. In: BRÜGELMANN, HANS/FÖLLING-ALBERS, MARIA/ RICHTER, SIGRUN (Hrsg.): Jahrbuch Grundschule. Fragen der Praxis – Befunde der Forschung. Seelze/Velber: Friedrich 1998, 8–42.

BRÜNDEL, HEIDRUN: Wann ist ein Kind schulfähig? Praktischer Leitfaden für Erzieherinnen. 2. Aufl. Freiburg im Breisgau: Herder 2002.

BRUNER, JEROME S. u. a: Studies in Cognitive Growth. A Collaboration at the Center for Cognitive Studies. New York, London, Sydney: John Wiley Sons, Inc. 1966.

BRUNER, JEROME SEYMOUR/OLVER, ROSE R./GREENFIELD, PATRICIA M.: Studien zur kognitiven Entwicklung. Eine kooperative Untersuchung am „Center for Cognitive Studies" der Harvard-Universität. Stuttgart: Klett-Cotta 1971.

BRUNER, JEROME S. u. a: Über kognitive Entwicklung. In: BONN, HELMUT/ ROHSMANITH, KURT (Hrsg.): Studien zur Entwicklung des Denkens im Kindesalter. Stuttgart 1972, 346–441.

BUNDESMINISTERIUM FÜR BILDUNG UND FORSCHUNG (BMBF) (Hrsg.): Grund- und Strukturdaten. Bonn 2002. [http://www.bmbf.de/pub/GuS2002_ges_dt.pdf]

BURK, KARLHEINZ/MANGELSDORF, MAREI/SCHOELER, UDO u. a: Die neue Schuleingangsstufe. Lernen und Lehren in entwicklungsheterogenen Gruppen. Weinheim, Basel: Beltz, 1998.

CLOER, ERNST: Disziplinprobleme in der Schule. In: Die Deutsche Schule 79 (1987) 3, 305–319.

COMENIUS, JOHANN AMOS/JAN AMOS KOMENSKÝ: Böhmische Didaktik. Zur dreihundertsten Wiederkehr seines Todestages ins Deutsche übersetzt und besorgt von Klaus Schaller. Paderborn: Ferdinand Schöningh 1970.

COMENIUS, JOHANN AMOS: Große Didaktik. Herausgegeben und eingeleitet von Hans Ahrbeck. Berlin: Volk und Wissen 1957.

COMENIUS, JOHANN AMOS: Große Didaktik. Übersetzt und herausgegeben von Andreas Flitner. Mit einem Nachwort 1992 zum Stand der Comeniusforschung von Klaus Schaller. 7. Aufl. Stuttgart: Klett-Cotta 1992.

COMENIUS, JOHANN AMOS: Pädagogische Schriften. Übersetzt, mit Anmerkungen und des Comenius Biographie versehen von Dr. C. Th. Lion. 2. verb. Aufl. Langensalza: Hermann Beyer & Söhne. 1883.

DEGRANDPRE, RICHARD: Die Ritalin-Gesellschaft. ADS: Eine Generation wird krankgeschrieben. Weinheim, Basel: 2002.

DEMAUSE, LLOYD: Über die Geschichte der Kindheit. Aus dem Englischen übertragen von R. und R. Wiggershaus. Frankfurt am Main: Suhrkamp 1979.

DEUTSCHER BILDUNGSRAT: Empfehlungen der Bildungskommission: Strukturplan für das Bildungswesen. 1. Aufl. Stuttgart: Klett 1970.

DEUTSCHER BILDUNGSRAT: Empfehlungen der Bildungskommission. Zur pädagogischen Förderung behinderter und von Behinderung bedrohter Kinder und Jugendlicher. Bonn: Bundesdruckerei 1973.

DEUTSCHER BILDUNGSRAT: Die Bildungskommission. Bericht '75. Entwicklungen im Bildungswesen. Verabschiedet auf der 48. Sitzung der Bildungskommission am 13. Juni 1975.

DOLLASE, RAINER: Entwicklung und Erziehung. Angewandte Entwicklungspsychologie für Pädagogen. Stuttgart: Klett 1985.

DREIKURS, RUDOLF/CASSEL, PEARL: Disziplin ohne Strafe. Aus dem Amerikanischen übersetzt und bearbeitet von Lothar Rausch und Norbert Rückriem. Herausgegeben von Norbert Rückriem. Ravensburg: Otto Maier 1975.

DREIKURS, RUDOLF: Psychologie im Klassenzimmer. Aus dem Englischen übersetzt von Erik Blumenthal. 1. Aufl. Stuttgart: Klett-Cotta [1973] 2003a.

DREIKURS, RUDOLF/GRUNWALD, BERNICE BRONIA/PEPPER, FLOYD C.: Lehrer und Schüler lösen Disziplinprobleme. 9. neu ausgestattete Aufl. Herausgegeben von Hans Josef Tymister. Weinheim, Basel: Beltz 2003b.

DREWS, URSULA/SCHNEIDER, GERHARD/WALLRABENSTEIN, WULF: Einführung in die Grundschulpädagogik. Weinheim, Basel: Beltz 2000.

DREWS, URSULA/WALLRABENSTEIN, WULF (Hrsg.): Freiarbeit in der Grundschule. Offener Unterricht in Theorie und Praxis. Frankfurt a. M.: Arbeitskreis Grundschule – Der Grundschulverband e.V. 2002.

DUBS, ROLF: Lehrerverhalten. Ein Beitrag zur Interaktion von Lehrenden und Lernenden im Unterricht. Zürich: Verlag des Schweizerischen Kaufmännischen Verbandes 1995.

DÜRR, MICHAELA: Integrativer Unterricht an der Regelgrundschule. Ein Fallbeispiel. Münster u. a.: Waxmann 2001.

EBERWEIN, HANS/KNAUER, SABINE (Hrsg.): Handbuch Lernprozesse verstehen. Wege einer neuen (sonder-)pädagogischen Diagnostik. Weinheim, Basel: Beltz, 1998.

EBERWEIN, HANS/KNAUER, SABINE (Hrsg.): Integrationspädagogik. Kinder mit und ohne Beeinträchtigungen lernen gemeinsam. Ein Handbuch. 6. Aufl. Weinheim, Basel: Beltz 2002.

EBERWEIN, HANS: Förderdiagnostik als lernprozessbegleitende, verstehende Diagnostik. In: EBERWEIN, HANS/KAUER, SABINE (Hrsg.): Integrationspädagogik. Kinder mit und ohne Beeinträchtigungen lernen gemeinsam. Ein Handbuch. 6. Aufl. Weinheim, Basel: Beltz 2002, 313–325.

EINSIEDLER, WOLFGANG (Hrsg.): Konzeptionen des Grundschulunterrichts. Bad Heilbrunn/Obb.: Klinkhardt, 1979.

EINSIEDLER, WOLFGANG: Lehrmethoden. Probleme und Ergebnisse der Lehrmethodenforschung. München, Wien, Baltimore: Urban & Schwarzenberg 1981.

EINSIEDLER, WOLFGANG: Empirische Grundschulforschung im deutschsprachigen Raum: Trends und Defizite. Als Ms. gedr. Nürnberg: IfG, Inst. für Grundschulforschung der Univ. Erlangen-Nürnberg, 1997.

EINSIEDLER, WOLFGANG: Offener Unterricht: eine zu vielschichtige Konzeption? In: BRÜGELMANN, HANS/FÖLLING-ALBERS, MARIA/RICHTER, SIGRUN: Jahrbuch Grundschule. Fragen der Praxis – Befunde der Forschung. Seelze/Velber: Erhard Friedrich 1998, 52–55.

EINSIEDLER, WOLFGANG: Grundlegende Bildung. In: EINSIEDLER, WOLFGANG u. a. (Hrsg.): Handbuch Grundschulpädagogik und Grundschuldidaktik. Bad Heilbrunn: Klinkhardt 2001, 184–194.

🔵 EINSIEDLER, WOLFGANG u. a. (Hrsg.): Handbuch Grundschulpädagogik und Grundschuldidaktik. Bad Heilbrunn: Klinkhardt 2001.

ENGELBERGER, ANGELIKA/RETTEMEIER, EVA: Stationentraining. In: HELL, PETER (Hrsg.): Öffnung des Unterrichts in der Grundschule. Wochenplanarbeit – Stationentraining – Schuldruckerei. Donauwörth: Auer 1993, 96–110.

ENGSTLER, HERIBERT/MENNING, SONJA: Die Familie im Spiegel der amtlichen Statistik. Lebensformen, Familienstrukturen, wirtschaftliche Situation der Familien und familiendemographische Entwicklung in Deutschland. Erstellt im Auftrag des Bundesministeriums für Familie, Senioren, Frauen und Jugend in Zusammenhang mit dem Statistischen Bundesamt. Erweiterte Neuauflage 2003.

EWERT, OTTO: Bericht über die Erhebung zur Durchführung von Schulreifeuntersuchungen. In: Grundschulen in Nordrhein-Westfalen im Schulversuch. Berichte und Auswertungen von Erhebungen. Band 1. Die Schule in Nordrhein-Westfalen. Band 41. Ratingen 1972, 30–35.

FAUST-SIEHL, GABRIELE/GARLICHS, ARIANE/RAMSEGER, JÖRG/SCHWARZ, HERMANN/WARM, UTE: Die Zukunft beginnt in der Grundschule. Empfehlungen zur Neugestaltung der Primarstufe. Ein Projekt des Grundschulverbandes unter Mitarbeit von Klaus Klemm. Reinbek bei Hamburg: Rowohlt Taschenbuch Verlag 1996.

FEIERABEND, SABINE/KLINGLER, WALTER: Was Kinder sehen. Eine Analyse der Fernsehnutzung 2002 von Drei- bis 13-Jährigen. In: Media Perspektiven 4/2003a, 167–179.

FEIERABEND, SABINE/KLINGLER, WALTER: Kinder und Medien 2002. Ergebnisse der Studie KIM 2002 zum Medienumgang Sechs- bis 13-Jähriger in Deutschland. In: Media Perspektiven 6/2003b, 278–289.

FEIL, CHRISTINE: Medienkindheit als pädagogische und gesellschaftliche Herausforderung. In: FORSTER, JOHANNA/KREBS, UWE (Hrsg.): Kindheit zwischen Pharao und Internet. 4000 Jahre in interdisziplinärer Perspektive. Bad Heilbrunn/Obb.: Klinkhardt 2001, 179–206.

FLITNER, WILHELM: Die vier Quellen des Volksschulgedankens. 6. Aufl. Stuttgart: Klett 1966.

FRASCH, HEIDI/WAGNER, ANGELIKA C.: „Auf Jungen achtet man einfach mehr ...“ Eine empirische Untersuchung zu geschlechtsspezifischen Unterschieden im Lehrer/innenverhalten gegenüber Jungen und Mädchen in der Grundschule. In: BREHMER, ILSE (Hrsg.): Sexismus in der Schule. Der heimliche Lehrplan der Frauendiskriminierung. Weinheim, Basel: Beltz 1982, S. 260–278.

FREY, KARL: Projektmethode. In: WIECHMAN, JÜRGEN (Hrsg.): Zwölf Unterrichtsmethoden. Vielfalt für die Praxis. Weinheim, Basel: Beltz 1999, 155–162.

GAUDIG, HUGO: Didaktische Präludien. Leipzig u. a.: Teubner 1909.

GAUDIG, HUGO: Didaktische Präludien. 1929, 189f.; zit. n. HALLER, HANS-DIETER: Dokumentation „Offene Curricula“ 1900–1930. In: HALLER, HANS-JÜRGEN/LENZEN, DIETER (Hrsg.): Lehrjahre der Bildungsreform. Resignation oder Rekonstruktion? Jahrbücher für Erziehungswissenschaft 1976, 192.

GAUDIG, HUGO: Die Schule im Dienst der werdenden Persönlichkeit. In: GEPPERT, KLAUS/PREUß, ECKHARDT (Hrsg.): Selbständiges Lernen. Zur Methode des Schülers im Unterricht. Bad Heilbrunn: Klinkhardt 1980, 17–35.

📖 GENSING, HARALD (Hrsg.): Pädagogik und Didaktik der Grundschule. Neuwied, Kriftel, Berlin: Luchterhand 1997.

GLÖCKEL, HANS: Vom Unterricht. Lehrbuch der Allgemeinen Didaktik. 3., überarb. und erg. Aufl. Bad Heilbrunn: Klinkhardt 1996.

GOLDMAN, RONALD/GOLDMAN, JULIETTE: Children's sexual thinking. A comparative study of children aged 5 to 15 years in Australia, North America, Britain and Sweden. London: Routledge & Kegan 1982.

GÖLDNER, HANS-DIETER (Hrsg): Schwierige Schüler – was tun? Ein Ratgeber für die Unterrichtspraxis. 2., überarb. und erw. Aufl. München: Oldenbourg 1995.

GRAUMANN, OLGA: Gemeinsamer Unterricht in heterogenen Gruppen. Von lernbehindert bis hochbegabt. Bad Heilbrunn: Klinkhardt 2002.

GRIEBEL, WILFRIED/NIESEL, RENATE: Abschied vom Kindergarten – Start in die Schule. Grundlagen und Praxishilfen für Erzieherinnen, Lehrkräfte und Eltern. München: Don Bosco 2002.

GUDJONS, HERBERT: Handlungsorientiert lehren und lernen. Schüleraktivierung – Selbsttätigkeit – Projektarbeit. 6., überarb. und erw. Aufl. Bad Heilbrunn: Klinkhardt 2001.

GÜNTHER, HENNING: Kritik des offenen Unterrichts. Bielefeld: Lernen für die Deutsche und Europäische Zukunft, 1996.

HAARMANN, DIETER: Das erste Pflichtschuljahr in der Bundesrepublik Deutschland. In: Die Eingangsstufe des Primarbereichs. Band 1. Ansätze und Entwicklungen. Stuttgart: Klett 1975, 99–189 (= Gutachten und Studien der Bildungskommission, Bd. 47).

HACKER, HARTMUT: Vom Kindergarten zur Grundschule. Theorie und Praxis eines kindgerechten Übergangs. 2., erw. und aktualisierte Aufl. Bad Heilbrunn/Obb.: Klinkhardt 1998.

HADLEY, S.T.: ‚A school mark – Fact or fancy'. In: INGENKAMP, KARLHEINZ (Hrsg.): Die Fragwürdigkeit der Zensurengebung. Weinheim: Beltz 1971, 103–116.

HANKE, PETRA: Forschungen zur inneren Reform der Grundschule am Beispiel der Öffnung des Unterrichts. In: ROSSBACH, HANS-GÜNTHER/NÖLTE, KARIN/CZERWENKA, KURT (Hrsg.): Forschungen zu Lehr- und Lernkonzepten für die Grundschule. Opladen: Leske + Budrich 2001, 46–62.

HANKE, PETRA: Anfangsunterricht – Grundschule. Leben und Lernen in der Schuleingangsphase. Neuwied, Kriftel: Luchterhand, 2002.

HARTINGER, ANDREAS/FÖLLING-ALBERS, MARIA: Schüler motivieren und interessieren. Ergebnisse aus der Forschung. Anregungen für die Praxis. Bad Heilbrunn/Obb.: Klinkhardt 2002.

HECKHAUSEN, HEINZ: Entwicklung psychologisch betrachtet. In: WEINERT, FRANZ E./GRAUMANN, CARL FRIEDRICH/HECKHAUSEN, HEINZ/HOFER, MANFRED (Hrsg.): Funk-Kolleg. Pädagogische Psychologie. Band 1. Frankfurt am Main: Fischer Taschenbuch Verlag 1974, 67–99.

HECKHAUSEN, HEINZ: Faktoren des Entwicklungsprozesses. In: WEINERT, FRANZ E./GRAUMANN, CARL FRIEDRICH/HECKHAUSEN, HEINZ/HOFER, MANFRED (Hrsg.): Funk-Kolleg. Pädagogische Psychologie. Band 1. Frankfurt am Main: Fischer Taschenbuch Verlag 1974, 101–132.

HEGELE, IRMINTRAUT: Stationenarbeit. Einstieg in den offenen Unterricht. In: WIECHMANN, JÜRGEN (Hrsg.): Zwölf Unterrichtsmethoden. Vielfalt für die Praxis. Weinheim, Basel: Beltz 1999, 58–71.

HENSEL, HORST: Unterrichtsstörungen – na und? Man kann sich darauf einstellen und gelassen damit umgehen. In: Pädagogik 52 (2000) H 1, 8–12.

HENTIG, HARTMUT VON: Vorwort. In: ARIÈS, PHILIPPE: Geschichte der Kindheit. Mit einem Vorwort von Hartmut von Hentig. München: Deutscher Taschenbuchverlag 1978, 7–44.

HILDESCHMIDT, ANNE/SANDER, ALFRED: Der ökosystemische Ansatz als Grundlage für Einzelintegration. In: EBERWEIN, HANS/KNAUER, SABINE (Hrsg.): Integrationspädagogik. Kinder mit und ohne Beeinträchtigungen lernen gemeinsam. 6. Aufl. Weinheim, Basel: Beltz 2002, 304–312.

HILLENBRAND, CLEMENS: Einführung in die Verhaltensgestörtenpädagogik. Mit 6 Tabellen und 45 Übungsaufgaben. 2., aktualisierte Aufl. München, Basel: Reinhardt 2002.

HINZ, RENATE: Eine Frage der Balance? Erwartungen und Ansprüche an gute Lehrerinnen. In: Die Grundschule 31. Jg. (1999), 11–13.

HINZ, RENATE: Was ist Didaktik? In: KIPER, HANNA/MEYER, HILBERT/TOPSCH, WILHELM: Einführung in die Schulpädagogik. Mit zwei Beiträgen von Renate Hinz. Berlin: Cornelsen Scriptor 2002, 52–63.

HINZ, RENATE/SOMMERFELD, DAGMAR: Jahrgangsübergreifende Klassen. In: CHRISTIANI, REINHOLD (Hrsg.): Schuleingangsphase: neu gestalten. Berlin: Cornelsen Scriptor 2004, S. 165–186.

HOENECKE, CHRISTIAN: Sachunterricht: Natur und Technik. Didaktik und Methodik. Praxishilfen für Physik, Biologie und Chemie in den Klassen 1 bis 4. Mit einem Beitrag von Dr. Angela Köhler-Krützfeldt (Kapitel 23). Berlin: Cornelsen Scriptor 2004.

HOLLWEG, UTA: Integration hochgradig hörbeeinträchtigter Kinder in Grundschulklassen. Neuwied, Kriftel, Berlin: Luchterhand 1999.

HUF, CHRISTINA: Zum Umgang mit dem Wochenplan: Alltagspraktiken und Deutungsmuster von Schulanfängern. In: ROSSBACH, HANS-GÜNTHER/NÖLTE, KARIN/CZERWENKA, KURT (Hrsg.): Forschungen zu Lehr- und Lernkonzepten für die Grundschule. Opladen: Leske + Budrich 2001, 70–77.

HURRELMANN, KLAUS: Die meisten Kinder sind heute „kleine Erwachsene". In: medien + erziehung 41 (1997) 2, 75–80.

HUSCHKE, PETER/MANGELSDORF, MAREI: Wochenplanunterricht. Praktische Ansätze zu innerer Differenzierung, zu selbständigem Lernen und zur Mitgestaltung des Unterrichts durch Schüler. 5. Aufl. Weinheim, Basel: Beltz 1994.

IMHOFF, MARGARETE/SKRODZKI, KLAUS/URZINGER, MARIANNE S.: Aufmerksamkeitsgestörte, hyperaktive Kinder und Jugendliche im Unterricht. 5. Aufl. Donauwörth: Auer 2003.

INGENKAMP, KARLHEINZ: Diagnostik in der Schule. Beiträge zu Schlüsselfragen der Schülerbeurteilung. Weinheim, Basel: Beltz 1989.

INGENKAMP, KARLHEINZ (Hrsg.): Die Fragwürdigkeit der Zensurengebung. Texte und Untersuchungsberichte. 9., unveränd. Aufl. Weinheim, Basel: Beltz, 1995.

JETTER, KARLHEINZ: Die Wunschvorstellung von der Machbarkeit des Menschen. Wege und Irrwege zur Disziplin. In: BECKER, GEROLD u. a. (Hrsg.): Disziplin. Sinn schaffen – Rahmen geben – Konflikte bearbeiten. Seelze: Friedrich 2002 (= Friedrich Jahresheft 20), 31–33.

JÜRGENS, BARBARA: Schwierige Schüler? Disziplinkonflikte in der Schule. Baltmannsweiler: Schneider Verlag Hohengehren 2000.

JÜRGENS, EIKO: Offener Unterricht: Einige Anmerkungen zur aktuellen Diskussion und zur Praxis. In: JÜRGENS, EIKO (Hrsg.): Erprobte Wochenplan- und Freiarbeits-Ideen in der Sekundarstufe I. Praxisberichte über effektives Lernen im Offenen Unterricht. Heinsberg: Agentur Dieck 1994, 19–38.

JÜRGENS, EIKO: Lern- und Leistungsberichte. Zur Praxis der Verbalbeurteilung am Beispiel der Grundschule. In: Deutsche Schule. Zeitschrift für Erziehungswissenschaft, Bildungspolitik und pädagogische Praxis. 93 (2001), 469–485.

KEMMLER, LILLY: Erfolg und Versagen in der Grundschule. Empirische Untersuchungen. Göttingen: Verlag für Psychologie Dr. C. J. Hogrefe 1967.

KEMMLER, LILLY/HECKHAUSEN, HEINZ: Ist die sogenannte „Schulreife" ein Reifungsproblem? In: INGENKAMP, KARLHEINZ (Hrsg.): Praktische Erfahrungen mit Schulreifetests. Psychologische Praxis. Schriftenreihe für Erziehung und Jugendpflege. Band 30. Basel, New York: S. Karger 1962, 52–89.

KERN, ARTUR: Sitzenbleiberelend und Schulreife. Ein psychologisch-pädagogischer Beitrag zu einer inneren Reform der Grundschule. 5., unveränd. Aufl. Freiburg: Herder 1966.

KIM-STUDIE 2003. Kinder und Medien. Computer und Internet. Basisuntersuchung zum Medienumgang 6- bis 13-Jähriger. Hrsg.: Medienpädagogischer Forschungsverbund Südwest, 2003. [http://www.mpfs.de/studien/kim/KIM03-pm.pdf]

KIPER, HANNA: Einführung in die Schulpädagogik. Weinheim, Basel: Beltz 2001.

KIPER, HANNA: Über das Leiten einer Schulklasse. In: KIPER, HANNA/MEYER, HILBERT/TOPSCH, WILHELM: Einführung in die Schulpädagogik. Mit zwei Beiträgen von Renate Hinz. Berlin: Cornelsen Scriptor 2002, 170–182.

KIPER, HANNA/MEYER, HILBERT/TOPSCH, WILHELM: Einführung in die Schulpädagogik. Mit zwei Beiträgen von Renate Hinz. Berlin: Cornelsen Scriptor 2002.

KIPER, HANNA/NAUCK, JOACHIM (Hrsg.): Unterrichten im ersten Schuljahr. Pädagogische Anregungen – fachdidaktische Grundlagen – Anregungen für die Praxis. Baltmannsweiler: Schneider Verlag Hohengehren 1999.

KLAFKI, WOLFGANG: Neue Studien zur Bildungstheorie und Didaktik. Zeitgemäße Allgemeinbildung und kritisch konstruktive Didaktik. 5. Aufl. Weinheim, Basel: Beltz 1996.

KLEWITZ, ELARD/MITZKAT, HORST: Erfahrung mit dem offenen Unterricht. In: Die Grundschule 8. Jg. (1976), 12, 675–681.

KLEWITZ, ELARD/MITZKAT, HORST: Studienhilfe: Entdeckendes Lernen und offener Unterricht. In: KLEWITZ, ELARD/MITZKAT, HORST (Hrsg): Entdeckendes Lernen und offener Unterricht. Braunschweig: Westermann, 1977, 7–26.

KLEWITZ, ELARD/MITZKAT, HORST: Informeller/offener Unterricht in der Grundschule. In: TOPSCH, WILHELM (Hrsg.): Unterricht in der Grundschule. Standardwerk des Lehrers. Reihe: Grundschule. Bochum: Kamp 1982, 67–86.

KLUGE, NORBERT: Sexualverhalten Jugendlicher heute. Ergebnisse einer repräsentativen Jugend- und Elternstudie über Verhalten und Einstellungen zur Sexualität. Weinheim, München: Juventa 1998.

KNAUF, TASSILO: Einführung in die Grundschuldidaktik. Lernen, Entwicklungsförderung und Erfahrungswelten in der Grundschule. Stuttgart, Berlin, Köln: Kohlhammer 2001.

KNÖRZER, WOLFGANG/GRASS KARL: Einführung Grundschule. Geschichte – Auftrag – Innovation. Weinheim und Basel: Beltz 1998.

KNÖRZER, WOLFGANG/GRASS, KARL: Den Anfang der Schulzeit pädagogisch gestalten. Ein Studien- und Arbeitsbuch für den Schulanfang. 5. völlig überarb. und neu ausgest. Aufl. Weinheim und Basel: Beltz 2000.

KOUNIN, JACOB S.: Discipline and Group Management in Classrooms. New York u. a.: Holt, Rinehart and Winston 1970.

KOUNIN, JACOB S.: Techniken der Klassenführung. Bern, Stuttgart: Huber, Klett 1976.

KRAMPEN, GÜNTHER: Persönlichkeits- und Selbstkonzeptentwicklung. In: OERTER, ROLF/MONTADA, LEO (Hrsg.): Entwicklungspsychologie. 5., vollst. überarb. Aufl. Weinheim, Basel, Berlin: Beltz PVU Psychologische Verlags Union 2002, 675–710.

KRAUSE-HOTOPP, DIETHELM: Veränderte SchülerInnen – Veränderter Unterricht. In: NAUCK, JOACHIM (Hrsg.): Offener Unterricht. Ziele, Praxis, Wirkungen. 3. Aufl. Braunschweig: Seminar für Schulpädagogik der Technischen Universität Braunschweig 1996, 1–27.

KRON, FRIEDRICH W.: Grundwissen Didaktik. 3., aktual. Aufl. München, Basel: Reinhardt 2000.

KUCHENBUCH, KATHARINA: Die Fernsehnutzung von Kindern aus verschiedenen Herkunftsmilieus. Eine Analyse anhand des Sinus-Milieu-Modells. Media Perspektiven 1/2003, 2–11.

KULTUSMINISTERIUM SACHSEN-ANHALT: Leistungsbewertung in der Grundschule. RdErl. des MK vom 02.07.2003–31-83200. 2003.

LIPOWSKY, FRANK: Zur Qualität offener Lernsituationen im Spiegel empirischer Forschung – Auf die Mikroebene kommt es an. In: DREWS, URSULA/WALLRABENSTEIN, WULF (Hrsg.): Freiarbeit in der Grundschule. Offener Unterricht in Theorie und Praxis. Frankfurt a. M.: Arbeitskreis Grundschule – Der Grundschulverband e.V. 2002, 126–159.

LISSMANN, URBAN: Die Schule braucht eine neue Pädagogische Diagnostik. Formen, Bedingungen und Möglichkeiten der Portfoliobeurteilung. In: Die Deutsche Schule. Zeitschrift für Erziehungswissenschaft, Bildungspolitik und pädagogische Praxis. 93 (2001), 486–497.

LOHMANN, GERT: Mit Schülern klarkommen. Professioneller Umgang mit Unterrichtsstörungen und Disziplinkonflikten. Mit einem Vorwort von Hilbert Meyer. Berlin: Cornelsen Scriptor 2003.

LOMPSCHER, JOACHIM/NICKEL, HORST/RIES, GERHILD/SCHULZ, GUDRUN: Leben, Lernen und Lehren in der Grundschule. Neuwied, Kriftel, Berlin: Luchterhand 1997.

LUDWIG, HARALD: Freie Arbeit in der Grundschule im Lichte empirischer Forschung. In: LERSCH, RAINER (Hrsg.): Aspekte moderner Grundschulpädagogik. Baltmannsweiler: Schneider-Verlag Hohengehren 1994, 66–94.

MARKOSJAN, AKOP ARTASCHESSOWTISCH: Probleme der Entwicklungspsychologie. Moskau/Berlin: MIR Verlag/Volk und Wissen 1978.

MASLOW, ABRAHAM HAROLD: Motivation und Persönlichkeit. Deutsch von Paul Kruntorad. 9. Aufl. Reinbek bei Hamburg: Rowohlt Taschenbuch Verlag 2002.

MATTES, WOLFGANG: Methoden für den Unterricht. 75 kompakte Übersichten für Lehrende und Lernende. Paderborn: Schöningh 2002.

MEIS, RUDOLF: Kettwiger Schulreifetest (KST). Weinheim, Berlin: Julius Beltz 1968.

MEYER, HILBERT: Die bildungstheoretische Didaktik. In: KIPER, HANNA/MEYER, HILBERT/TOPSCH, WILHELM: Einführung in die Schulpädagogik. Mit zwei Beiträgen von Renate Hinz. Berlin: Cornelsen Scriptor 2002, 64–75.

MIETZEL, GERD: Pädagogische Psychologie des Lernens und Lehrens. 6., korr. Aufl. Göttingen u. a.: Hogrefe 2001.

MINISTERIUM FÜR SCHULE, JUGEND UND KINDER DES LANDES NORDRHEIN-WESTFALEN: Konzept zur Schuleingangsphase. Bildungspolitische, pädagogische und organisatorische Eckpunkte. (Stand 01.02.2004) [http://www.bildungsportal.nrw.de/BP/Schule/Politik/Eingang.pdf]

MUSSEN, PAUL HENRY/CONGER, JOHN JANEWAY/KAGAN, JEROME: Child Development and Personality. Third Editon. New York, Evanston, London: Herper & Row 1963.

MUTH, JAKOB: Integration von Behinderten. Über die Gemeinsamkeit im Bildungswesen. Essen: Neue Deutsche Schule 1986.

MUTH, JAKOB: Tines Odyssee zur Grundschule. Behinderte Kinder im allgemeinen Unterricht. Unter Mitarbeit von Birgit Hüwe. Essen: Neue Deutsche Schule 1991.

MUTH, JAKOB: Zum Stand der Entwicklung der Integration Behinderter in den alten Bundesländern. In: LERSCH, RAINER/VERNOOIJ, MONIKA (Hrsg.): Behinderte Kinder und Jugendliche in der Schule. Herausforderungen an Schul- und Sonderpädagogik. Bad Heilbrunn: Klinkhardt 1992, 21–29.

MUTH, JAKOB: Zur bildungspolitischen Dimension der Integration. In: EBERWEIN, HANS/KNAUER, SABINE (Hrsg.): Integrationspädagogik. Kinder mit und ohne Beeinträchtigungen lernen gemeinsam. 6. Aufl. Weinheim, Basel: Beltz 2002, 48–45.

MUTH, JAKOB/KNIEL, ADRIAN/TOPSCH, WILHELM (Hrsg.): Schulversuche zur Integration behinderter Kinder in den allgemeinen Unterricht. Deutscher Bildungsrat. Materialien zur Bildungsplanung. Heft 6. Braunschweig: Westermann 1976.

MUTZECK, WOLFGANG (Hrsg.): Förderplanung. Grundlagen – Methoden – Alternativen. Unter Mitarbeit von Peter Jogschies und Michael Rühlmann. Weinheim: Deutscher Studien-Verlag 2000.

MUTZECK, WOLFGANG: Förderdiagnostik. Konzepte und Methoden. 3., überarb. Aufl., Dr. nach Typoskript. Weinheim, Basel: Beltz 2002.

MYSCHKER, NORBERT/ORTMANN, MONIKA (Hrsg.): Integrative Schulpädagogik. Grundlagen, Theorie und Praxis. Stuttgart, Berlin, Köln: Kohlhammer 1999.

NARR, ROLAND: Schülerdisziplin durch Lehrerkompetenz. In: BECKER, GEROLD u. a. (Hrsg.): Disziplin. Sinn schaffen – Rahmen geben – Konflikte bearbeiten. Seelze: Friedrich 2002 (= Friedrich Jahresheft 20), 126–130.

NAUCK, B.: Familien- und Betreuungssituationen im Lebenslauf von Kindern. In: BERTRAM, H. (Hrsg.): Die Familie in Westdeutschland. Stabilität und Wandel familialer Lebensformen. Opladen: Leske + Budrich 1991, 389–428.

NAVE, KARL-HEINZ: Die allgemeine deutsche Grundschule. Ihre Entstehung aus der Novemberrevolution von 1918. Weinheim: Beltz 1961.

NAVE-HERZ, ROSEMARIE: Familie heute. Wandel der Familienstrukturen und Folgen für die Erziehung. Darmstadt: Primus Verlag 1997.

NICKEL, HORST: Die „Schulreife" – Kriterien und Anhaltspunkte für Schuleingangsdiagnostik und Einschulungsberatung. In: PORTMANN, ROSEMARIE (Hrsg.): Kinder kommen zur Schule. Hilfen und Hinweise für eine kindorientierte Einschulungspraxis. Frankfurt am Main: Arbeitskreis Grundschule 1988, 44–58 (= Beiträge zur Reform der Grundschule Bd. 73).

NICKEL, HORST: Das Problem der Einschulung aus ökologisch-systemischer Perspektive. In: Psychologie, Erziehung, Unterricht 37. Jg. (1990), 217–227.

NICKEL, HORST/SCHMIDT-DENTER, ULRICH: Vom Kleinkind zum Schulkind. Eine entwicklungspsychologische Einführung für Erzieher, Lehrer und Eltern. 5. überarb. und erg. Aufl. München, Basel: Ernst Reinhardt 1995.

NICOLAS, BÄRBEL: Offener Unterricht zum Schulanfang. Voraussetzungen. Beispiele für alle Fächer. Dokumentation der Lernergebnisse. Berlin: Cornelsen Scriptor 1997.

NIEDERSÄCHSISCHES SCHULGESETZ (NSchG) in der Fassung vom 3. März 1998 (Nds. GVBl. S. 137), zuletzt geändert durch Artikel 1 des Gesetzes vom 2. Juli 2003 (Nds. GVBl. S. 244).

NOLTING, PETER: Störungen in der Schulklasse. Leitfaden zur Vorbeugung und Konfliktlösung. Weinheim, Basel: Beltz 2002.

OELKERS, JÜRGEN: Erziehen und Unterrichten. Grundbegriffe der Pädagogik in analytischer Sicht. Darmstadt: Wissenschaftliche Buchgesellschaft 1985.

OERTER, ROLF/DREHER, EVA: Jugendalter. In: OERTER, ROLF/MONTADA, LEO (Hrsg.): Entwicklungspsychologie. 5., vollst. überarb. Aufl. Weinheim, Basel, Berlin: Beltz PVU Psychologische Verlags Union 2002, 258–349.

PARSONS, J./KARCZALA, C./MEECES, J.: Socialisation of achievements attitudes and beliefs. In: Child Development 53 (1982), 322–339.

PERROTT, ELIZABETH: Effective teaching. A practical guide to improve your teaching. London, New York: Longman 1982.

PETERßEN, WILHELM H.: Handbuch Unterrichtsplanung. Grundfragen, Modelle, Stufen, Dimensionen. 8. überarb. und erw. Aufl. München: Oldenbourg 1998.

PETERßEN, WILHELM H.: Kleines Methoden-Lexikon. München: Oldenbourg 1999.

PFITZNER, MICHAEL: Kevin tötet mir den letzten Nerv. Vom Umgang mit Unterrichtsstörungen. Baltmannsweiler: Schneider-Verlag Hohengehren 2000.

PFITZNER, MICHAEL/SCHOPPECK, WOLFGANG: Gemeinsamkeiten und Diskrepanzen in der Bewertung von Unterrichtsstörungen durch Lehrer und Schüler – eine empirische Untersuchung. In: Unterrichtswissenschaft 28 (2000) H4, 350–383.

PIAGET, JEAN/INHELDER, BÄRBEL: Die Psychologie des Kindes. Aus dem Französischen von Lorenz Häfliger. Ungekürzte Ausg., 8. Aufl. München: Deutscher Taschenbuch-Verlag 2000.

POPP, W.: Offenheit im Unterricht. Wider die Tendenz zu pädagogischen Monokulturen. In: Grundschule 21 (1988), 7/8, 70–73.

PORTMANN, ROSEMARIE: ADS und Hyperaktivität. Auf den Punkt gebracht. Pädagogische Positionen. München: Don Bosco 2003.

POSTMAN, NEIL: Das Verschwinden der Kindheit. Aus dem Amerikanischen von Reinhard Kaiser. Frankfurt am Main: S. Fischer 1983.

RAMSEGER, JÖRG: Offener Unterricht in der Erprobung. Erfahrungen mit einem didaktischen Modell. 3. Aufl. Weinheim, München: Juventa 1992.

RAUH, HELLGARD: Entwicklungspsychologische Analyse kognitiver Prozesse. Der Zahlbegriff bei 4- bis 7jährigen Kindern. Weinheim, Basel: Beltz 1972.

RAUH, HELLGARD: Entwicklung des Denkens. In: WEINERT, FRANZ E./ GRAUMANN, CARL FRIEDRICH/HECKHAUSEN, HEINZ/HOFER, MANFRED (Hrsg.): Funk-Kolleg. Pädagogische Psychologie. Band 1. Frankfurt am Main: Fischer Taschenbuch Verlag 1974, 211–249.

REBITZKI, MONIKA: Noten: kein Grund zur Panik. Leistungsbeurteilung sinnvoll nutzen. Berlin: Cornelsen Scriptor 2003.

REIMANN-HÖHN, UTA: Langsam und verträumt. ADS bei nicht hyperaktiven Kindern. 2. Aufl. Freiburg, Basel, Wien: Herder 2002.

REIN, WILHELM: Die deutsche Einheitsschule in ihrem äußeren Aufbau beleuchtet. 4. Aufl. Osterwieck/Harz und Leipzig: A. W. Zickfeldt 1919.

REINHARDT, KARL: Grundschule, mittleres und höheres Schulwesen. In: Zentralinstitut für Erziehung und Unterricht. Die deutsche Schulreform. Ein Handbuch für die Reichsschulkonferenz. Leipzig: Quelle und Meyer o. J.

REMPLEIN, HEINZ: Die seelische Entwicklung des Menschen im Kindes- und Jugendalter. Grundlagen, Erkenntnisse und pädagogische Forderungen der Kindes- und Jugendpsychologie. 15. verb. und überarb. Aufl. (111.–124. Tausend). München, Basel: Ernst Reinhardt 1967.

RHEINBERG, FALKO: Motivation. 3., überarb. und erw. Aufl. Stuttgart, Berlin, Köln: Kohlhammer 2000.

RHEINBERG, FALKO: Bezugsnormen und schulische Leistungsbeurteilung. In: WEINERT, FRANZ E. (Hrsg.): Leistungsmessung in Schulen. Weinheim, Basel: Beltz 2001, 59–71.

RHEINBERG, FALKO/FRIES, STEFAN: Förderung der Lernmotivation. Ansatzpunkte, Strategien und Effekte. In: Psychologie in Erziehung und Unterricht 44. Jg. (1998), 168–184. München, Basel: Reinhardt.

RHEINBERG, FALKO/KRUG, SIEGBERT: Motivationsförderung im Schulalltag. Psychologische Grundlagen und praktische Durchführung. 2., überarb. und erw. Aufl. Göttingen u. a.: Hogrefe 1999.

RICHTLINIEN UND LEHRPLÄNE FÜR DIE GRUNDSCHULE IN NORDRHEIN-WESTFALEN. Die Schule in Nordrhein-Westfalen. Eine Schriftenreihe des Kultusministers. Ratingen, Kastellaun, Düsseldorf: Henn 1973.

RIEGE, JOCHEN: Die sechsjährige Grundschule. Geschichtliche Entwicklung und gegenwärtige Gestalt aus pädagogischer und politischer Perspektive. Frankfurt a. M.: Peter Lange 1995.

RÖBE, EDELTRAUT: Freiarbeit. In: KOHLS, ECKHARD (Hrsg.): Grundbegriffe zur Erziehung, zum Lernen und Lehren in der Grundschule. Heinsberg: Agentur Dieck, 1994, 66–72.

ROLFF, HANS-GÜNTER/ZIMMERMANN, PETER: Kindheit im Wandel. Eine Einführung in die Sozialisation im Kindesalter. Weinheim, Basel: Beltz 1985.

ROLFF, HANS-GÜNTER/ZIMMERMANN, PETER: Kindheit im Wandel. Eine Einführung in die Sozialisation im Kindesalter. Vollst. überarb. Neuausg. der 5. Aufl. 1997.Weinheim, Basel: Beltz 2001.

ROTH, HEINRICH: Pädagogische Psychologie des Lehrens und Lernens. Hannover: Schroedel 1957.

SACHER, WERNER: Prüfen – Beurteilen – Benoten. Theoretische Grundlagen und praktische Hilfestellungen für den Primar- und Sekundarbereich. 2. Aufl. Bad Heilbrunn: Klinkhardt 1996.

SALLWÜRK, ERNST V.: Die deutsche Einheitsschule und ihre pädagogische Bedeutung. 2. Aufl. Langensalza: Hermann Beyer & Söhne 1919.

SALZMANN, CHRISTIAN GOTTHILF: Ameisenbüchlein oder Anweisung zu einer vernünftigen Erziehung der Erzieher [1806]. In: ACKERMANN, EDUARD (Hrsg.): Ch. G. Salzmanns Ausgewählte Schriften. 2. Band. 2. Aufl. Langensalza: Hermann Beyer & Söhne 1901, 217–294.

SCHENK-DANZINGER, LOTTE: Schuleintrittsalter, Schulfähigkeit und Lesereife. Untersuchungen über die Bedeutung von Schulreifegruppentests und vorschulischer Förderung. Stuttgart: Klett 1969a (= Gutachten und Studien der Bildungskommission, Band 7).

SCHENK-DANZINGER, LOTTE: Entwicklungspsychologie. 2. Aufl. Wien: Österreichischer Bundesverlag für Unterricht, Wissenschaft und Kunst 1969b.

SCHENK-DANZINGER, LOTTE: Entwicklungspsychologie. – 19., unveränd. Aufl. – Wien: Österreichischer Bundesverlag 1987.

SCHENK-DANZINGER, LOTTE: Entwicklung – Sozialisation – Erziehung: Schul- und Jugendalter. Stuttgart: Klett-Cotta/Wien: Österreichischer Bundesverlag 1988.

SCHIEFELE, HANS: Brauchen wir eine Motivationspädagogik? In: Zeitschrift für Pädagogik 39 (1993) 2, 177–186.

SCHIEFELE, ULRICH/SCHREYER, INGE: Intrinsische Lernmotivation und Lernen. Ein Überblick zu Ergebnissen der Forschung. In: Zeitschrift für Pädagogische Psychologie 8. Jg. (1994), 1–13.

SCHLESWIG-HOLSTEINISCHES SCHULGESETZ in der Fassung der Bekanntmachung vom 02.08.1990 (GVOBl. Schl.-H. S. 451), zul. geänd. durch Art. 2 des Haushaltsbegleitgesetzes 2002 vom 12.12.2001 (GVOBl. Schl.-H. S. 365).

SCHMITT, HUBERT: Auf dem Weg zur Selbstbestimmung – Schrittweise Öffnung des Unterrichts. In: HELL, PETER (Hrsg.): Öffnung des Unterrichts in der Grundschule. Wochenplanarbeit – Stationentraining – Schuldruckerei. Donauwörth: Auer 1993, 24–55.

SCHÖLER, JUTTA: Integrationsklassen in nicht-aussondernden Schulen. In: HEIMLICH, ULRICH (Hrsg.): Sonderpädagogische Fördersysteme. Auf dem Weg zur Integration. Stuttgart, Berlin, Köln: Kohlhammer 1999, 65–77.

SCHOLZ, GEROLD: Kind und Computer – Mehr Fragen als Antworten. In: BÜTTNER, CHRISTIAN/SCHWICHTENBERG, ELKE (Hrsg.): Grundschule digital. Möglichkeiten und Grenzen der neuen Informationstechnologien. Weinheim, Basel: Beltz 2001, 32–78.

SCHORCH, GÜNTHER (Hrsg.): Grundlegende Bildung. Erziehung und Unterricht in der Grundschule. 2., erg. und überarb. Aufl. Bad Heilbrunn: Klinkhardt 1994.

SCHRADER, FRIEDRICH-WILHELM/HELMKE, ANDREAS: Alltägliche Leistungsbeurteilung durch Lehrer. In: WEINERT, FRANZ E. (Hrsg.): Leistungsmessungen in Schulen. Weinheim, Basel: Beltz 2001, 45–58.

SCHRÖDER, ULRICH: Lernbehindertenpädagogik. Grundlagen und Perspektiven sonderpädagogischer Lernhilfe. Stuttgart, Berlin, Köln: Kohlhammer 2000.

SCHULTZE, WALTER/FÜHR, CHRISTOPH: Das Schulwesen in der Bundesrepublik Deutschland. Weinheim, Berlin: Beltz 1966.

SCHULZ, WOLFGANG: Unterricht – Analyse und Planung. In: HEIMANN, PAUL/OTTO, GUNTER/SCHULZ, WOLFGANG (Hrsg.): Unterricht. Analyse und Planung. Hannover u. a.: Schroedel 1965.

SCHULZ, WOLFGANG: Unterrichtsplanung. Mit Materialien aus Unterrichtsfächern. 3., erw. Aufl. München, Wien, Baltimore: Urban & Schwarzenberg 1981.

SCHWARTZ, ERWIN: Auftrag und Ziele der Grundschule. In: TOPSCH, WILHELM (Hrsg.): Unterricht in der Grundschule. Standardwerk des Lehrers. Reihe: Grundschule. Bochum: Kamp 1982, 3–31.

SINGER, WOLF: Der Beobachter im Gehirn. Essays zur Gehirnforschung. Frankfurt a. M.: Suhrkamp 2002 (= suhrkamp taschenbuch wissenschaft 157).

SODIAN, BEATE: Theorien der kognitiven Entwicklung. In: KELLER, HEIDI (Hrsg.): Lehrbuch der Entwicklungspsychologie. Bern u. a.: Huber 1998, 147–169.

SPECK-HAMDAN, ANGELIKA: Grundlegende Bildung. In: BARTNITZKY, HORST/ CHRISTIANI, REINOLD (Hrsg.): Berufseinstieg: Grundschule. Leitfaden für Studium und Vorbereitungsdienst. Berlin: Cornelsen Verlag Scriptor 2002, 73–77.

SPITZER, DEAN R.: Motivation: The Neglected Factor in Instructional Design. In: Educational Technology. 36 (1996) 3, 45–49.

STÄNDIGE KONFERENZ DER KULTUSMINISTER DER LÄNDER IN DER BUNDESREPUBLIK DEUTSCHLAND: Gutachten zur Ordnung des Sonderschulwesens. 1960.

STÄNDIGE KONFERENZ DER KULTUSMINISTER DER LÄNDER IN DER BUNDESREPUBLIK DEUTSCHLAND (Hrsg.): Empfehlungen zur Arbeit in der Grundschule (Beschluß der Kultusministerkonferenz vom 02.07.1970).

STÄNDIGE KONFERENZ DER KULTUSMINISTER DER LÄNDER IN DER BUNDESREPUBLIK DEUTSCHLAND: Empfehlung zur Ordnung des Sonderschulwesens (Beschluß der Kultusministerkonferenz vom 16.03.1972).

STÄNDIGE KONFERENZ DER KULTUSMINISTER DER LÄNDER IN DER BUNDESREPUBLIK DEUTSCHLAND: Empfehlung zur sonderpädagogischen Förderung in den Schulen in der Bundesrepublik Deutschland (Beschluß der Kultusministerkonferenz vom 06.05.1994).

STÄNDIGE KONFERENZ DER KULTUSMINISTER DER LÄNDER IN DER BUNDESREPUBLIK DEUTSCHLAND (Hrsg.): Empfehlungen zur Arbeit in der Grundschule (Beschluß der Kultusministerkonferenz vom 24.10.1997).

STÄNDIGE KONFERENZ DER KULTUSMINISTER DER LÄNDER (Hrsg.): Sonderpädagogische Förderung in Schulen 1991 bis 2000. Statistische Veröffentlichung der Kultusministerkonferenz. Dokumentation Nr. 159. Bearbeitet im Sekretariat der Kultusministerkonferenz 2002.

STATISTISCHES BUNDESAMT DEUTSCHLAND: Bildung, Wissenschaft und Kultur 2002. [http://www.destatis.de/basis/d/biwiku/schultab16.htm]

STATISTISCHES BUNDESAMT (Hrsg.): Leben und Arbeiten in Deutschland. Ergebnisse des Mikrozensus 2003. Wiesbaden: o. V. 2004.

STÖCKER, KARL: Neuzeitliche Unterrichtsgestaltung. 13., neubearb. und erw. Aufl. München: Ehrenwirth 1970.

STROTE, INGO: Wochenplan-Unterricht (WPU). In: KOHLS, ECKHARD (Hrsg.): Grundbegriffe zur Erziehung, zum Lernen und Lehren in der Grundschule. Heinsberg: Agentur Dieck 1994, 307–314.

THOMAS, R. MURRAY/FELDMANN, BIRGITT: Die Entwicklung des Kindes. Ein Lehr- und Praxisbuch. Weinheim, Basel: Beltz 2002.

TIEDEMANN, JOACHIM/FABER, GÜNTHER: Mädchen und Grundschulmathematik. Ergebnisse einer vierjährigen Längsschnittuntersuchung zu ausgewählten geschlechtsbezogenen Unterschieden in der Leistungsentwicklung. In: Zeitschrift für Entwicklungspsychologie und pädagogische Psychologie. 26 (1994) 2, 101–111.

TOPSCH, WILHELM: Grundschulversagen und Lernbehinderung. Essen: Neue Deutsche Schule 1975.

TOPSCH, WILHELM (Hrsg.): Unterricht in der Grundschule. Standardwerk des Lehrers. Reihe: Grundschule. Bochum: Kamp 1982.

TOPSCH, WILHELM: Mit dem Computer lernen. Über Vor- und Nachteile des Computereinsatzes aus schulpädagogischer Sicht. 2. Aufl. Oldenburg: Zentrum für pädagogische Berufspraxis 1993.

TOPSCH, WILHELM: Grundkompetenz: Schriftspracherwerb. Neuwied, Kriftel: Luchterhand 2000.

TOPSCH, WILHELM: Neue Medien im Unterricht. In: KIPER, HANNA/MEYER, HILBERT/TOPSCH, WILHELM: Einführung in die Schulpädagogik. Mit zwei Beiträgen von Renate Hinz. Berlin: Cornelsen Verlag Scriptor 2002, 122–133.

TOPSCH, WILHELM: Leistung messen und bewerten. In: KIPER, HANNA/MEYER, HILBERT/TOPSCH, WILHELM: Einführung in die Schulpädagogik. Mit zwei Beiträgen von Renate Hinz. Berlin: Cornelsen Verlag Scriptor 2002, 134–146.

TOPSCH, WILHELM: Methoden des Handschreibens. In: BREDEL, URSULA/GÜNTHER, HARTMUT/KLOTZ, PETER/OSSNER, JAKOB/SIEBERT-OTT, GESA (Hrsg.): Didaktik der deutschen Sprache. Ein Handbuch. Teilband 2. Paderborn u. a.: Schöningh 2003, 772–784.

TOPSCH, WILHELM: Grundwissen für Schulpraktikum und Unterricht. Weinheim, Basel: Beltz 2004.

UHLIG, ALBERT: Komponenten der Unterrichtsgestaltung. Drei Beiträge zu einer wissenschaftlichen Grundlegung des Unterrichts. Berlin: Volk und Wissen 1960.

UN-KINDERRECHTSKONVENTION: Übereinkommen über die Rechte des Kindes vom 20. November 1989. (Zustimmung von Bundestag und Bundesrat durch Gesetz vom 17. Februar 1992 – BGBl. II S. 121). [http://www.bmfsfj.de/RedaktionBMFSFJ/Broschuerenstelle/Pdf-Anlagen/PRM-6559-Broschure-UN-Kinderkonvention-property=pdf]

VALTIN, RENATE: Was ist ein gutes Zeugnis? Noten und verbale Beurteilungen auf dem Prüfstand. Weinheim und München: Juventa 2002.

VAUPEL, DIETER: Wochenplanarbeit. In: WIECHMAN, JÜRGEN (Hrsg.): Zwölf Unterrichtsmethoden. Vielfalt für die Praxis. Weinheim, Basel: Beltz 1999, 72–82.

VIERLINGER, RUPERT: Leistung spricht für sich selbst. „Direkte Leistungsvorlage" (Portfolios) statt Ziffernzensuren und Notenfetischismus. Heinsberg: Dieck Verlag 1999.

VIERLINGER, RUPERT: Die Direkte Leistungsvorlage. Gerechtere Entscheidungen über Bildungswege ermöglichen. In: BEUTEL, SILVIA-IRIS/VOLLSTÄDT, WITLOF (Hrsg.): Leistung ermitteln und bewerten. Hamburg: Bergmann + Helbig, 2000, 87–97.

WAGNER, ANGELIKA C.: Selbstgesteuertes Lernen im offenen Unterricht – Erfahrungen mit einem Unterrichtsversuch in der Grundschule (1978). In: EINSIEDLER, WOLFGANG (Hrsg.): Konzeptionen des Grundschulunterrichts. Bad Heilbrunn/Obb.: Klinkhardt, 1979, 174–186.

WALLRABENSTEIN, WULF: Offene Schule – Offener Unterricht. Ratgeber für Eltern und Lehrer. Aktualisierte Auflage. Reinbek bei Hamburg: Rowohlt Taschenbuch Verlag 1994.

WEINER, BERNARD: Motivationspsychologie. Aus dem Amerikanischen übersetzt von Rainer Reisenzein unter Mitarbeit von Wilfried Pranter. Weinheim, Basel: Beltz 1984.

📖 WEINERT, FRANZ E./HELMKE, ANDREAS (Hrsg.): Entwicklung im Grundschulalter. Weinheim: Beltz Psychologie Verlags Union 1997.

WEINERT, FRANZ (Hrsg.): Leistungsmessung in der Schule. Weinheim, Basel 2001.

WEIZENBAUM, JOSEF: Kinder, Schule und Computer. Soest: Landesinstitut für Schule und Weiterbildung. Soester Verlagskontor 1989.

WENDELER, JÜRGEN: Übung. In: HORNEY, WALTER/RUPPERT, JOHANN PETER/SCHULTZE, WALTER: Pädagogisches Lexikon. Band 2. Gütersloh: Bertelsmann Fachverlag 1970, Sp. 1222–1226.

WENGERT, HANS GERT: Leistungsbeurteilung in der Schule. In: BOVET, GISLINDE/HUWENDIEK, VOLKER (Hrsg.): Leitfaden Schulpraxis. Pädagogik und Psychologie für den Lehrerberuf. 3., erw. und bearb. Aufl. Berlin: Cornelsen 2000, 240–263.

WILLMANN, OTTO: Didaktik als Bildungslehre. Nach ihren Beziehungen zur Sozialforschung und zur Geschichte der Bildung. 7., unveränd. Aufl. Mit einer Einführung in Otto Willmanns Leben und Werk. Freiburg, Basel, Wien: Herder 1967.

WINKEL RAINER (Hrsg.): Schwierige Kinder – Problematische Schüler. Fallberichte aus dem Erziehungs- und Schulalltag. Baltmannsweiler: Schneider-Verl. Hohengehren, 1996.

WINKEL, RAINER: Der gestörte Unterricht. Diagnostische und therapeutische Möglichkeiten. 6., abermals überarb. Aufl. Bochum: Kamp, 1996.

WOCKEN, HANS/ANTOR, GEORG (Hrsg.): Integrationsklassen in Hamburg. Erfahrungen – Untersuchungen – Anregungen. Solms-Oberbiel: Jarick Oberbiel 1987, 276–305.

WOLFF, GEORG: Der Sinn der Grundschule. Erweiterter Vortrag, im Grundschulkampfe gehalten auf der Elternversammlung im Großen Schauspielhaus zu Berlin am 23. Juni 1925. Berlin: Union Deutsche Verlagsgesellschaft o. J. (= Pädagogischer Wegweiser, Bd. 5).

WOLFRAM, WOLF-WEDIGO: Einschulungspraxis und Schulerfolg. Was sollen Erzieherinnen Eltern bei der Einschulung raten? In: KiTa aktuell BW 1, 1999, 4–8.

ZELLER, WILFRIED: Der erste Gestaltwandel des Kindes. Mit zehn Abbildungen auf fünf Tafeln. Leipzig: Barth 1936.

ZELLER, WILFRIED: Konstitution und Entwicklung. Anthropologie und Psychologie der Kindheit und Jugend. 2. Aufl., bearb. u. wesentl. erweit. von Dr. med. Dr. phil. Klaus Thomas. Göttingen: Hogrefe 1964.

ZIELINSKI, WERNER: Die Beurteilung von Schülerleistungen. In: WEINERT, FRANZ E./ GRAUMANN, CARL FRIEDRICH/HECKHAUSEN, HEINZ/HOFER, MANFRED (Hrsg.): Funk-Kolleg. Pädagogische Psychologie. Band 2. Frankfurt am Main: Fischer Taschenbuch Verlag 1974, 877–900.

## Quellen:

S. 14: Johann Amos Comenius. Große Didaktik. Die vollständige Kunst, alle Menschen alles zu lehren. Übersetzt und hrsg. von Andreas Flitner. Nachwort von Klaus Schaller. Stuttgart: Klett-Cotta, 1954, 9. Auflage, 2000

S. 25 u. 26, Abb. 1: aus: HECKHAUSEN (1974), S. 67–99. Mit freundl. Genehmigung des S. Fischer Verlags, Ffm.

S. 36, Tab. 7: aus: ENGSTLER, HERIBERT/MENNING, SONJA: Die Familie im Spiegel der amtlichen Statistik. Lebensformen, Familienstrukturen, wirtschaftliche Situation der Familien und familiendemographische Entwicklung in Deutschland. Erstellt im Auftrag des Bundesministeriums für Familie, Senioren, Frauen und Jugend in Zusammenhang mit dem Statistischen Bundesamt. Erweiterte Neuauflage 2003.

S. 39: © ARD-Werbung SALES & SERVICES GmbH

S. 45: mit freundl. Genehmigung der Beltz Test GmbH, Göttingen

S. 93: aus: HUSCHKE/MANGELSDORF (1994), S. 11. Mit freundl. Genehmigung des Beltz Verlags, Weinheim und Basel.

S. 92: Praxis Grundschule 2/1989; © Westermann

S. 94: aus SCHMITT (1993), Auer Verlag; STROTE (1994), Agentur Dieck

S. 95: aus BAIRLEIN (1993), S. 80; S. 99 f.: ALTENBURG (2000), S. 55 f.; beide mit freundl. Genehmigung des Auer Verlags, Donauwörth.

S. 97: aus ARNOLD (1998; in: Grundschule 30. Jg./12), S. 50–51

S. 106: mit freundl. Genehmigung von Prof. Brügelmann

# Sachregister